放飞理想

崇尚自由

创造未来

挚爱版画

悦印悦美
YUE YIN YUE MEI

主编 单 珊 韩明镜

中国海洋大学出版社
·青岛·

"海洋、科技与学生成长"青岛市精品校本课程系列教材编委会

主编：翟召东

编委：郭　俭　张培喜　郑咏梅　韩明镜
　　　　单　珊　邵　杰　张　雯

编者的话
Preface

木刻版画是一门集绘画、刻版、印刷为一体的综合性的绘画艺术。是在木板上采用不同的刻刀，通过自然而又华丽的刀法，在方寸之间创造的一种视觉经验，并借助这独特的语言系统，将内心难以说出的情景直观地流淌于刀尖。木刻版画艺术语言所呈现出的与生俱来的"刀味""木味"痕迹及不可掩饰的刀、版相触的直接性美感，一直是画家们所乐道的。

木刻版画这一艺术形态有着悠久的历史，是中学美术教育中重要的课程之一。它属于造型艺术，这种实践性的教学既培养了学生动手、动脑的能力，又促进了学生想象力、创造性思维能力的良好发展。

其将独特的视角伸向蓝天白云、旷野小溪、历史瞬间、人生百态，定格于刻刀画板上，浸润于绚烂线条中。创作出的版画作品件件造型生动，形象饱满。画面或细腻，或粗犷，或生动，或严谨，或大气磅礴，或朴拙可爱。驻足画前，如品一杯清香的茶，似赏一道绮丽的风景。静静凝视，你能端详出创作者手握刻刀的专注，更能体悟到他们青春活力的流淌。那交织着独特的刀味与木味的画作，令人陶醉，使人流连。

欢迎您走进版画的世界，感受有"版"有眼的木味情趣。

Contents 目录

Unit 1
第一单元
历史悠久，寄情时代——木刻版画的历史简介

第一课　中国木刻版画的历史与发展 / 3
第二课　木刻版画制作的必备条件 / 10

Unit 2
第二单元
黑白对比，刚健分明——黑白木刻版画的制作方法

第一课　版画稿的创作 / 17
第二课　技法与表现形式 / 19
第三课　黑白木刻版画印制流程 / 22
第四课　知识拓展——关于版画作品的题签 / 29
第五课　版画和藏书票使用的版式技法 / 30

Unit 3
第三单元
方寸之间，气象万千——藏书票

第一课　藏书票的历史 / 35
第二课　藏书票在中国 / 38
第三课　藏书票的构成与赏析 / 39

Unit 4

第四单元

瑰丽多姿，明快清新——套色木刻版画的制作方法

第一课　套色木刻版画赏析与创作 / 45

第二课　套色木刻版画的制作技法 / 48

第三课　知识拓展——一版多色法、笔彩法 / 50

Unit 5

第五单元

英姿凛然，浓郁夸张——门神

第一课　套色木版年画——门神 / 57

第二课　套色木版年画门神的制作 / 62

Excursus

附录

附录1　名家作品欣赏 / 69

附录2　其他版画种类简介 / 79

Afterword

后记

你有一封未读邮件 / 85

Unit 1

第一单元

历史悠久，寄情时代
——木刻版画的历史简介

版画，是一种悠久的绘画形式。但是版画是在不同的版面上，通过手工制版和印刷，可有限制地复印出多份不影响原作艺术价值的艺术形式。简单来说就是，比起其他绘画形式，它的制作版面不像国画和油画那么单一，而且作品不具备唯一性，可以有很多具有同等艺术价值的作品。

第一课　中国木刻版画的历史与发展

版画，以刀代笔，集绘、刻、印于一体，是绘画中的一个重要门类。古代传统木刻有两大类：一类是随着印刷术兴起发展起来的书籍插图类作品。中国古代木刻作品还有一类是民间木版年画，在民间影响深远，形成了桃花坞、杨柳青等重要的生产中心。它们也属于复制木刻。

中国的雕版印刷术，一般认为是发明于唐代或唐代之前。现存最古印本书是咸通九年（公元868年）印造的《金刚经》，全卷长5米多，卷首刻有精美的扉画，系释迦牟尼佛说法图，卷末刻有"王阶为二亲敬造普施"的说明。这是我们看到的早期民间版画形式的一个实例，也是木刻版画萌芽的一个样本。它已是绘、刻、印技巧都很成熟的作品。宋代以后，不断有新的发展，到明清时期，书籍插图作品达到很高成就。

《金刚般若波罗蜜经》卷首图　公元868年

《西厢记》插图

印刷术

笔墨和纸的发明，给人们书写文字和图绘形象带来了极大的方便。随着文化传播的需要，人们感到一本一本地抄书和一张一张地绘图过于缓慢，因而又进一步发明了木版刻印的工艺，由此便可以大量复制。

雕版印刷

苏州桃花坞木版年画

桃花坞木版年画是江南地区的民间木版年画，它是源于宋代的雕版印刷工艺，由绣像图演变而来。桃花坞木版年画的印刷兼用着色和彩套版，构图对称、丰满，色彩绚丽，常以紫红色为主调表现欢乐气氛，基本全用套色制作，刻工、色彩和造型具有精细秀雅的江南地区民间艺术风格，主要表现吉祥喜庆、民俗生活、戏文故事、花鸟蔬果和驱鬼避邪等中国民间传统审美内容。

潍坊杨家埠木版年画是流传于山东省潍坊市杨家埠的一种民间版画，以浓郁的乡土气息和淳朴鲜明的艺术风格而驰名中外。杨家埠木版年画始于明朝末年，繁荣于清代，至今已有四百多年历史。潍坊年画素以题材广泛、形式繁多、工艺技术完备、产量高、销量大著称于世。

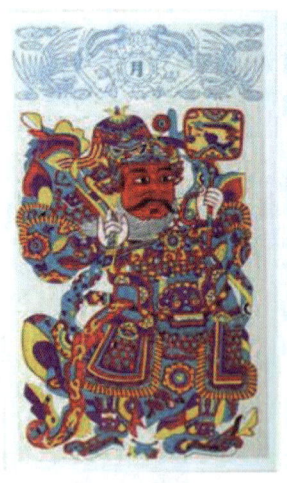
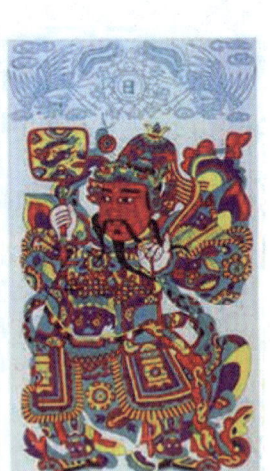

山东潍坊杨家埠木版年画

杨柳青位于天津西郊，其木版年画受北方版画和院体画的影响，精工细腻、生动逼真，设色鲜艳雅致，题词也很讲究。风格上追求绘画效果，彩色套印与彩绘结合，细腻鲜丽，人物形象俊秀传神。

天津杨柳青木版年画

四川绵竹木版年画

绵竹木版年画，因产于竹纸之乡的四川省绵竹市而得名。绵竹木版年画以彩绘见长，具有浓厚的民族特点和鲜明的地方特色。构图讲求对称、完整、饱满，主次分明，多样统一；色彩上采用对比手法，设色单纯、艳丽，强烈明快，构成红火、热烈的艺术效果；线条讲求洗练、流畅，刚柔结合，疏密有致，具有强烈的节奏感；而夸张、变形、象征、寓意的造型，更具诙谐、活泼的效果。

当革命时，版画之用最大，虽极匆忙，顷刻能办。

——鲁迅

中国现代版画的导师鲁迅

李桦《起来，饥寒交迫的奴隶》 1947年

在那烽火连天的战争岁月里，版画作品极大鼓舞了民众的斗志，版画的命运和国家的命运紧紧相连。

中国木刻版画在抗日战争中的宣传和鼓舞作用是十分显著的。不论是在抗日民主根据地、"国统区"还是"沦陷区"，美术工作者创作的木刻版画在宣传抗日和唤醒民众中起到了十分重要的作用。抗战题材的版画内容大体可分成几个类型：宣

李平凡《饥民》 1939年

李桦《怒吼吧！中国》 1936年

张漾兮《咱们的队伍来了》 1949年

古元《青纱帐里》 1939年

传抗战类、战争场景描绘类、战区民众生活与军队生活类、根据地新气象类。版画家从各自不同的视角，创作记录了这段的特殊历史，反映了大众疾苦，宣传了抗战精神。这一时期的版画从艺术特征、审美取向、表现手法上都有了很大突破，形成了中国版画家自己的面貌。

中华人民共和国成立之后，随着社会政治环境的好转，现代版画创作也从宣传抗日救亡、揭露社会黑暗，转而变为歌颂社会主义建设。其审美主线由战斗性的批判转向正面歌颂，创作环境不断好转，艺术创作风格逐渐呈现出抒情化的倾向。

古元《秋收》　套色木刻　1947年

徐匡《乡村小学》　套色木刻　1963年

伍必端《丰收的喜悦》　套色木刻　1979年

套色版画的色彩丰富了版画艺术语言和表现手段,套色版画以其瑰丽多姿的色彩而引人喜爱。我国的水印套色版画具有明快、清新、淡雅、抒情的特点,水色淋漓,富有韵味和情趣,在技法上独树一帜,形成了东方艺术所独有的艺术魅力及鲜明的民族特色。

张祯麒《喧闹的草场》 木刻套色纸本 1973年

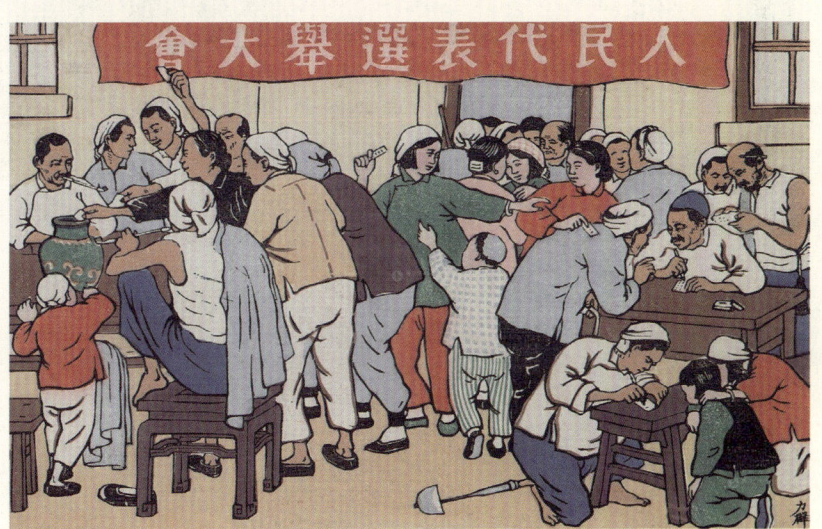

力群《选举图》 木刻原拓水印套色纸本 1948年

思考与实践

通过本课的学习,尝试分析新兴版画和古代复制版画在制作技术、艺术功能与现实意义上的区别。

第二课　木刻版画制作的必备条件

常言道："工欲善其事，必先利其器。"版画画面的效果是和工具及材料的性能分不开的，只有熟悉和掌握这些工具的特性，才能发挥出工具及材料的表现力。

一般选用木纹细密、木质匀净、板面光洁的梨木、白果木、桦木、枣木和椴木。用椴木和桦木制成的三合板、五合板、七合板效果甚佳。水曲柳制的多合板，木纹变化多，在水印版画中能取得拓印的特殊艺术效果。

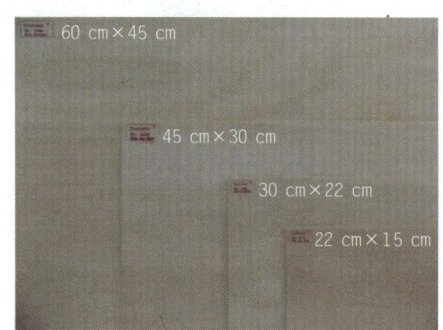

各种型号的木刻板材

备好一套12件装的高级木刻刀。方口刀和平口刀可用来铲大面积剔除部分。斜口刀可用来切断木质纤维，其刀头要尖而锐利，宜备斜角不同的刀各一把。

木刻刀

/ Unit 1 / 第一单元 / 历史悠久，寄情时代——木刻版画的历史简介

纸张

版画在拓印时，常用到宣纸，宣纸以"特净"最好。根据需要选用单宣或夹宣，也有人习惯用皮宣、过滤纸、吸水纸和专业版画纸。总之，印水印版画的用纸，以吸水性能好、敏感、有韧性、干后变色程度小者为宜。

温州皮纸

摩擦器

摩擦器在拓印过程中，一般使用"马莲"。"马莲"一词来自日本，即用大毛竹笋皮做的笋皮擦子。在学校日常教学中也常用"木蘑菇"代替。

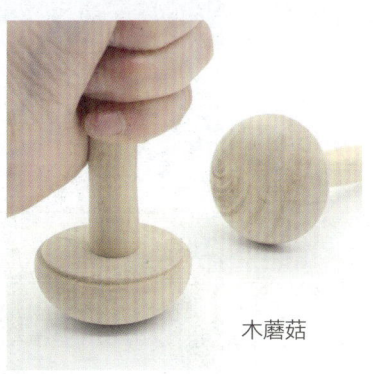

木蘑菇

马莲

颜色

木刻版画印制通常采用水性油墨,也可选用透明性能好的中国画颜料和水彩画颜料。使用水粉广告之类的粉质颜料,亦可达到滋润厚重的效果。

版画用油墨

版画机

印制版画也可用版画机。特点是省力、拓印均匀,但比较笨重,分不同的型号。版画机坚固耐用,印画压力均匀,上版流畅,可以轻松应对大幅版画的印制操作,让创作不再受限制于画幅的大小。

综合版画机

/ Unit 1 / 第一单元 / 历史悠久，寄情时代——木刻版画的历史简介

其他工具

晾画架

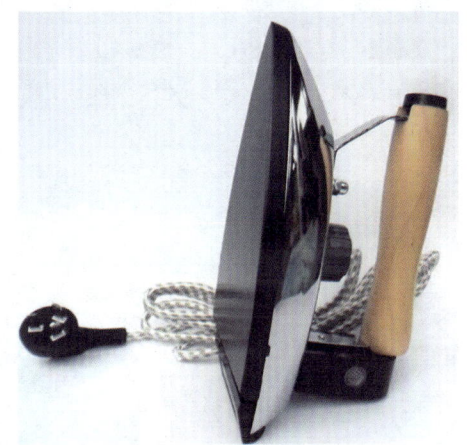

电熨斗

蜡烛（用于电熨斗给木板烤蜡）

砂纸

Unit 2

第二单元

黑白对比，刚健分明
——黑白木刻版画的制作方法

黑白木刻版画艺术是研究黑白的规律，用黑、白两个对比色来表达大千世界物象的一种特殊语言。

20世纪，美国版画大师罗克威尔·肯特说过："版画的最早起点是黑白木刻，最大难点也是黑白木刻。"

/ Unit 2 / 第二单元 / 黑白对比，刚健分明——黑白木刻版画的制作方法

第一课　版画稿的创作

陆声设《带婴者》　2007年

黑白木刻即黑白木刻版画。所使用的绘画工具与材料具有特殊性，体现在这种特殊性上所内蕴的表现力是黑白木刻版画艺术魅力的不竭源泉。黑白木刻版画的装饰语言的表达，其实也就是作者怎样运用各种黑白图形符号构成一幅完整的画面，来表达自己的创作语意。

黑白木刻，以黑、白对比为造型手段，画面主题以黑、白形体的巧妙组合来得以充分表现，具有高度概括的艺术特色。在中国人民心中，黑是实，白是虚；黑是一切，白则是空灵。黑与白如同有与无的相互浸润渗化，从而造就一个实中有虚、虚中有实、有无相生的大千世界。巧妙处理黑与白两个极端，把一切浓缩在黑、白巧妙组合的画面中，如同音乐与音响的旋律、节奏、配器等给人带来听觉上的享受。

安迪（英）"Digging the tree"　年代不详

在画稿中，构图的表现形式一经确定，便需要进一步遵循形式上的规律，推敲、加强、充实构图形式的结构。作品构图中的结构，是形、色、刀味、木味、韵味等形式因素的综合，不同的结构造成了构图形式丰富多彩的形式美感，给人以不同的艺术感染力。

Howard Cook "Eagle Dance"　1942年

格里高里·巴比奇《尼基茨基大道》　年代不详

黄新波《卖血后》　1948年

起稿过程小贴士

① 把你想要表现的图案画成简要的线条稿或黑白稿。
② 注意印刷出的画面与版面是方向相反的，要根据画面内容而考虑版面的问题。

第二课 技法与表现形式

用刀在木板上刻制,不论何种刀,都可以刻出许许多多不同形状的点、线、块。几刀相连还可以产生不同的感觉和艺术效果。运刀的基本方法不外乎是利用刀刃的正锋、侧锋在木板上进行推刻、挑刻、晕刻、颤刻、摇刻、铲刻、刮刻、单刀刻等。

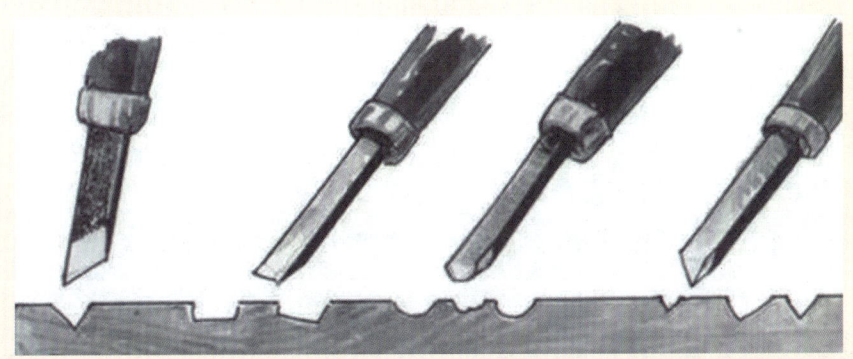

斜口刀 / 平口刀 / 圆口刀 / 三角刀

木刻版画制作方法——刀痕效果

木刻版画制作方法——握刀方法

● **推刻** 这是刻画物象的主要刀法，捏刀向木，用圆口刀、三角刀、方口刀平稳且均匀地按一定角度向前推着刻，可造成整齐的阳或阴的线、块、面。

● **挑刻** 用圆口刀、三角刀、方口刀短促着版，刀入版表层即向上挑，可形成大小、长短、宽窄等不同的圆形、三角形、方形的点。如果选用三合板刻制，挑刻需注意用刀的方向与木纹走向垂直着力，挑时木质才可自然断落。如顺木纹走挑刻，不易断落。

● **晕刻** 用方口刀、平口刀、斜口刀倾斜刻削版面，时轻时重，运刀过后，便产生类似画笔深浅过渡的效果。

● **颤刻** 圆口刀、三角刀、方口刀向前动刀时，前后顿挫着力，时起时落，形成粗细、缺拙的线、面，具有"金石味"。

● **摇刻** 用圆口刀、三角刀左右摇动着向前运刀，可刻成两边似锯齿状的曲折、奇变的效果。

● **铲刻** 将刀头略平放，用刀平平地铲过去，就成"铲刻"。铲的面一般都较宽，除方口刀以外，其他的刀铲出来的刀触，边线毛糙，变化较多。由于铲的面宽，用的力也需大一些。

● **刮刻** 利用刀刃或刀尖在版上刮出凹陷，轻刮可以刮出柔和的凹痕，用力刮会出现较强烈的刮痕。刮出来的刀触，常有一种较含蓄的感觉。

● **单刀刻** 用斜口刀可进行阴刻或阳刻，用刀时保持一定的斜度。

思考与实践

1. 请尝试各种刀法，表现不同刀法的呈现效果。体会独特的刀味与木味。
2. 运用阴刻、阳刻的表现手法，把你创作的版画稿件表现出来。

/ Unit 2 / 第二单元 / 黑白对比，刚健分明——黑白木刻版画的制作方法

"阴刻"是在黑底上刻成凹于版面的线、面、点，除此以外的版面仍留在版上。

"阳刻"是在白底上刻成凸出状的线、面、点，除此以外版面刻掉。

刻制时可运用阴阳结合的表现手法。

运用"阴刻"或"阳刻"的单线，勾勒出形体的轮廓，这是我国的传统手法，运用得恰当，作品非常优美而又富有民族特色。

　　以上刀法的运用关键是如何塑造物象的造型，无论是选用阳刻、阴刻还是使用何种刀具、采取何种刀法，都要既注意把握对象的形体和特征，又要充分发挥刀触、刀痕的作用，增强艺术感染力。运用的刀法，选择的刀具种类，在一幅作品中不可变化太多否则会显得杂乱。也要防止用刀平庸单调，照稿子描着刻，而缺乏生机。

第三课　黑白木刻版画印制流程

处理板材

打磨光滑后的木板比较好上墨和印制。没有打磨过的木板,可能不够平整,油墨上不均匀,印画也印不均匀。

上淡墨的意图在于刻制版画的时候可以看出刻制的效果,注意上墨不宜过浓,否则会看不清楚稿子。

烤蜡

用熨斗将蜡烤到木板里，使木板纤维变脆易断。这样做的目的是在刻制版画的过程中更易下刀，更少出现起毛刺和木屑的问题。

过稿

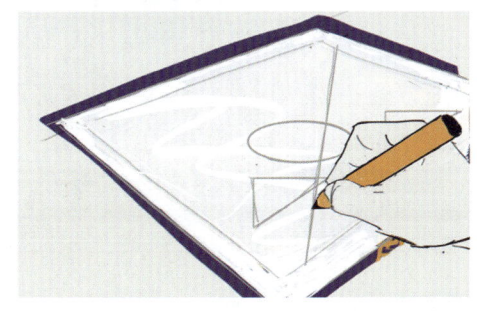
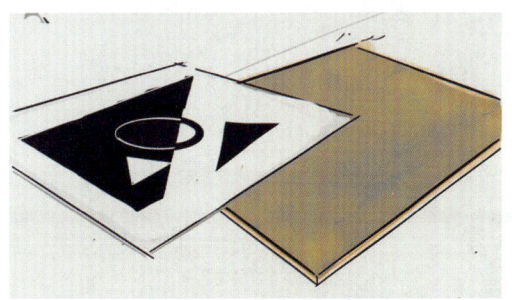

用复写纸将画稿反向复印在木板上。过出的稿子越细致，刻出的画面越细致。

刻版

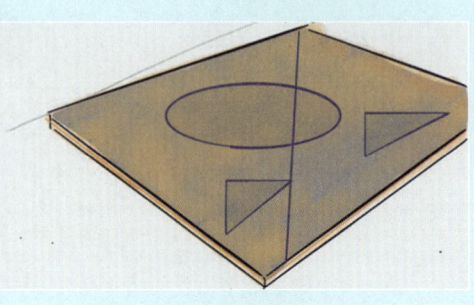

过稿完成

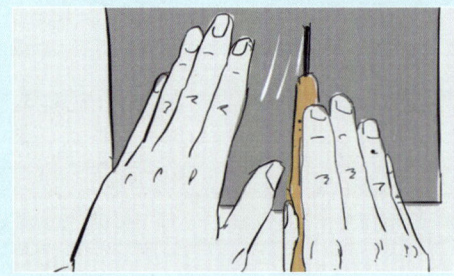
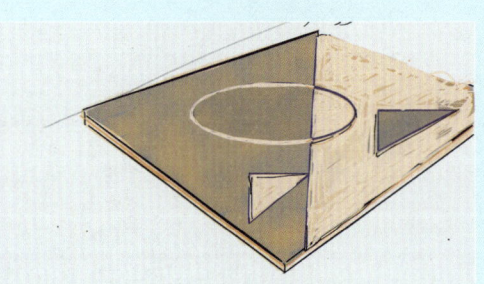

刻版

制作者除依据墨线雕刻外,还须参看原稿,细心领会,持刀如笔,才能把原作的精神和笔法传达得惟妙惟肖。

修版

木刻版画的刻制方法与一般直接性绘画相反,是不断从版面上减少,画面刻制具有不可逆转性。木刻版画是利用各种刀形产生的不同刀触来塑造形体,"以刀代笔""放刀直干"。

刻制时在画稿提示的思路上,依照基本运刀的设想,不必拘泥于画稿的每一细节,充分发挥刻制时的随机性、创造性。

上墨

刻制完成之后,用棉布或毛刷清除版面碎屑,即可施墨试印。

将油墨平铺于调墨台,再用胶滚往复滚动,直至墨台和胶滚都布满薄而均匀的一层油墨;然后用胶滚反复滚辗印版,直至版面油墨均匀。

每次上墨需少、薄,油墨过多会渗入刻痕,造成糊版,并注意要使版上的所有凸起部位都沾上油墨。

在墨台挤出油墨

打均油墨

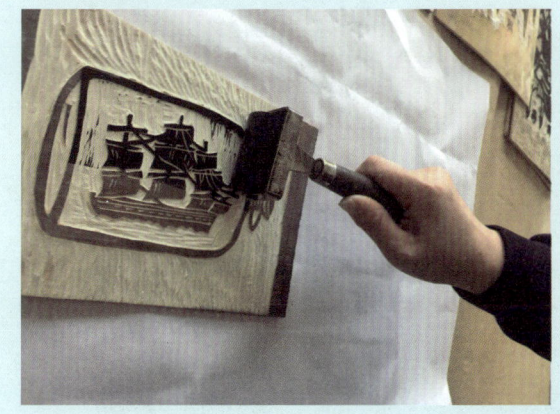
给版上墨

完成上墨

摩印

印画的纸要比画面略大，并注意留出签名的位置。

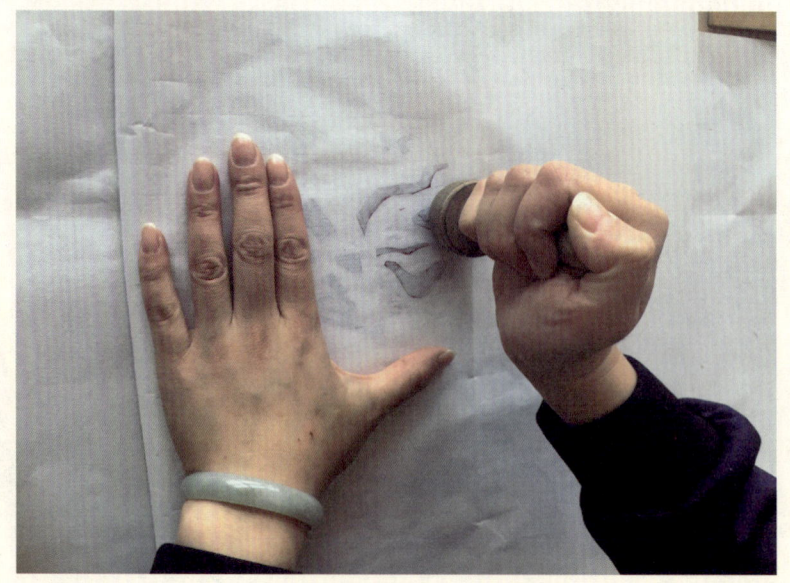

将纸对准版面轻放铺平，然后用木蘑菇摩擦拓印。

作品完成

摩印完毕后，局部打开看一看，如果没有印实，可以局部补上油墨，继续摩压，直到满意为止。

注意在局部滚油墨时要十分小心，不能移动纸张。

制作完成

小提示

①第一次打样印出之后，对照试样进行修版。修版时应根据画面整体关系进行调整，版画是做减法，出现失误的地方要通过画面相应关系来调整。

②特别重要的部位如果刻坏，可另用小版进行挖补。修版完毕便可正式印刷，印出的作品悬挂晾干后才可收存。

晾晒作品

用绳子晾晒作品

用晒画架晾晒作品

> **思考与实践**
>
> 1. 撷取生活中的素材，选择你所喜欢的版画表现形式，进行版画创作。
> 2. 搜寻你感兴趣的版画家的作品，观察他们的作品签名，你能了解到哪些信息？

第四课　知识拓展——关于版画作品的题签

各门类的绘画作品大多都有签名，版画作品的题签相比较而言更加规范。

按照国际规定，版画题签必须由画家本人用铅笔在紧靠画面底沿处自左至右依次写上版式技法、序号/总印数、作品标题、作者姓名、创作时间。

版画作品的题签

● **版式技法**　具体见本单元第五课。

● **序号/总印数**　作品印数又称编号，一般用阿拉伯数字的分数形式表示，包括两项内容：一是写在分母位置的作品总印数，二是写在分子位置的作品印刷的单张序数。如"6/20"，表示作品总印数是20张，本张作品是第6张。作品印数确定公布后便不得更改，更不能超量印刷。

● **作品标题**　即是作品的题目。

● **作者姓名**　即是画家自己的签名。

● **创作时间**　即是作品创作的年月。一般来说，版画作品的印数越少，作品就越珍贵，印数越多，作品的单幅价值也就随之降低；编号越靠前，作品价值越高些。但是，优秀的版画作品的价值往往不受印数的限制，而是要根据市场的需求状况而定。

> **小提示**
>
> 为什么要用铅笔在版画（藏书票）画面下方签名？
> ①因为铅笔中的"铅"物质是石墨，留在纸上的痕迹可以保存久远。
> ②铅笔痕迹浅淡，不会争夺画面的突出感，因此成为传统。

第五课　版画和藏书票使用的版式技法

国际藏书票联盟（FISAE）认可的技法标记

第 29 届国际藏书票协会联盟会修订的标准（丹麦　2002 年 8 月）

版式	技法标记	英文名称	中文名称	备注
凹版类	C	Intaglio printing (blank)	凹版压印（空刷）	不上墨
	C1	Steel engraving	雕刻钢版	
	C2	Copper engraving	雕刻铜版	含其他软金属
	C3	Etching	腐蚀版	酸刻版
	C4	Drypoint	干刻版	
	C5	Aquatint	飞尘版美柔汀法	
	C7	Mezzotint	非金属凹版	
	C8	Non-metallic intaglio	照相凹版	塑料凹版等
	P3	Heliogravure		感光蚀凹版
凸版类	X	Relief printing (blank)	凸版压印（空刷）	不上墨
	X1	Woodcut	木刻版	木面木刻
	X2	Wood engraving	木口木刻版	
	X3	Linocut	麻胶版	
	X6	Relief-printed of other materials	其他材料的凸版	卡克力版等
	X7	Stone stamp	石刻印章（中国篆刻）	凸版捺印
	T	Typographie	活字版	
	T3	Rubber stamp	橡皮章	
平版类	L1	Autolithography	直接石版	包括所有直接法
	L2	Autography	转写石版	
	P5	Collotype	珂罗版	复制版
	P6	Photolithography	照相平版	转印平版
孔版类	S	Stencil	钢板蜡纸	手工刻印
	S1	Original serigraphy	原作丝网版	手工绘制网版
	S2	Mimeography	誊写丝网版	
	S3	Katazome	型染版（油纸膜版）	日本孔版
	P9	Photo silkscreen	照相丝网版	
其他类	Y	Photocopy	影印件	
	CGD	Computer Generated Design	计算机原创设计	文献影印收藏
	CRD	Computer Reproduced Design	计算机加工设计	

除了标注版式技法，艺术家还用以下字母来代表不用的含义

① A/P 也可写成"A.P"，系英文"Artist's proof"的缩写，表示初版作品，用于艺术家自留的版样或交印工代为印刷的印样。A/P 作品一般印数为作品总印数的 10%。

② P.P 系英文"Presentation proof"的缩写，意为赠送用的作品，P.P 作品不宜多印。

③ S.P 系英文"State proof"的缩写，画家在印数编号作品之外，用原版改变印刷技术，探索新效果的作品。这样的作品也同属原作，一般只印 2～3 张。

④ C.P 系英文"Cancellation proof"的缩写，意为毁版作品。一件作品在印完所有的张数后，在原版上刻出毁版标记，然后印出的作品就是毁版作品，一般国际通用的毁版标记是"✕"符号，表示从此以后，这件作品便不允许再印刷了，一般印 1～3 张。

Unit 3

第三单元

方寸之间,气象万千
―― 藏书票

　　方寸天地，图案精美，寓言隽永，美化书籍，反映了藏主藏书、爱书的品格和审美情趣。

第一课 藏书票的历史

藏书票

藏书票文化起源于15世纪的欧洲，它属于书籍的小标志，以版画艺术的方式，标明藏书是属于谁的；它是书籍的美化装饰，具有极高的收藏和欣赏价值。因此，它有着"版画珍珠""纸上宝石"的美誉。

  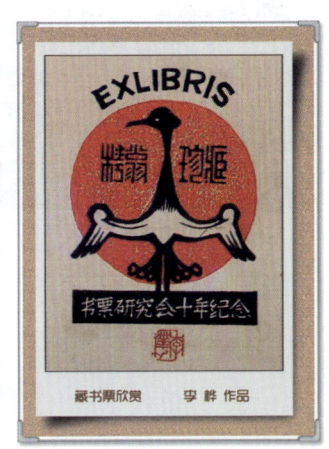

藏书票

藏书票是供藏书用的，其最初的功能和藏书印章一样，属于个人收藏的一种标记。它是由图像和文字（票主名、拉丁文 EX LIBRIS）两部分构成。拉丁文 EX LIBRIS，意为"我的藏书"。

现存最早的一张藏书票是1470年由德国人制作的，署名勒戈尔（Lgler），由一款画有刺猬衔着野花、脚踩落叶的木刻版画构成。

勒戈尔　现存最早的藏书票　1470年

英王查理二世的藏书票

一直到17世纪末期，藏书票多以表示贵族身份的纹章作为图案。由于当时只有贵族或修道院才收藏得起书籍，纹章藏书票往往象征权势和地位，并不流行。如17世纪中叶，英王查理二世的藏书票，以两头狮子捧一面盾牌的王室纹章为图款，是典型的纹章藏书票。早期传统纹章"雅克宾式"（Jacobean）或"齐彭代尔式"（Chippendale）中的大量的纷繁复杂的花饰、绸带等装饰，在藏书票中也反映得淋漓尽致。

到18世纪，随着教育的普及、出版业的发展，藏书不再是少数贵族的专利，许多中产阶级也开始收藏图书，藏书票也就越来越平民化，由原来注重用纹章显示地位，转而用图画来表示收藏者的个性与喜好。藏书票趋向个性化，也更追求艺术的意味。

平民化的藏书票

藏书票的黄金时期出现在19世纪的下半叶。欧洲的文人几乎都自己动手或请人设计属于个人的藏书票,有些书店可以根据顾客的需求制作藏书票。

国外藏书票

这时不少著名的画家如马狄斯、高更等亦参与创作藏书票,福楼拜、雨果等作家也喜欢使用藏书票。

1966年7月28日,"国际藏书票联盟"诞生。现成员国已扩展到41个,会员上万人。

国外藏书票

第二课　藏书票在中国

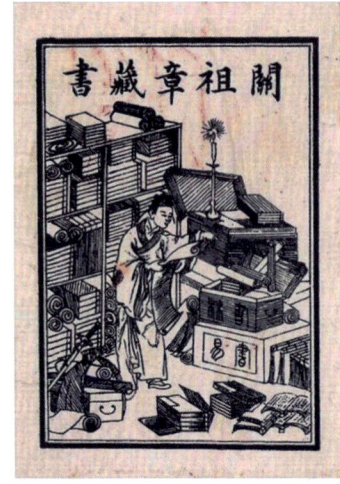

"关祖章藏书票"为中国人最早使用的藏书票

中国的藏书票是在20世纪30年代从日本传入的。鲁迅倡导的版画创作运动推动了中国藏书票的发展。木刻家李桦组织的现代版画会在进行版画创作的同时也创作藏书票。

中国优秀藏书票

20世纪80年代初,文化复苏,藏书票兴起。美术界一些藏书票作家和理论家认为中国也应该有一个藏书票组织,于是在中国美院版画系当时的负责人梁栋先生倡议下,中国第一个藏书票研究会(现称为"中国藏书票艺委会")于1984年3月16日在北京成立了。

中国优秀藏书票

第三课　藏书票的构成与赏析

藏书票的构成

藏书票的构成

EX LIBRIS　藏书票的拉丁文。

作者铅笔签名　作者用铅笔在藏书票下方签名。

票主名　是指使用藏书票的主人，可以是人名、书斋名、某一机构名等。

图案　藏书票的画面构成。

印数　一般不超过100幅标1~100，另外加印10~20幅。

版式技法　藏书票版式技法详情见第二单元第五课。

> **小提示**
> ①标记印数是体现画家的信誉承诺。
> ②铅笔签名体现画家的文化涵养。

优秀藏书票赏析

这张藏书票，文字与图章摆放的位置是经过精心设计的，画面十分讲究。

中国式竖式排列不失为好方法，如果文字处理粗糙就达不到文雅书卷的效果，而这张藏书票处理就比较到位。

如果将文字放在画面上方或下方，经过设计，会得到与众不同的美感。

/ Unit 3 / 第三单元 / 方寸之间，气象万千——藏书票

几排弧线文字的重复，不仅使画面产生了富有特色的节奏韵律，而且加强了人物的动势。文字直接参与插图，成为图的一部分，对烘托气氛起到很好的作用。

与图形风格一致的字体设计，以及文字位置与图形有机结合的摆放，使藏书票图文浑然一体，形成厚重的纪念碑式风格。

思考与实践

1. 在多媒体信息化的社会里，为什么藏书票作品却依然以版画形式为主？
2. 欣赏了这么多名家的藏书票，如果你也能刻一张自己专属的藏书票，那是多么惬意的一件事啊！让我们快快行动起来吧！

Unit 4

第四单元

瑰丽多姿，明快清新
——套色木刻版画的制作方法

用色彩套印的木刻版画，称为彩色木刻版画或套色木刻版画。色彩丰富了版画艺术语言和表现手段，套色木刻版画以其瑰丽多姿的色彩而引人喜爱。

/ Unit 4 / 第四单元 / 瑰丽多姿，明快清新——套色木刻版画的制作方法

第一课　套色木刻版画赏析与创作

Ray Morimura（日本）　套色木刻版画

约克恩·库比克（德国）《幸运派送》　套色木刻版画

套色木刻版画的表现丰富多彩，可以简单、也可以精细，能够绚烂、也能够神秘。一代代艺术家用自己的语言表达出了自己的心志，创作出了令人难忘的作品。他们用版画改变了世界，同样版画也让他们变得与众不同。

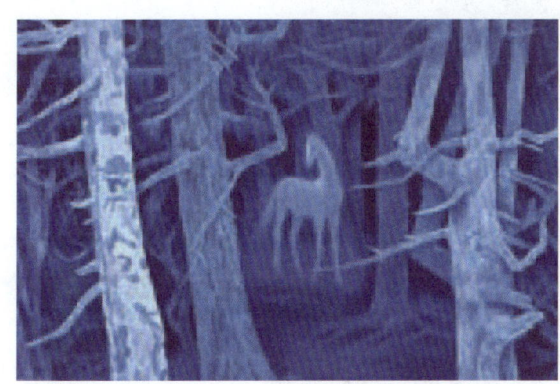

东山魁夷（日本）《森林·白马》　套色木刻版画

爱德华·蒙克（德国）　多版套色木刻版画

45

宋恩厚《五颜六色》 套色木刻版画

陈超《哈尼少女之二》 绝版油印套色木刻版画

/ Unit 4 / 第四单元 / 瑰丽多姿，明快清新——套色木刻版画的制作方法

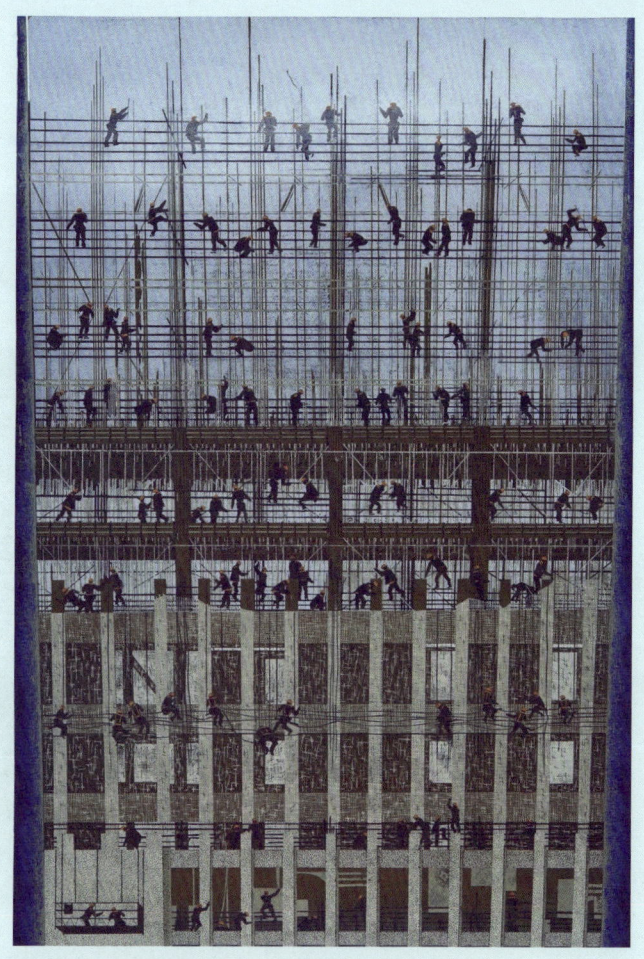

沙永汇《城市的乐章》 凸版套色木刻版画

思考与实践

创作套色木刻版画的画家很多，通过书籍、网络等渠道，你还能找到哪些优秀的套色木刻版画作品？以小组为单位，做一份研究性演示文稿，与同学进行交流、赏析。

陆放《断桥残雪》 水印套色木刻版画

第二课　套色木刻版画的制作技法

版画的色彩不同于绘画的色彩，无论套多少颜色，都要保持版画的特点。版画既不是油画，也不是中国画。一般来说，版画的色彩要单纯、精练、概括，用最少的颜色套印出丰富的色彩效果，从单纯、简洁中求丰富，以少胜多。

起稿

刻黑白版

刻彩色版

一色一版

/ Unit 4 / 第四单元 / 瑰丽多姿，明快清新——套色木刻版画的制作方法

准备套色的油墨

印制套色稿

套色木刻版画的方法步骤是先根据画稿进行分版，有几个颜色就要分别刻几块版。刻好后再一版一版地套印完成。只有重视套色标记的运用，才能保证每块版都套印得准确。这就是多版套色法（或者叫分版套色法）。

印制黑白稿

完成作品

第三课　知识拓展——一版多色法、笔彩法

丽贝卡·文森特的一版多色法

丽贝卡·文森特，英国版画家。她毕业于鲁斯金艺术学院（牛津大学艺术系），硕士，是Horsley版画工作室负责人。

丽贝卡·文森特

Horsley版画工作室

/ Unit 4 / 第四单元 / 瑰丽多姿，明快清新——套色木刻版画的制作方法

在国内版画创作媒介中，凹版或铜版画创作时关于色彩的运用常常出现色彩固定、不够丰富的现象。然而丽贝卡的作品却让我们眼前一亮。看见她的"调色盒"时，我们终于找到了她的作品色彩丰富的关键。

原来丽贝卡并没有像我们一样使用普通版画油墨来创作作品，而是用的油画颜料。油墨和油画颜料在化学成分上，最大的差异就是油墨具有很高的黏稠度。怎么样能让油画颜料增加黏稠度变成我们版画使用的油墨呢？答案就是使用"增稠剂"。通过"增稠剂"与油画颜料按适当的比例调和即可将油画颜料转变成油墨，这样的方式可以解决在凹版媒介色彩匮乏的问题。

一版多色

丽贝卡·文森特《幽然山谷》　凹版版画

丽贝卡·文森特《收获的季节》　凹版版画

栋方志功的笔彩法

栋方志功（Shiko Munakata, 1903—1975）是 20 世纪日本现代版画的主要代表人物。

栋方志功

版画与毛笔手彩不分，栋方志功用日本民间"切纸"的阳刻线条的造型方法，主版黑色全用木刻水印，古朴质拙。在手漉薄纸的背面，却沿用中、日民间版画常用的手笔着色的透染法，使色韵丰美玄妙，形成了栋方志功版画的独特风格和个性魅力。他打破了西方版画的"印痕一律"、形式刻板的旧有规范，极大地扩大了版画表现的自由度。

栋方志功依托万物圆融的东方宇宙观，在物质和精神之间，以其罕见的先天禀赋，达到人与佛、传统与现代、木板与灵魂之间的无尽超越，达到人性的解放和艺术的自由，与梵·高的表现主义欣然耦合。

栋方志功作品

/ Unit 4 / 第四单元 / 瑰丽多姿，明快清新——套色木刻版画的制作方法

栋方志功作品

　　他的画，东方、西方不分，构成随意，毫无定式，造型夸张诡异，木刻线条错落不整，手彩笔痕使画面的边角无界，尽显西洋现代艺术的自由表现精神。

Unit 5

第五单元

英姿凛然，浓郁夸张
——门神

门神年画植根于民间，土生土长，集中了劳动人民的艺术才能和勤劳智慧，凝结了广大劳动人民淳朴的思想感情和对美好生活的强烈愿望。

/ Unit 5 / 第五单元 / 英姿凛然，浓郁夸张——门神

第一课　套色木版年画——门神

门神

门神年画是农历新年贴于门上的一种画。古时候人们便有了贴门神年画的习俗，目的是趋吉避凶，那时候人们认为要保护家宅平安就得有神灵相助，而门神则可以帮忙挡住来往"邪物"。关于门神是谁、门神的起源和由来有很多种记载。而距今最久远的门神，在《山海经》中有所记载。

门神

门神人物：秦琼

门神人物：二郎神杨戬

/ Unit 5 / 第五单元 / 英姿凛然，浓郁夸张——门神

门神人物：敬德

门神人物：哪吒

门神人物：副扬鞭

　　副扬鞭又称对杨鞭，是四川绵竹特有的门神年画形式。年画中的秦琼、敬德身着清朝兵将服饰，造型生动、洗练，有浓厚的地域特色。

门神人物：神荼　郁垒　山东潍坊

　　神荼、郁垒是古代神话中专治鬼魅的神仙，是最早的门神。《后汉书·礼仪志》中刘向注引《山海经》佚文："东海中有度朔山，上有大桃树，蟠屈三千里，其枝间东北曰鬼门，万鬼出入也。上有二神人，一曰神荼荼，一曰郁垒。主阅领众鬼之恶害人者，执以苇索，而用食虎。于是黄帝法而之，因立桃梗于门户之上，画郁垒、苇索，以御凶鬼。此门桃板之制也。盖其起自黄帝，故今世画神像于板上，由于其下书'左神荼''右郁垒'，以除日置之门户外。"

/ Unit 5 / 第五单元 / 英姿凛然，浓郁夸张——门神

门神人物：燃灯道人　赵公明

燃灯道人、赵公明均为《封神演义》中的人物。燃灯道人助周武王伐纣，居姜太公帐下；赵公明助纣王抵御周营仙家，辅佐闻太师。二人交战互有输赢法力相当，民间将其附会为一对门神。在《封神演义》中，赵公明助纣抗周，最后被姜太公所杀。灭商后，太公封赵公明为"金龙如意正谊龙虎玄坛真君"，主管"迎祥纳福"，统率招宝天尊、纳珍天尊、招财使者和利市仙官，统管人间一切财宝。故又称为"武财神"。另外，燃灯佛护佑众生，赵公明除瘟祛病，释、道两家佛神把门，自是安全无恙。画中赵公明骑黑虎，挥铁鞭，使金蛟剪、定海珠；燃灯道人跨梅花鹿，使乾坤尺。二人坐骑分别为虎、鹿，故又被称为"虎鹿门神"。

门神人物：关公　关胜

在《水浒传》中，关胜是三国"义勇武安王"关羽的玄孙。生相与关公相像，幼读兵书，精通武艺，也使一口"青龙偃月刀"，英雄盖世，义勇过人，人称"大刀关胜"，官居浦东巡检。东京蔡太师为解北京之围，拜关胜为领兵指挥使，率兵杀奔梁山，后被宋江所获，成为梁山好汉。关公、关胜原本是两个不同时代的人，因都姓关，使用的兵器都是大刀，民间将其附会成一对"大刀门神"。

61

第二课　套色木版年画门神的制作

处理版材

起稿

绘制线描画稿：首先选好题材、确定内容，然后构思起稿。要反复修改才能定稿。

起稿

/ Unit 5 / 第五单元 / 英姿凛然，浓郁夸张——门神

刻版

刻版

刻版多采用木质细腻而坚韧又不易磨损翘裂的黄杨木，也可以用梨、枣等木板。木板的厚度以两寸左右为宜，以防走样和伸缩变形。

刻版是一种精巧的专门技艺。首先制作者将画稿反贴于木板上，然后用手工依样刻出线条式的套版，刻版要保持原作的精神气韵、不能走样，否则会影响年画的艺术效果。制作者根据画稿先用拳刀刻画出点、线、块，然后用弯凿、扁凿、剔空、针凿、韭菜边、扦凿等工具灵活采用发、衬、挑、复、剔等刀法，刻出婉转、流畅的线条，才能传达图稿的笔意。

配色

传统年画使用的墨汁均为艺人自己调制,应选用上等的烟煤(或墨灰)与面浆一起调匀,发酵沉淀至少一个月后才能使用。这样印出的墨色才能清晰均匀、饱和适度。印刷用色最早采用国画颜料,色调典雅饱和。

上油墨

印刷大都是用色版套印，一版一色，一般要套印五六次才能把一幅年画印好。套印最讲究的是套版准确而不偏移，印出来的作品才能与原作保持一致。因此，在套印过程中，印工采用"模版"技法，使墨线版和套色版准确无误。配色的浓淡程度要求是"四重两轻"，即红、绿、黄、紫要重，桃红、墨色则宜淡，这样印出来的年画，色彩既鲜明又协调匀称。套色印刷时，要求颜色均匀平刷，轻重得当，画面色彩的变化，可用"环色"，即两种套色重叠造成的复色来造就其画面丰富的色彩韵味。

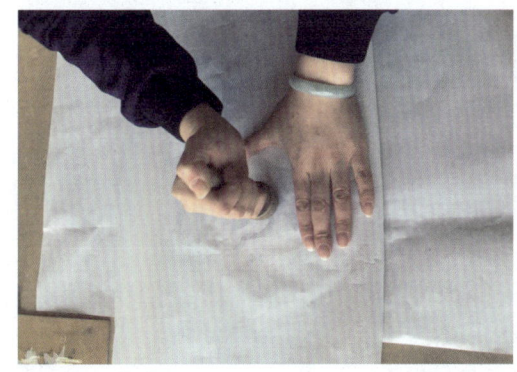
摩印

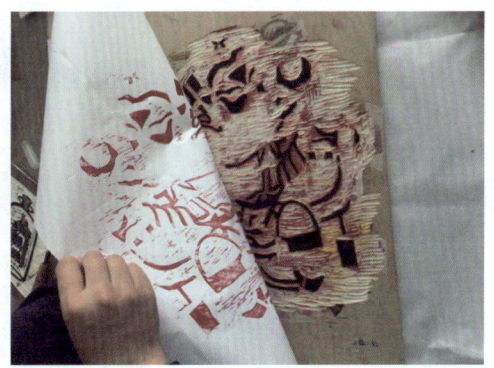
完成

即画眼、描眉、点唇、敷粉等。

开脸

晾晒作品

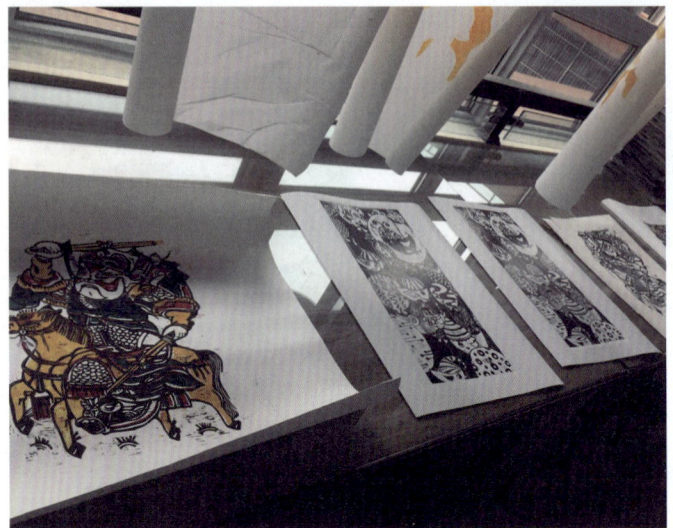

晾晒作品

套版展示

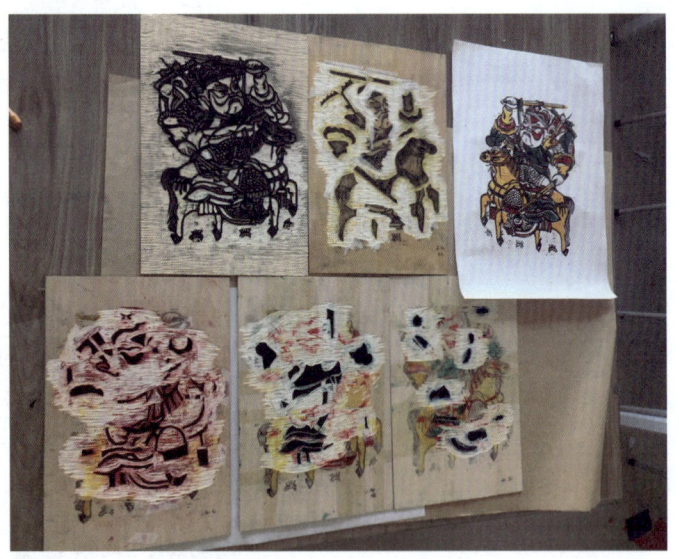

套版展示

> **思考与实践**
>
> 利用身边现有的年画资源,选择一幅你喜欢的作品,按照套色木版年画的传统工艺流程,尝试制作一幅木版年画。

Excursus

附录

青岛是一座美丽的海滨城市，风光秀丽，气候宜人，有"东方瑞士"之称；青岛人杰地灵，是一个人才辈出的美丽的海滨城市，在向国际化大都市迈进的过程中，一大批文艺名人脱颖而出。

附录 1　名家作品欣赏

从木刻到拓彩——张白波版画

著名版画家　张白波

张白波　《载月归》

　　张白波是中国当代著名的版画家，由于几十年从事版画艺术创作并首创拓彩版画新形式、新技法，在中国版画现代史上占有重要位置。张白波不满足在传统木刻版画创作上取得的显著成绩，从 1980 年开始，借鉴和吸收了中国汉代画像砖、画像石艺术的精华，并融合现代人的审美意识，独创了石膏拓彩版画。这种版画，以石膏制版，继承并发展了中国传统的拓印技巧，创作出的作品不仅充满立体的版印痕迹，具有浮雕般的三维空间效果，而且色彩丰富厚重、渗化多变，使画面富有独特而又浓厚的版画趣味。张白波的作品，既具民族艺术特色，又有现代感，呈现鲜明的个人艺术风格，已成为当代中国版画的优秀代表。1984 年，张白波在国家级刊物上首次发表论文《拓彩版画初探》，引起了中国版画界的重视，获首届"版画世界"技法金杯奖。其后他的论文在日本《版画艺术》上发表。他多次举办展览，获日本中日艺术交流中心金奖、日本文化功劳奖、日本国际版画研究会金奖，在欧美展览时获美国 ABI "20 世纪国际杰出艺术贡献奖"等。

张白波 《崂山春》

张白波 《崂山秋》

张白波 《比目鱼——寂》

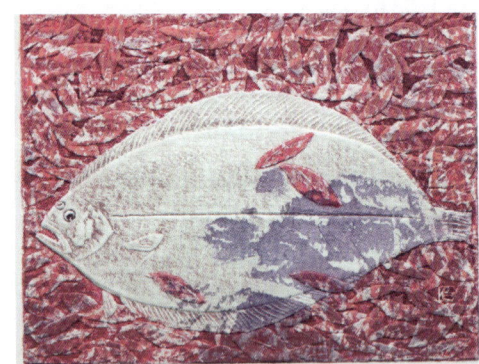

张白波 《比目鱼——幻》

张白波 《生命——翔》

张白波 《佛梦——月》

张白波 《唐诗——琵琶行》

张白波 《唐诗——登鹳雀楼》

张白波 《关山》

张白波 《战马——踯躅》

锻黑炼白铸精神 ——赵延年先生创作的鲁迅先生木刻形象

赵延年先生

赵延年笔下有关鲁迅的创作有170幅左右,是版画界创作有关鲁迅的作品最多的一位。

"我虽然从没见过鲁迅一面,但深受鲁迅精神影响,以及他著作的教诲。"赵延年说。

赵延年 《鲁迅先生像》

谈到《鲁迅先生像》的创作和加工,赵延年说,一幅肖像画的创作,绝不能局限于在某一照片里,"我着重表现鲁迅的硬骨头精神,以较多的直线,来表达鲁迅的硬骨头精神。鲁迅先生留下的照片中,并无戴围巾的照片,画面中的围巾是我推理加上去的,以围巾的里块、垂直线,同背景上的横向刀触构成强烈的对比,这样更能体现鲁迅先生的人格风貌"。

赵延年 《鲁迅在广州之一》

"为了创作,我对鲁迅先生的生平事迹做了初步了解,并读了不少鲁迅先生的著作及历史资料。为了描绘鲁迅,还到鲁迅的故乡走访。"赵延年说。

赵延年 《鲁迅在广州 之二十》

赵延年 《抗议》

赵延年 《鲁迅传》

《鲁迅先生像》一问世，即受到广泛好评。李允经曾如此评论："我以为赵延年做《鲁迅像》，是至今为止近千幅《鲁迅像》中最为优秀的作品，简直无人可以比肩。""我感到它有任何其他绘画工具所无法获取的奇妙的艺术效果。只有用刀才更能表达出我的情趣。大平刀猛铲时发出的'咔嚓'声，使我感到从事艺术创作这种创造性劳动是最令我心醉的享受。"

母亲的呐喊——珂勒惠支版画

柯勒惠支

柯勒惠支是中国人民最熟悉的版画艺术家，最初是鲁迅先生将她介绍到中国的。她的作品内容鼓舞和温暖了当时处在颠沛流离状态下的中国人，她的版画技法也对中国版画的发展起到极大的作用，几乎可以说，她是中国版画家的启蒙老师。

柯勒惠支做了大量的工人主题、战争主题、死神主题、母亲主题的作品。1893年，她受到戏曲家霍普特曼的剧本《纺织厂工人》的启发，做了石版画和铜版画混组的六幅组画《纺织厂工人暴动》，这是她艺术的开始，这组画被拿到柏林展出，受到社会的广泛关注。1903年，她又着手制作一组铜版画《农民战争》，这两组版画作品在形式上承接克林格尔的长篇叙述方式，内容上却着眼于社会的典型事件，叙述更为精炼紧凑，而在版画技法上，除蚀刻、干刻外大量使用了软蜡，使画面更加丰富柔和，显示了

珂勒惠支　《德国的孩子们饿着》　石版画　1924年

珂勒惠支 《突击》 铜版画 1897 年

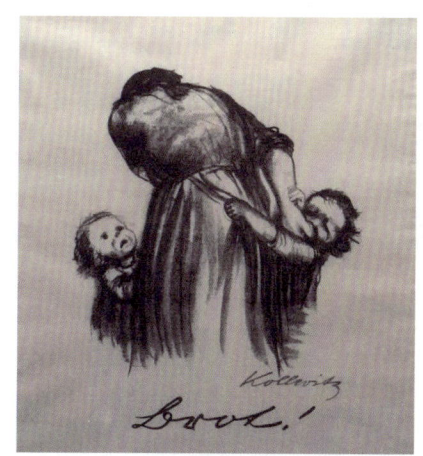
珂勒惠支 《面包》 石版画 1921 年

版画材料语言的魅力。1903 年，科勒惠支的儿子死于战争，她悲痛之下，做了一组题为"战争"的木刻版画，木刻版画强烈的黑白对比及她精湛的刀法和浑厚的素描功底在这组画中令人震撼地表现出来。

她曾说过："我的作品不是纯粹的艺术，但它们是艺术，我同意我的艺术是有目的的，在人类如此无助而寻求援助的时代，我要发挥作用，每个人尽力而为，如此而已。"

珂勒惠支 《母亲们——战争系列第六幅》 石版画 1919 年

丢勒说："版画是黄金时代的创造者。版画，无论是作为伴随书籍印刷而发展的一种插图装饰，还是艺术大家们低调偏爱的创作风格，都因刻刀赋予了力量，拓印产生了肌理，在线条和色块中表现出独特的美感。"

附录 2　其他版画种类简介

丝网版画——漏版印刷

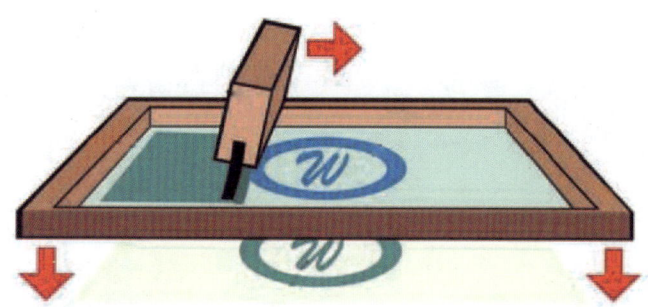

丝网版画制作示意图

罗伊·利希藤斯坦（美国）　丝网套色版画

丝网版画属于漏版，通过刮板的挤压，使油墨浆料通过镂空的图文转移印刷到织带承印物上面，从而形成与原稿一样的图文。

丝网版画的应用

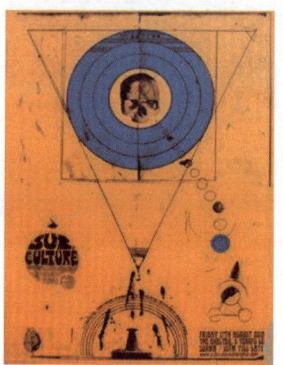

丝网海报

丝网帆布包

铜版画——凹版印刷

> 铜版画,也称"蚀刻版画""铜刻版画""铜蚀版画""腐蚀版画",指在金属版上用腐蚀液腐蚀或直接用针或刀刻制而成的一种版画,属于凹版,因较常用的金属版是铜版,所以称铜版画。铜版画艺术典雅、庄重,许多艺术大师都热衷于这种艺术画种。

《圆明园西洋楼》铜版画　清乾隆年间　现收藏于法国巴黎图书馆

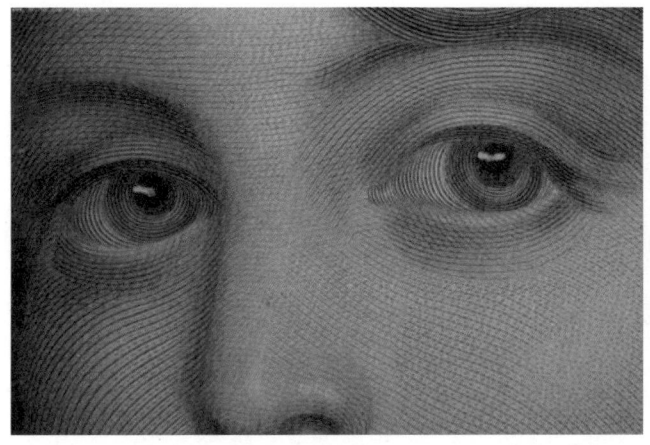 

作者不详《纯真的小公主——格瑞兹》 铜版画 1959年

丢勒《四骑士》 铜版画 1497年

石版画——平版印刷

石版画作为四大版种之一,是一种"平版印刷"。简单来讲,就是艺术家在石头表面画画,然后通过油水分离的制版过程,最终将画面印制在纸上。但其中,石头是特殊的,画笔也是特殊的,制版的复杂程度也绝对超乎所想。

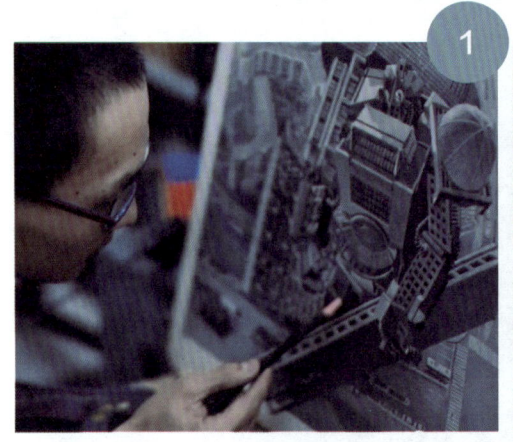

绘制石版

石版修版

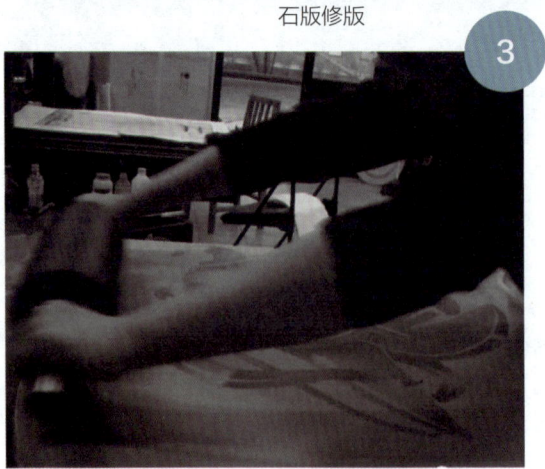

用皮辊为石版打墨,准备印制

/ Excursus / 附录

埃舍尔作品

埃舍尔作品

艺术家 M.C. 埃舍尔，创作过许石版画作品，他的作品多与数学等原理相关，十分耐人寻味。

Afterword
后记

你有一封
未读邮件

你好，我是版画。

从我诞生在这个世上，数数年头已经有了一千多年。年幼时的我，质朴、粗犷但也不乏灵动的线条和神圣的光辉。那时的我无论在东方还是西方，从敦煌到阿姆斯特丹，都虔诚地侍奉于"神明"。为了让目不识字的人们能够了解"神祇"们的存在、认识他们的力量，为了让挣扎于痛苦和不幸的人们激发出生存下去的勇气和心向善念的美德，这就是我的全部工作。

在那时的我，尚未成年，不会任何表达，只能依托于传统绘画的这些兄长们牙牙学语：工匠们将画师们用笔创作的作品复刻在版上，但我自己却没有任何创作和表达的途径。随着时间的推移，在成长过程中我慢慢学会了四种语言：木版水印、铜版蚀刻、石版油印、丝网印刷。这让我逐渐可以用自己方式去表达自己的想法，让更多的人了解我。直到如今，我已经完全成长为一个独立的艺术门类，我能成熟地运用四种语言来表达一切自己的想法与思考；我能直接创作，而不需要再去复制、模仿其他画种。我的表现丰富多彩，可以简单，也可以精细；能够绚烂，也能够神秘。一代代艺术家用我的语言表达出了自己的心志，创作出了令人难忘的作品。他们用版画改变了世界，同样版画也让他们变得与众不同。

我经常去感悟一种纯粹的哲学理念——镜像或者逆向的，以及一种间接的创作。这让我常常获得新的发现和意想不到的惊喜，也是让我不断改变这个世界的巨大动力。

我对待画面一丝不苟，懂得坚持与认真，将精致发挥到极致，从而让大部分人都从我的画面中感受到了无与伦比的震撼。以我所使用的一门语言——铜版画为例，在最初的制版阶段，小小的版面制作就可能花费数月之久。在这背后往往是版画家的坚持和探索以及为之付出的心血和汗水。

/ Afterword / 后记

    画家对于版面的制作要求总是精益求精,每一个细节都是他们考虑的重点,包括画面的结构、色彩的搭配。油墨未必会按照你的思路展现在最后的画面中,而你的理想效果往往需要在不断的试错中获得成功,期间你需要冷静、沉得住气,不让气馁在你最终走向成功前将你拖垮。在你做每一个步骤时都需要调整呼吸,将双手保持在最为灵敏的状态,否则最细微的变动都会令你功败垂成。只有当你在油印机上将一幅作品最终呈现,才能感受到那份淡然的喜悦。可能这也就是我让人又爱又恨的原因。最终签上你的名字,就等于给了我一个独一无二的身份标识,也体现了我的价值。

    这就是我的存在方式,让每个人拥有自己的表达,将不可能变成可能,将瞬间凝固成永恒。

    你好,我就是版画,精彩仍在上演!

图书在版编目（CIP）数据

悦印悦美 / 单珊,韩明镜主编. — 青岛：中国海洋大学出版社,2019.5
"海洋、科技与学生成长"青岛市精品校本课程系列教材 / 翟召东主编
ISBN 978-7-5670-2092-4

Ⅰ.①悦… Ⅱ.①单…②韩… Ⅲ.①木刻—版画技法—高中—教材 Ⅳ.①G634.955.1

中国版本图书馆CIP数据核字(2019)第021731号

出版发行	中国海洋大学出版社
社　　址	青岛市香港东路23号　　邮政编码　266071
出 版 人	杨立敏
网　　址	http://pub.ouc.edu.cn
订购电话	0532-82032573（传真）
责任编辑	董　超
电子信箱	465407097@qq.com
装帧设计	祝玉华
照　　排	光合时代
电　　话	0532-85902342
印　　制	青岛环海瑞源印刷科技有限公司
版　　次	2021年5月第1版
印　　次	2021年5月第1次印刷
成品尺寸	185 mm × 260 mm
印　　张	6
印　　数	1～1000
字　　数	89千
定　　价	260.00元（全五册）

如发现印装质量问题，请致电15866814567，由印刷厂负责调换。

主编：邵 杰

编者：（以姓氏笔画为序，排名不分先后）

王俊英　牛紫璇　孙民慧　李世杰　李英宽
宋月旻　邵　杰　苗琳琳　孟庆玲　贺　莉
韩雪萍　童云飞　魏海清

绘图：杨治瑾

海洋生物

Marine organism

中国海洋大学出版社
·青岛·

"海洋、科技与学生成长"青岛市精品校本课程系列教材编委会

主编： 翟召东

编委： 郭　俭　张培喜　郑咏梅　韩明镜
　　　　 单　珊　邵　杰　张　雯

序
Preface

海洋，蓝色的宝藏

海洋是人类赖以生存的地球系统中的重要部分。海洋渔业为人类提供了12.5%～20%的动物蛋白质，全球30%的石油与50%的天然气产量也来自海洋，国际贸易运输量的90%通过海上运输完成，加上海洋旅游等产业，全世界每年海洋资源利用的总产值达7万亿美元。海洋是巨大的资源宝库。海洋拥有很高的生物生产力，有丰富的生物资源，是人类蛋白质资源的"仓库"。

近年来，我国海洋科技发展迅速，成果颇丰。2012年，我国研制成功的"蛟龙"号载人潜水器，最大下潜深度为7062米，成为当时世界下潜最深的载人潜水器。2020年11月10日"奋斗者"号成功返航，创造了10909米的中国载人深潜新纪录。我国的海水利用技术产业化已取得很大进展，主要表现在海水利用技术取得重大突破，海水利用粗具规模，海水淡化成本迅速下降。

海洋拥有如此多的优势，但是当人类开始探索海洋的时候，很少有人会想到，我们向大海排放的污染物，或是对海洋无休止地索取，会伤害到海洋。那时人们认为大海就如同伊甸园一般，但现在我们知道：人类正从伊甸园走向失乐园。

海洋本身对污染物有着较强的净化能力，但这种能力并不是无限的。当局部海域接受的有毒有害物质超过它本身的自净能力时，就会造成该海域的污染。胶州湾原是多种鱼、虾的产卵、索饵场，盛产多种经济鱼、虾，而现在这些经济鱼、虾产量下降，每年造成严重经济损失。石油泄漏、过度开发等导致胶州湾的生态环境质量下降，生物多样性降低。

　　我国沿海累计丧失滩涂湿地219万公顷，美国23%的港湾严重退化，全球渔业资源日益枯竭……这一切都警告着我们情况不容乐观。人类和海洋在地球上共同存在，休戚与共，相依相伴，要开发海洋必先了解海洋，学会保护海洋。要知道海洋是蓝色的宝藏，但其中的资源也并非取之不尽用之不竭。保护海洋环境，要从我们自身做起，从我们身边的事做起。不向海洋丢弃垃圾、不损害海洋生态环境，不捕捞受保护的海洋生物，不购买海龟等法律法规禁止贸易的海洋生物及其制品。善待了海洋，也就是善待了人类自己。

　　我们盼望着，未来人类与海洋和平相处、互有裨益的美好画面。

山东省青岛第六十八中学 2012 级海洋班　　殷伟莉

目录 Contents

第一章 走近海洋生物

第一节 海洋生物学发展史 / 002

第二节 海洋生物学的研究方法 / 010

探究·实践

探究环境因素对石莼生长速度的影响 / 017

第二章 海洋生物

第一节 微生物 / 020

第二节 植物 / 026

第三节 原生动物、多孔动物和腔肠动物 / 034

探究·实践

观察水螅的结构及摄食方式 / 043

第四节 软体动物 / 044

第五节 节肢动物 / 052

探究·实践

盐度对卤虫卵孵化的影响 / 058

第六节 棘皮动物 / 060

第七节 尾索动物和头索动物 / 068

第八节 脊椎动物 / 073

第三章　海洋生态

第一节　海洋生态系统概览 / 092

第二节　海洋生态系统的多样性 / 104

探究·实践

潮间带海洋生物观察 / 129

第四章　人类与海洋

第一节　海洋生物技术 / 132

第二节　海水养殖 / 141

第三节　人类与海洋的关系 / 146

第四节　禁渔期宣传活动方案设计 / 152

第一章 走近海洋生物

海洋是神秘而美丽的。五光十色的珊瑚礁、神话中藏满奇珍异宝的龙宫宝库……吸引着人们探索海洋生物的脚步。

第一节　海洋生物学发展史

问题探讨

2017年,"雪龙探极"创下中国极地考察史上的多项第一:创造全球科考船向南航行纬度最高纪录,首次穿越北极中央航道、西北航道,"雪鹰601"固定翼飞机首次降落南极冰盖最高点,中国科考队首次开展环北冰洋考察……2019年5月,我国最先进的科考船"雪龙2"号(图1-1)交付使用;同年7月,驶往北冰洋执行我国北极科考任务。

图1-1　"雪龙2"号科考船

讨论

1. 为什么我国要制造先进的科考船?
2. 科考船在科学考察中能发挥什么作用?

本节聚焦

什么是海洋生物学?

海洋生物学研究的内容有哪些?

研究海洋生物学的意义有哪些?

了解海洋生物学的研究历史及发展潮流。

海洋以它的广博和富饶影响和滋养着一代又一代的人类。"生命的摇篮""资源的宝库""五洲的通道"等都是海洋当之无愧的称号。要建设海洋强国,我们要进一步关心海洋、认识海洋、经略海洋。

海洋生物学

海洋生物学（Marine Biology）是一门研究海洋中生命的现象、过程及其规律的学科。海洋生物学是海洋科学的一个重要分支，也是生命科学的一个重要分支。通过学习海洋生物学，可以获得关于海洋生物的分类、形态、生理、生化、遗传、生活状况、栖息分布、相互关系等生命活动规律

图 1–2　地球上的海洋

的知识，了解海洋环境条件，如地貌、底质、水温、水压、光照、海水化学成分和海水运动对海洋生物生长、发育、繁殖、迁徙、数量变动等方面的影响。图 1–2 为从高空俯视地球上的部分海域。

海洋动物的多样性远远超过陆地和淡水动物的多样性。要了解生物的分类系统及其演化过程，必须研究海洋生物学。

海洋约占地球表面积的 71%，又是众多垃圾废料的汇集地。海洋生物学的研究不仅有利于保护生物生存的环境，而且直接关系到海洋生物资源的开发和利用。

海洋生物具有一些特有的生理机能和生化特点，如海洋鱼类和哺乳类的游泳、回声定位和体温调节能力，已成为仿生学的重要研究内容。

在国民经济建设中，海洋生物也占有重要地位。海洋生物是人类食品的重要来源，现可供食用的海洋藻类已达近百种，如海带、紫菜；可供食用的海洋动物则更多，目前，全世界所消耗的动物蛋白质（包括作为饲料用的鱼粉）有 12.5% ~ 20%（按鲜品计算）来自海洋。海洋生物还可作为工业和药物原料。如由海藻中提取的琼胶、卡拉胶、褐藻胶已用于食品、酿造、涂料、纺织、造纸和印刷工业；目前已从海洋生物中提炼出多种酶、激素、多肽类、多糖类、脂酸等，用于制作神经毒素、麻醉剂、止血剂、降压剂、抗生素等药物。红树林和海草床具有护堤防浪等作用，它们的生长区域是理想的"海洋水产生产农牧化"的基地。海岸线的形成和保护，至少部分依赖于海洋生物，并且有些海洋生物甚至有助于形成新陆地。红珊瑚、角珊瑚等海洋生物，是名贵的装饰品

和工艺原料。不少海洋生物活体和外骨骼（虾壳、蟹壳、贝壳）还具有观赏价值。海洋旅游业在世界旅游业中占有举足轻重的地位，为成千上万的人提供了娱乐项目，如海洋潜水（图1-3）。

图1-3　海洋潜水

也有一些海洋生物对人类是有害的。如船蛆、海笋、蛀木水虱等海洋钻孔生物，贻贝、牡蛎、藤壶等海洋污着生物会侵蚀码头、墙壁和其他人类建设的海洋设施，附着、腐蚀和碰撞船底，或堵塞管道，它们甚至会干扰我们的军事武器。

为了尽可能充分、合理地利用海洋生物资源，解决海洋生物造成的问题及预测人类活动对海洋生物产生的影响，我们必须尽可能地了解海洋生物。这些是海洋生物学面临的挑战和主要意义所在。

海洋生物学发展历程

海洋是生命的发源地，随着航海技术和导航技术的发展，人们对海洋和海洋生物的了解也越来越多。

思考·讨论

阅读和分析下面的资料，讨论相关问题，发表你的见解。

海洋生物学研究的发展历程

1. 人类祖先对海洋的探索

人类对海洋生物的利用从石器时代已经开始了。考古学家发现了石器时代堆积的贝壳及贝壳项链装饰品。

图1-4　贝币

我国夏商时期已经使用贝作为交换媒介，贝币是人类货币的始祖，图1-4为博物馆收藏的贝币。

随着航海技术的发展，人类对海洋和海洋生物的认识深度和范围逐渐拓展。公元前4世纪，古希腊科学家亚里士多德在《动物志》中记述了170多种海洋生物，按现代分类包括海绵动物、腔肠动物、蠕虫、软体动物、节肢动物、棘皮动物、原索动物、鱼类、爬行类、海鸟、海兽等十多个主要动物类群，其中海洋鱼类有110多种。中国成书于公元前3世纪左右的《黄帝内经》中，已有用墨鱼和鲍治病的记录。公元前1世纪成书的《尔雅》，不但记载有海洋动物，而且还有海洋藻类。公元初古罗马普利尼乌斯的《自然历史志》，记录了170多种海洋生物。

2. 早期的海洋探险

1492年，哥伦布再次发现了"新大陆"。1519年，麦哲伦开始进行首次环球探险。航海家们对航行经过的海洋中的生物表现出了极大的兴趣。英国海军舰长詹姆士·库克是最早沿航行路线进行科学考察的人员之一，也是航海团队中最早的博物学家。他绘制了可靠的海图，并带回了海洋动植物标本以及关于陌生大陆的传奇故事。许许多多史诗般的航海活动大大增加了人们对海洋的了解。当时的地图中首次出现了欧洲以外的地区。

随着自然科学和航运事业的发展，海洋生物学进入科学的研究阶段。1674年，荷兰列文虎克最先发现海洋原生动物；1777年，丹麦米勒开始应用显微镜观察北海的浮游生物；19世纪前期，爱伦贝格在海洋中发现硅鞭藻类；英国达尔文对他在1831～1836年"贝格尔"号航海中采集的海洋生物标本进行了出色研究；德国米勒于1845年使用浮游生物网采集和研究海洋浮游生物。

3. 以科学考察为目的的海洋考察航行

19世纪中叶，一些科学家不必再跟随从事其他工作的船只，就能够进行专门的海洋科学考察航行。

19世纪40～50年代，爱德华·福布斯围绕英国进行了大范围的海底考察工作。他发现了许多前所未知的生物，并且认识到随着水深的不同，海底生物的种类也不同。他的研究激发了人们对海底生命的新的兴趣。

1872年，英国政府出资支持了由查尔斯·怀韦尔·汤姆生领导的首次大洋科学考察。英国海军提供了一艘轻型战舰——"挑战者"号。这次考察是人类历史上首次有系统、有目标的近代综合性的海洋科学考察。

"挑战者"号及全体科考队员在三年半时间的环球航行中收集资料、采集样品。科学考察结束后，历时19年发表科考结果，整理的资料多达厚厚的50卷（图1-5）。这些海洋资料超过了人类历史上以前所有的记载。数千个前所未知物种的样品使科学家对海洋生物的多样性有了更多的了解。"挑战者"号科学考察奠定了现代海洋科学的基础。

图1-5 挑战者号航海考察科学成果报告

随后，一系列科学考察延续了"挑战者"号所开创的工作。从许多方面来看，"挑战者"号环球航行是海洋学研究历史上最重要的科学考察活动之一。

4. 海洋实验室的发展

考察船的舱位只能容纳少数科学家。大多数生物学家只能得到由船只带回港口的标本，这些都是被保存的死亡海洋生物的标本。这类标本揭示了全球海洋生物的许多生物特性，也激发了生物学家对这些生物的实际生活情况的好奇心。

大约从1826年开始，两位法国人爱德华兹和安多兰定期到海边去做海洋生物研究。其他生物学家很快也效仿他们开展研究。这些野外考察为科学家提供了研究生物活体的机会，但是简陋的研究设施和有限的研究设备限制了他们的调查范围。

终于，固定的实验室建立起来了。在这些实验室里，海洋生物学家能够使这些生物保持存活状态，以供他们长期研究。1872年，德国生物学家在意大利那不勒斯建立第一个海洋动物学研究站。1879年，英国海洋生物学会在英格兰普利茅斯建立实验室。

此后，世界范围内出现了许多海洋实验室。直至今日，新的海洋实验室仍在不断建立。

5. 水下观测设施的发展

第二次世界大战的爆发对海洋生物学产生了巨大影响。为了应对日益重要的潜艇作战的需要，人们研发出了一种称为声呐（Sonar）的新技术，这项技术也叫作声波导航测距。声呐技术利用水下回声进行探测，如图1-6所示，声呐探测是一种"聆听"大海的方法。第二次世界大战结束后不久，出现了第一个真正实用的改进型水肺（Scuba）或称为自携式水下呼吸器。借助于水下呼吸器，海洋生物学家能够潜到海面下，观察自然环境中的海洋

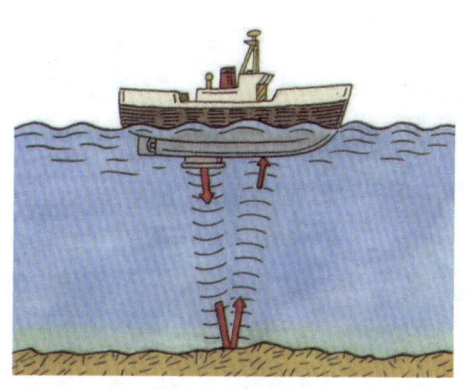

图 1-6 声呐探测

生物。他们同时也发现，海洋生态环境受到的威胁也日益严重。

6. 我国近现代海洋生物学的发展

我国的近代海洋科学始于 20 世纪初，30 年代开始筹建海洋研究机构，之后在厦门和青岛建立了海洋生物研究中心；1949 年以后，中国科学院水生生物研究所青岛海洋生物研究室（中国科学院海洋研究所的前身）、山东海洋学院、中科院南海海洋研究所等相继成立。我国现代的海洋科学研究，主要围绕着海洋物理学、海洋地质学、海洋生物学和海洋化学等领域进行。其中海洋生物方面的研究基础较好、历史较长。海洋生物分类、区系研究、海洋生态学研究等方面取得的成果较多。

近年来，海洋生态学研究较为活跃，围绕利用科学规律合理地开发、利用和发展海洋生物资源、保持生态平衡等方面展开研究。从海洋中寻找新药，也成为海洋生物学研究的一个重要方向。科技含量高的科考船、科研工作站相继建成，利用先进的科学技术探索海洋成为科学研究的一个重要方面。

讨论

1. 科学研究需要什么精神？
2. 海洋生物学的发展有什么特点？
3. 通过分析海洋生物学的发展历程，说明技术的进步对科学发展的推动作用。

海洋生物学是随着调查的开展和技术手段的改进而发展的。海洋生物学的建立经历了漫长的过程。近年来，随着新技术的运用，海洋科学的发展出现了飞跃，新的研究领域不断出现，学科交叉的特点日益凸显。科学家借助卫星、信息技术等高科技手段监测海洋表面的温度、跟踪洋流、调查生物的丰富度以及监控人类对海洋的影响。人们通过不断的研究学习已经掌握了大量的海洋信息，但海洋中仍存在许多神秘而有趣的领域等待人们去发现。

研究性学习建议

1. 查阅资料，了解我国认识海洋、开发海洋的历史，写出调查报告。

2. 查阅资料，了解我国或世界著名的海洋实验室的分布、研究特色等，写出调查报告。

3. 查阅资料，了解我国极地科学考察的成就，制作图文并茂的宣传画。

4. 查阅资料，了解我国大学设置了哪些与海洋科学有关的专业，有哪些大学招收海洋科学专业的本科生，这些学校取得了哪些成就、分布在哪里、历年录取情况如何、学生就业情况如何，等等，撰写调查报告。

研究性学习指导：文献资料的搜集和整理

文献是指以文字、图形、符号、声频、视频等为主要记载手段的一切知识载体。以作者本人的研究或研制成果为依据而创作的原始文献称为一次文献，如期刊、论文、研究报告、专刊说明书、会议文献。二次文献是对一次文献进行加工整理后所产生的文献，如书目、题录、简介、文摘形式的检索工具书，它是查找一次文献的线索。在利用一、二次文献的基础上，经综合、分析、评述编写成的文献称为三次文献，如专题述评、进展报告、动态综述以及手册、年鉴、指南、辞典。

文献资料是观点形成的基础，是写课题研究报告的重要依据。查找文献资料是开始研究的第一步。弄清别人对相关问题进行了哪些研究，有哪些不同观点，哪些问题是已经解决了的，哪些问题有待进一步研究。通过收集、鉴别、整理文献，从中找出事物的本质属性，形成对事实科学认识的研究方法称为文献研究法。

文献检索指以文献为对象的检索活动，即采用科学的方式方法，从图书馆或资料中心查找所需文献资料的全过程。文献检索是科学研究中至关重要的一步，能使研究者对课题的研究历史和研究现状有一个全面的了解，帮助他们站在一定的理论高度分析问题、思考问题、解决问题，同时也避免重复别人的研究。选择最佳的检索途径，迅速、准确、全面地找到所需要的文献资料，这是每个研究者必须具备的一种基本能力。

文献的来源有图书馆、档案馆、网络数据库等。开始文献检索前需要确定研究主题、需要检索的问题和关键词，还要确定检索途径和检索方法。是去校图书室，还是去市、区图书馆？是向专家咨询，还是向老师请教？是采用分类、主题词途径检索，还是采用作者、书名、篇名途径检索？是从最近出版的书籍、期刊开始往前查，还是只查某几年的书籍、期刊？……

除了图书馆、档案馆、网络数据库以外，有时利用网站也能获得一些有用的资料。通过网站获得资料时要注意判断资料的可靠性。网站域名中的".edu"表示"教育"，".gov"表示"政府"，这些网站的资料一般有较高的可靠性。如果你对网站资料的准确性有疑问，可以咨询图书管理员、老师或父母。

搜集文献资料时尽量搜集新的文献，注意搜集第一手资料和观点不一致的资料。

如果想灵活应用获得的大量文献资料，就要学会整理它们。整理文献资料可以通过编制纸质文献卡片或编制电子记录单来进行。纸质文献卡片和电子记录单可以参考如图1-7和表1-1的格式。

文献编号：	文献存放位置或网址：	
作者：	题目：	出版信息：
概括对研究有用的内容		

图1-7 纸质文献卡片

表1-1 电子记录单

序号	作者	题目	时间	主要观点	来源

纸质文献卡片和电子记录单各有利弊，使用时可根据自身情况加以选择。

第二节　海洋生物学的研究方法

> **问题探讨**
>
> 海带和紫菜是我们饭桌上常见的海产品，可谓物美价廉。中国原本不产海带，主要依靠进口。而今，中国却成为世界上海带生产的第一大国，紫菜产量也位居世界第三。能有如此辉煌的成绩，首先归功于海洋生物学家曾呈奎（图1-8）。曾呈奎和他的合作者研究了紫菜的生活史，研究出紫菜孢子的来源，解决了海带、紫菜栽培中的关键问题，使海带、紫菜的大量人工栽培成为现实。海带、紫菜等大型海藻人工栽培取得的成功，直接推动了我国海水养殖第一次"浪潮"的兴起，人们的"耕海"梦成为现实。
>
>
>
> 图1-8　曾呈奎
>
> **讨论**
>
> 1. 你还知道曾呈奎院士做过哪些研究？
> 2. 科学研究与改善人类生活之间有什么关系？
>
> **本节聚焦**
>
> 怎样使用观察法开展研究？观察法有哪些优点和局限性？
>
> 怎样提出假说？
>
> 实验法有哪些特点？

海洋是神秘的，人类对海洋的认识和利用离不开科学研究。

海洋生物学研究方法

科学研究方法（Scientific Research Method）指人们在认识和改造世界中遵循或运用的符合科学一般原则的各种途径和手段，包括在理论研究、应用研究、开发推广等科学活动过程中采用的思路、程序、规则、技巧和模式。海洋生物学虽然涉及很多探险活动,但它是一门真正的科学,海洋生物学家和其他科学家一样运用科学研究方法来认识世界,学习海洋生物学要熟悉这些方法。

观察法(Observation Method)和实验法(Experimental Method)是科学研究中的两个重要方法。另外,科学家通过观察,加上归纳演绎等逻辑思维过程做出对事物、现象的描述,这些可能正确的描述称为假说。然而科学家并不满足于简单的描述,他们更痴迷于对描述的真实性的检验。科学研究方法的极其重要的特征就是通常会对所有假说进行反复检验,这也是科学研究方法的最大优势之一。

观察法:科学的通用方法

观察法是一种重要的研究方法。观察法是人们在自然条件下,按照客观事物本身存在的实际情况,通过观察研究和确定周围世界的客观事物、现象的性质和关系,从而获取经验材料的方法。科学研究的目标就是发现自然世界的真相,以及解释真相的原理。科学知识基本上来源于对自然的观察。科学结论的得出必须建立在观察的基础之上。

思考·讨论

阅读和分析下面的资料,讨论相关问题,发表你的见解。

海洋中的"眼睛"和"耳朵"

海洋生物学家常常为不能真切地看到海洋中正在发生的事情而感到沮丧。通过使用网具和采泥器收集样本,用自动化仪器进行测量,在实验室内开展实验研究等方法,海洋生物学家已经对海洋生物的方方面面有了深入的了解。然而,我们人类自身就具有视觉,再多的取样、测量或其他实验也不能完全取代对自然生境中海洋生物的实际观察。

一种解决办法就是潜到海洋中去看一看(图 1-9)。水肺和科研潜水艇为研究海洋提供了极大的帮助,使我们不仅能看到我们所研究的生物,而且可以在自然环境下开展实验研

图 1-9　海洋潜水

究。但是，这些方法仍存在其局限性。相较于海洋的深度而言，水肺潜水所能到达的仅是海洋中最浅的部分。同时潜水持续的时间最多为数小时。水肺潜水对身体素质也有相当严格的要求。潜水艇一方面造价昂贵，另一方面空间狭窄，一次仅能容纳数量十分有限的科学家。与鱼类、鲸类、海豹和其他运动迅速的动物相比，水肺潜水和潜水艇就显得又慢又笨重，而且会对海洋生物产生很大的干扰。

另一种解决办法就是使用自动操作或可在海面操控的照相机或摄像机（图1-10）。除非在偶然情况下，这些照相机或摄像机很可能所处的时间和地点都不是最合适的，因此经常要使用诱饵将我们感兴趣的动物引诱到照相机和摄像机前。使用这类观测仪器，我们成功在胶片上捕捉到了未知的、罕见的深海动物，从而为研究其生活方式提供了有用的信息。

对海豹、海狮和鲸类等大型海洋动物的复杂行为进行观察一直是一个难题。对潜水员来说，它们游得太快、太远，下潜得也太深，难以对其行为进行记录，对静止的摄像机而言那就更难做到了。人们即使能够紧紧跟随这些海洋动物，也可能成为一种现场干扰因素，导致动物行为异常。那么，是否可以让海洋动物自己给自己"拍照"呢？"动物随身拍"是一种全密闭的水下摄像机，它可以固定在海龟、鲨鱼、鲸类、海豹和海狮等海洋动物的身体上。以前，我们对这些海洋动物行为的了解几乎全部都来自在陆地和海面上对它们的观察。海洋动物主要在水下生活，"动物随身拍"使我们能够从水下对它们进行观察，从而对它们的生活有全新的了解。最近，"动物随身拍"首次拍摄到驼背鲸奇特的捕食行为。驼背鲸先用"气泡幕"将鲱鱼鱼群紧紧聚拢成球，再冲入鱼群大快朵颐。

图 1-10　水下摄像机

我们致力于在海洋进行观察时，并非完全依靠视觉。光在海水中的穿透力是有限的，这就意味着不仅海洋的绝大部分是黑暗的，而且即使利用人工光源，能见度也十分有限。而声音则可以在水下传播很远的距离，这也是声呐的原理基础。利用现代声呐技术和计算机数据处理技术，我们可以得到详尽的海底三维图像。被动声呐系统不发射声波，它利用的是海浪、船舶、动物和其他物体自身存在的背景噪音。正如物体反射光进入眼睛，我们就能看到该物体一样，当鲸类等反射的声波被水下扩音器接收，通过计算机的处理我们就可以得到运动图像。这类系统可以在黑暗条件下工作，能够接收相当远的距离的信号，而且减少了对动物的噪声干扰。船舶可使用这种被动声呐来避免与看不见的鲸类等相撞。

新的技术也正被应用于搜寻和监测微小的浮游生物。浮游生物是地球上最重要的生物类群之一，但直到最近，其研究方法主要还是依靠网具来捕获，如拖网采样，这常常会使这些浮游生物受到伤害甚至死亡。至少，拖网的研究方法使浮游生物脱离了其原来生存的环境，并彻底扰乱了它们的自然行为。想象一下，如果我们对鸟的了解也完全依赖于用飞机拖着网捕鸟，那么研究结果会有多大的局限啊！

现在已出现了一些完全依靠视频来观察浮游生物的系统，由于三维空间缺少固定参照点，所以为了准确跟踪这些生物需要四台摄像机。另外，还出现了一些利用声呐的系统，或声呐与视频结合的系统。声呐被用于确定浮游生物的大小和位置，当浮游生物位于数码相机拍摄范围时，可以利用大多数生物看不到的红色闪光进行拍摄。还有一些系统利用激光来产生微小生物的三维全息图像，这些图像被保存在计算机中并在实验室中被分析。

讨论

1. 海洋中的"眼睛"和"耳朵"是什么？

2. 如果想不对海洋生物造成影响，在自然条件下连续观察它们的活动，该如何操作？

3. 在自然条件下观察海洋生物有什么好处？

观察者一般利用眼睛、耳朵等感觉器官去感知观察对象。由于人的感觉器官具有一定的局限性，观察者往往要借助各种现代化的仪器和手段，如照相机、录音机、显微录像机、卫星来辅助观察。

人们通过观察来描述海洋世界。要了解海洋生物的分布、数量、生长速度、个体大小、繁殖的时间与方式、摄食情况和日常行为等问题，都必须对海洋的局部区域以及其中生活的生物进行观察。新技术的应用使人类观察海洋的能力不断提升，不断有新的发现。水下摄影技术使人们对鲸类等海洋生物的行为有了全新的了解，而遗传学技术使我们发现了数目极其众多的前所未知的海洋微生物。每一个发现又成为新观察的开始，对全然未知、出乎意料的海底生态系统的发现，引导生物学家到其他海区去寻找和发现类似的生态系统。

观察法的优点在于它是获取第一手材料的最佳途径，具有直接性、客观性、普适性等优点。同时，观察法也存在受观察范围的限制、缺乏对一些因素的控制等缺陷。

建立假说法

建立假说法，即根据已知的科学原理和一定的事实材料对事物存在的原因、普遍规律或因果性做出有根据的假定、说明和科学解释的方法。

假说不同于无知妄说，建立假说法是以已有事实和科学知识以及观察实验为依据的。人们为了一定目的而建立的假说只是对事物的存在原因和规律性的初步的假定说明，因此，它具有推测的性质；它提供给人们的知识并不确凿可靠，还需要科学的论证和实践的检验，因此，它又区别于科学理论。建立假说是人们初步认识某些真理的重要方法和途径，也是科学理论形成和发展的重要阶段。假说的建立过程也是对来源于实践的各种逻辑方法和推理形式的综合运用的过程。

科学的假说必须以一种可检验的方式进行表述。也就是说，如果假说真是错误的，就一定能够证明其错误，至少存在证明错误的潜在可能性。科学家执着于对描述的真实性进行反复检验。反复检验也成为科学方法最大的优势之一。不正确的假说通常很快就会被清除抛弃。有时这种证明很简单，例如，对鲸类有鳃的假说进行检验就十分简单。生物学家们所要做的工作就是对一头鲸（图

1-11)进行检验,看其是否有鳃。检验之后就会发现,鲸类的呼吸器官是肺而不是鳃,这样就证明了"鲸类有鳃"的假说是错误的,从而也否定了"所有海洋动物都有鳃"这一假说。

科学的假说是对世界的描述,它也许是真实的,同时也是可检验的。可检验的假说至少存在被证明为错误的潜在可能性。

实验法

在正确的时间和地点,对自然界进行正确的观测可以对假说进行验证。但有时候验证假设所需要的条件无法自然发生,科学家就必须巧妙地调整自然条件,在人工的实验条件下验证假设。实验法就是根据研究的目的,有计划地控制环境因素,在控制的条件下获取研究资料的方法。

控制变量法是一种常用的实验法研究方法。

控制变量法就是把一个多因素影响某一科学量的问题,通过控制某几个因素不变,只让其中一个因素改变,从而转化为多个单一因素影响某一科学量的问题的研究方法。

控制变量法需设置对照组和实验组,两组只有一个条件不相同。控制变量法在实验数据的表格上的反映为某两次实验只有一个条件不相同,若两次实验结果不同,则实验结果与该条件有关,否则无关。

图 1-11 鲸

例如,有一位海洋生物学家想要研究水温对贻贝(图 1-12)生长的影响。他可以去找一个温暖和一个寒冷的地方,然后测量这两个地方贻贝的生长速度。然而,任何一个地方的温度都是一直变化的,他也可能很难找到两个地点,其中一个地点的温度总是比另一个地点高。即使他找到了,两个

图 1-12 贻贝

地点之间的温度差异也不是恒定的，而且还存在许多其他条件差异。比如，贻贝本身存在个体差异，贻贝摄食饵料的种类和数量可能存在差异，其中的一个地点可能有污染或暴发疾病。在自然状态下，还有无数的影响贻贝生长的因素。这些可能对观测结果产生影响的因素被称为变量。

为防止变量对实验产生影响，生物学家有两种选择。一是通过人工控制防止变量发生改变，例如，给贻贝喂食完全相同的食物。二是尽量确保两个实验组的所有变化都是一样的，例如，向两个培养箱中提供同一来源的海水，可以确保水质上可能发生的变化对两组贻贝的影响是等同的。在不同温度下培养贻贝时，生物学家能够控制其他变量的影响，因此可以有把握地确定两组之间在生长率上的差异是由于温度不同造成的。

与此类似，生物学家还可以向培养在同样温度和其他环境条件下的贻贝喂食不同数量的饵料，来研究饵料供给对贻贝生长的影响。这样可以区分不同变量的影响。同样，还可以研究变量的相互作用。例如，将贻贝培养在不同的温度和饵料组合条件下，以了解生长最快的温度是否与饵料摄食量有关。

科学方法的局限性

科学家也和常人一样，有时会犯错误。即使相反的证据就摆在面前，科学家有时也仍会坚持他们钟爱的理论。有时科学家个人的偏见会影响他们的思考。幸运的是，会有很多人来对假说进行验证，错误通常会被改正过来。大多数情况下，科学研究方法的自我检查机制是行之有效的。

科学也具有内在的局限性。科学可以揭示世界是怎样的，但不能揭示世界应该是怎样的，科学不能决定什么是美丽的，甚至科学也不能告诉人类怎样使用它所创造的知识和技术。而这些全部取决于价值观、伦理观、道德观、情感和信仰等属于科学之外的东西。

探究·实践

探究环境因素对石莼生长速度的影响

石莼（图1-13）也称为"海白菜"，多见于岩边潮间带，是绿藻门常见海藻。叶状体鲜绿色，片状，近似卵形，由两层细胞构成，半透明，高10~40厘米，基部以固着器固着于中、低潮带岩石上。石莼含有丰富的碘和维生素，是一种深受人们喜爱的海产品。

图1-13 石莼

影响石莼生长速度的因素有很多，水温、光照、渗透压、pH等都会影响石莼的生长。选择其中某种因素，探讨它与石莼生长速度有什么关系，可以参考以下案例的思路，通过小组讨论，决定本小组要探究的环境因素和实验方案。

参考案例

探究温度对石莼生长速度的影响。

材料用具

石莼、恒温水培缸、贴壁式温度计、海水。

方法步骤

1. 材料预处理。选择健康、色泽鲜艳的石莼藻体，用消毒海水（天然海水经脱脂棉过滤后，煮沸再冷却至室温）反复冲洗以去除表面杂藻及其他附着物，并于室内暂养一周。实验前取每片藻体的相同部位用打孔器打成直径约为1厘米的圆片，于光照培养箱内预培养2~3天，备用。

2. 实验操作。

（1）取预培养的石莼圆片随机放入含有培养液的不同温度（5℃、10℃、15℃、20℃、25℃、30℃、35℃）的恒温水培缸中，放置在光照充足的环境下培养。

（2）每天搅动培养液4～6次，减小光照强度、溶解气体等误差，每天在相同时间测量圆片直径一次，记录数据。

（3）处理并分析实验数据，得出结论。

讨论

1. 你选择探究的环境因素是什么？
2. 如何控制你探究的环境因素？
3. 除了你探究的环境因素外，还有哪些因素会影响实验结果？怎样排除其他因素对实验结果的影响？

研究性学习建议

1. 查阅资料，了解我国有哪些著名的海洋生物学家，他们有哪些重要成就和感人事迹，以恰当的形式向同学展示研究收获。

2. 查阅资料，了解当今我国海洋生物学家都研究哪些领域，制作PPT或小视频或手抄报与同学分享。

第二章 海洋生物

　　海洋是生命的摇篮。从低等的原核生物、原生生物到高等的哺乳动物、被子植物，海洋几乎包含了所有的生物类群。有的个体微小，在显微镜下才能看清其结构，有的则很大，如鲸、巨藻；有的生活在海底，有的在水中浮游生活；有的能游泳，有的寄生于其他生物体。

第一节 微生物

> 💬 **问题探讨**
>
> 白点病，是观赏鱼中最为常见的多发病之一（图2-1）。热带鱼患此病时，鱼鳍上先出现白点，鱼儿显得精神呆滞、漂浮于水面，很少活动。或者常在水草、沙石旁侧身迅速游动蹭痒。严重时，导致鱼体周身密布白点、停止摄食、肌体消瘦、呼吸困难直至死亡。
>
>
>
> 图2-1 患白点病的观赏鱼
>
> **讨论**
> 1. 你知道白点病的病原体属于哪类生物吗？
> 2. 说一说你所了解的海洋微生物类型。它们对环境和其他生物有什么影响？
>
> **本节聚焦**
> 海洋中的微生物有哪些类型？
> 不同类型的海洋微生物各有哪些代表生物？它们有什么特征？

海洋微生物是指在海洋环境中能够生长繁殖，个体微小，结构简单，必须借助光学显微镜或电子显微镜放大数百倍、数千倍甚至上万倍才能观察到的微小生物。海洋微生物种类繁多，按其结构、形态和组成不同，可分为以下三大类。图2-2为海洋微生物的类型。

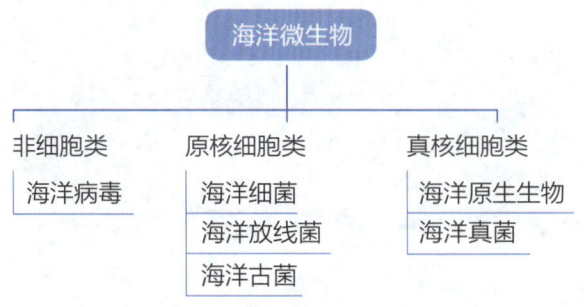

图2-2 海洋微生物的类型

海洋非细胞类

海洋病毒

病毒（Virus）是进行严格寄生生活的非细胞生物体，作为人、动植物的致病因子以及细菌噬菌体，早已为人熟知。它们仅含有一种类型核酸（DNA或RNA），是专营活细胞内寄生的一类微小生物。

以前，人们一直认为近岸海水和沉积物中的病毒只是随沿岸污水入海的暂存性陆源病毒，不存在真正的海洋病毒。但近30年来，随着采样手段的进步和基因测序技术及生物信息学的飞速发展，人们发现海洋是蕴含病毒最多的生境。除了数量巨大，海洋病毒还表现出极高的多样性。形态上，除了常见的球状、丝状、头尾状等，还有瓶状、纺锤状、液滴状、螺旋管状等到目前为止仅见于古菌病毒的形态。

其他海洋微生物及其活动在很大程度上受到海洋病毒的影响。海洋病毒主要通过三种方式影响微生物群落结构，进而影响其生物地球化学作用。

第一，病毒可以裂解宿主细胞，释放有机物，使之再被利用。

第二，病毒可携带辅助代谢基因，感染宿主细胞后，重构宿主代谢途径，改变宿主的生态学功能。

蓝细菌病毒 S-$PM2$ 的基因组中存在编码光系统Ⅱ（PSⅡ）中的两个蛋白的基因 $psbA$ 和 $psbD$，感染宿主后，可使宿主耐受更强的光照。有人发现，太平洋病毒元基因组中存在编码磷酸戊糖途径、酮糖酸途径、3-羟基丙酸循环中几乎所有步骤所需蛋白的基因，这可能有利于宿主适应寡营养环境。

第三，病毒作为水平基因转移的载体，参与推动宿主微生物的演化。

病毒可以通过水平基因转移，从宿主获取基因，再通过水平基因转移，传递给其他宿主，增强宿主的环境适应能力。从更大的尺度看，病毒携带大量基因，包括功能未知基因，因此是巨大的基因元件库，其所蕴含的较高的遗传多样性对于物种进化可能具有重要意义，而从开发利用的角度，病毒无疑是巨大的资源宝库。

海洋病毒有多种，有些具有帮助某些海洋浮游藻类生长的作用，对海洋环境和人类生存有益；而有些则每年使大批海洋藻类死亡，导致无数鱼类因缺氧而无法生存，同时影响海洋藻类对大气中日益增多的二氧化碳的吸收，加剧了地球上日益严重的温室效应。

近年来，海洋病毒研究发展迅速，但依然处于起步阶段，现有知识多源自对海洋环境样品病毒进行元基因组序列分析。而对深海病毒，特别是深部生物圈中病毒的认识则刚刚开始。

海洋原核细胞类

海洋中的原核细胞类生物（Prokaryotes）可分为海洋细菌（Bacteria）、海洋放线菌（Actinomycetes）、海洋古菌（Archaea）。

海洋细菌

海洋细菌是生活在海洋中的原核单细胞生物。它们是海洋微生物中分布最广、数量最大的一类生物，个体直径常在 1 微米以下，呈球状、杆状、螺旋状或分枝丝状。无真核，细胞壁坚韧，能游动的种以鞭毛运动。严格地说，海洋细菌是指那些只能在海洋中生长与繁殖的细菌，如图 2-3 所示。

海洋细菌的几大主要特性：嗜盐性，这是海洋细菌最普遍的特性，海水中各种盐类和微量元素都是海洋细菌生长所必需的；嗜冷性，绝大多数海洋细菌具有低温生长的特性，即使是在海底热泉附近生活的细菌，也能在 0℃ 以下缓慢生长；嗜压性，深海中的压力可高达 1100 个大气压，细菌能在高压环境中维持生长代谢和酶系统的稳定性；多形性，有的菌株在培育中可以观察到多种形态的细胞，包括球形、椭球形、大小不一的杆状或各种不规则形态。

海洋细菌的密度在近海区较远洋区大，尤以内湾和河口区最大。每毫升近岸海水中的细菌数量可达 $10^2 \sim 10^3$ 个，有时超过 10^5 个；而在每毫升深海海水中，有时细菌数量不足一个。表层海水和水底泥界面处的细菌密度较深层水大，底泥中的细菌密

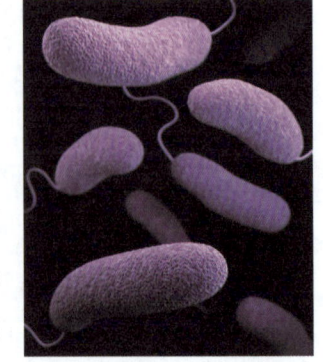

图 2-3　某种海洋细菌

度一般较海水中大，泥土底质中的细菌密度一般高于沙土底质。在每克底泥中细菌数量为 $10^2 \sim 10^5$ 个，高的可超过 10^6 个。

海洋细菌的代谢类型多种多样，有光能自养型、化能自养型、光能异养型、化能异养型。异养型又分为腐生和寄生两种方式。

海洋光能自养型细菌是指蓝细菌（又名蓝藻），含有叶绿素和藻蓝素，能进行光合作用。35亿年前的地球大气极少含有氧气，正是蓝细菌的出现，彻底改变了大气的成分组成，它们通过光合作用，降低了二氧化碳的浓度，提升了氧气的含量。

蓝细菌在人类生活各个领域中的应用越来越广泛。大名鼎鼎的"螺旋藻"就是蓝细菌的一种；在鱼类饵料中添加蓝细菌，能够有效地提高养殖的经济效益；利用基因工程蓝细菌可以制备新型优质脂肪酸类生物燃料；对蓝细菌固氮能力开展研究是寻找新的农作物肥料的途径等。加大对蓝细菌的科研力度，能使其更好、更有效地为人类服务。

海洋化能自养型细菌，通过氧化氨、硝酸盐、甲烷、分子氢和硫化氢等物质取得能量而增殖。如在海底热泉的特殊生态系统中，硫细菌是利用硫化氢作为能源而进行有机碳的初级生产。深海是非光合作用区，其生物区系的构成有其独特性，因此细菌在深海生态系统食物链中的作用已引起重视。

1979年，研究者从胶州湾的采样中分离出300余株具有分解石油烃能力的微生物。其中有五株放线菌、一株酵母菌，其余都是细菌。图2-4为嗜油菌正在分解石油。

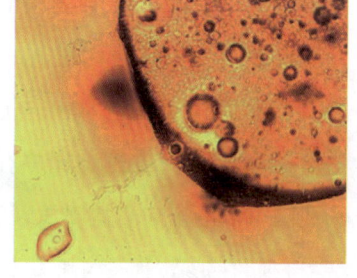

图 2-4　嗜油菌正在分解石油

海洋放线菌

放线菌是一类形态介于细菌和真菌之间的单细胞微生物，菌体由菌丝组成，菌丝呈丝状，细胞核无核膜，以孢子繁殖，种类很多。放线菌因在固体培养基上呈辐射状生长而得名。大多数有发达的分枝菌丝，如图2-5。菌丝纤细，宽度近于杆状细菌，为 $0.5 \sim 1$ 微米。菌丝可分为两种：营养菌丝，又称基内菌丝，主要功能是吸收营养物质，有的可产生不同的色素，是菌种鉴定的重要依据；

气生菌丝，叠生于营养菌丝上，又称二级菌丝。

在医学、农业上广泛应用的抗生素，大部分是放线菌的发酵产品，如金霉素、春雷霉素、庆大霉素。在遗传工程中，有些链霉菌已用来建立宿主载体系统。

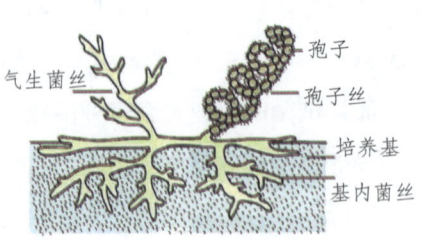

图 2-5　放线菌

海洋细菌和放线菌在海洋生态系统物质循环中起重要作用，能够将海洋中的有机物分解为无机物，促进物质循环。有些海洋细菌、放线菌能够感染养殖动植物，导致动植物患病。海洋细菌和放线菌在海洋药物开发中具有广泛的应用，可以从中提取生物活性物质，应用到医药、保健品、工业等领域。

海洋古菌

古菌又称古生菌或"第三生物"，旧称古细菌。20 世纪 70 年代末，Woese 等学者基于核糖体小亚基（16S rRNA）核酸序列的系统发育关系，提出"古细菌"的概念，曾一度引起争议。近年来古细菌的特征逐渐被科学家所了解，Woese 将"古细菌"的命名调整为"古菌"。

古菌是一类在进化过程中很早就与真细菌和真核生物相互独立发展的生物类群。在最新的分类系统中，古菌归于古生菌界中，图 2-6 为我国东部沿海如东盐田发现的两种嗜盐古菌。

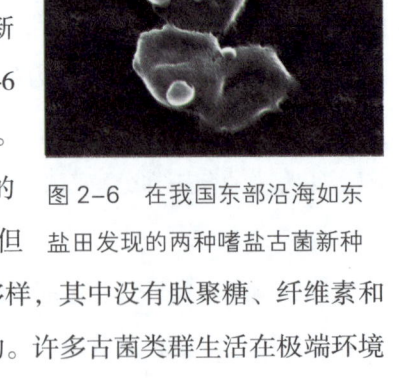

图 2-6　在我国东部沿海如东盐田发现的两种嗜盐古菌新种

它们在形态上虽与细菌相似（是单细胞的原核生物），细胞壁的功能也与细菌类似，但化学成分差别较大，古菌的细胞壁物质极为多样，其中没有肽聚糖、纤维素和几丁质，而是由多糖、糖蛋白或蛋白质构成的。许多古菌类群生活在极端环境中，主要类型有严格厌氧的产甲烷菌类、嗜热菌类、嗜盐菌类、嗜酸菌类等。

真核细胞类

海洋真菌

海洋真菌（Fungi）是一类生活在海洋中、具有真核结构、能形成孢子、营腐生或寄生生活的生物，包括海洋酵母菌和海洋霉菌。通常为菌丝状或多细胞，只有酵母菌在发育阶段中有单细胞出现，营养方式除黏菌为摄食方式外，多为吸收式。来源于海洋并能在海洋生境中生长与繁殖者称"专性海洋真菌"；来源于陆地或淡水，但能在海洋生境中生长与繁殖者，称为"兼性海洋真菌"。

海洋真菌分布很广，从高潮线或河口到深海各处都有它们的踪迹，但其种类却很少，仅为陆地真菌种类的1%，总共不超过500种。海洋真菌与海洋细菌一样，参与海洋中有机物质的分解和无机营养物的再生过程，在维持海洋生态系统平衡、食物网（链）中起着重要的作用。

海洋真菌在药物合成、石油降解、环境修复中具有重要应用。近年来从真菌中发现了越来越多的抗肿瘤活性物质，海洋真菌成为继海洋放线菌之后的又一研究热点。随着海上石油开采业和运输业的发展，各种石油泄漏事故不断，石油污染是海洋环境的一个严重问题。由于生物降解法具有其独特的优越性，利用海洋微生物降解烃类物质的能力来治理海上的石油污染已经越来越受到人们的重视。

研究性学习建议

1. 查阅资料，了解你感兴趣的一种海洋微生物的研究概况，并分析该海洋微生物对海洋经济的作用，写出研究报告。

2. 查阅资料，学习海洋微生物的某一作用机制，例如，嗜热古菌耐热的机制、石油降解菌降解石油的机制等，并制作手抄报与同学交流。

第二节 植物

💬 **问题探讨**

你听说过吗?"硅藻泥是一种以硅藻土为主要原材料的内墙环保装饰壁材,本身没有任何污染,纯天然,而且具有多种功能,是乳胶漆和壁纸等传统涂料无法比拟的。"

硅藻泥的主要原材料是硅藻土(图2-7)。硅藻土是古代水生单细胞硅藻及部分放射虫的硅质遗骸等组成的硅酸盐矿物。在显微镜下观察,可见到硅藻壳大小为5~400微米,而每个硅藻壳上包含有大量的极细微孔。

图 2-7 硅藻土

讨论

1. 为什么说硅藻泥是无污染,纯天然的?
2. 说一说你在生活中见过哪些海洋植物?

本节聚焦

海洋植物有哪些类型?它们各有什么特征?

海洋藻类植物有哪些应用价值?

红树植物有哪些适应环境的特点及重要的生态价值?

海草床有哪些生态功能?

海洋植物是海洋生物的一大类群。它们具有叶绿素,能进行光合作用,是能生产有机物的自养型生物。海洋植物由海洋藻类、地衣和维管束植物组成,是海洋有机物质的初级生产者,为海洋生态系统的重要环节。

海洋植物以藻类为主,它的形态构造、生活方式和演化过程比较复杂,介于光合细菌和高等植物之间,在生物的起源和进化上有极为重要的地位。海洋种子植物种类很少,均为被子植物,无裸子植物,主要为红树植物(Mangrove Plants)和海草(Sea Grass)。

海洋植物分为硅藻门、甲藻门、褐藻门、红藻门、隐藻门、黄藻门、金藻门、裸藻门、绿藻门、蕨类植物门、被子植物门等 12 个门，共 1.6 万种，我国有 2800 余种。

硅藻门

硅藻门是藻类植物的一大类，生长于淡水或海水之中，大部分是单细胞，也有许多种可以形成群体，形状多样。细胞中含有叶绿素和褐色的色素。硅藻的细胞壁由上、下两瓣互相套合而成，并由硅质和果胶质组成。图 2-8 为几种常见硅藻。

图 2-8 几种硅藻

硅藻死亡后的硅质外壳大量沉积海底，形成的硅藻土。硅藻土（或称硅藻软泥）就是由大量硅藻的细胞壁组成的，含有 85.2% 的氧化硅，在工业上用途广泛，可作为建筑、磨光等材料，过滤剂、吸附剂、造纸、橡胶、化妆品和涂料的填充剂，以及保温材料等。

硅藻有重要的科研价值，是未来太阳能电池的研究模板。在人类发明硅基太阳能电池之前，自然界中的硅藻早就开始利用二氧化硅来收集太阳能。挪威科技大学（NTNU）和挪威科技工业研究院（SINTEF）组成的斯堪的纳维亚半岛最大的跨学科团队，正在利用硅藻和其他单细胞藻类作为未来太阳能电池研究的模板，来制造太阳能利用率与藻类媲美的硅藻太阳能电池。

每年有大量硅藻、甲藻死亡后沉积到海底，经很长一段时间形成藻化石，成为古代生油地层中的主要化石组成。在世界各国的石油勘探中，常常把硅藻化石、甲藻化石当作地层对比的主要依据。另外，这两类海藻化石的分布对研究古海洋地理环境也有重要的参考价值。

甲藻门

甲藻门是浮游植物中的一个主要类群。大部分甲藻为单细胞，有两条鞭毛。甲藻除含有叶绿素和胡萝卜素外，还含有几种副色素，如棕红色的甲藻素、暗红色的多甲藻素和黄绿色的绿色

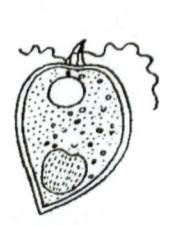  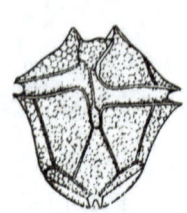

甲藻（侧面）　　甲藻（背面）　　二角甲藻

图 2-9　甲藻

素。图 2-9 为几种甲藻。许多甲藻是赤潮形成的主要因素。甲藻的许多种类有很大的毒性，人类食用摄食这些甲藻的动物后会引起中毒。

甲藻对水温的要求亦较其他藻类明显。水温恒定的水层与水温变化的水层分布的甲藻种类不同，在较为恒定的远洋生长着少数裸型种类，而易受海岸影响的海区则多为有"壳"的种类。

在光照和水温适宜时，甲藻能够在短时期内大量繁殖，与硅藻一样为海洋小型浮游动物的主要饵料，故有"海洋牧草"之称。但有时甲藻大量繁殖会引起赤潮，释放毒素导致鱼、虾死亡。

褐藻门

褐藻门是进化水平较高的一门藻类，其主要特征是植物体都是多细胞类型。褐藻植物体的大小差异甚大，小的高 1～2 厘米，大的可达几米，甚至 60 米以上，如巨藻。结构简单的植物体为有分枝的丝状体，如水云；分化程度高的为薄壁组织体，如海带。细胞壁由纤维素和褐藻胶组成；细胞具真核，有核膜、核仁；有线粒体、色素体（相当于叶绿体）、内质网、高尔基体和液泡等细胞器；含有叶绿素 a 和 c，特别是含有较多的褐色的墨角藻黄素（叶黄素的一种），所以藻体多呈褐色；贮藏的光合产物主要为褐藻淀粉和甘露醇等；游动孢子均具两条侧生而不等长的鞭毛。

褐藻门的繁殖方式有营养繁殖、无性生殖和有性生殖三种类型，图2-10为海带的生活史。

褐藻中有许多有经济价值的种类（图2-11），如海带、裙带菜、鹿角菜都是人们喜爱的海产品。马尾藻可用来制作饲料或肥料。从马尾藻等褐藻中可提取褐藻胶。许多褐藻可供提取甘露醇、碘、氯化钾等工业原料。许多褐藻有药用价值。

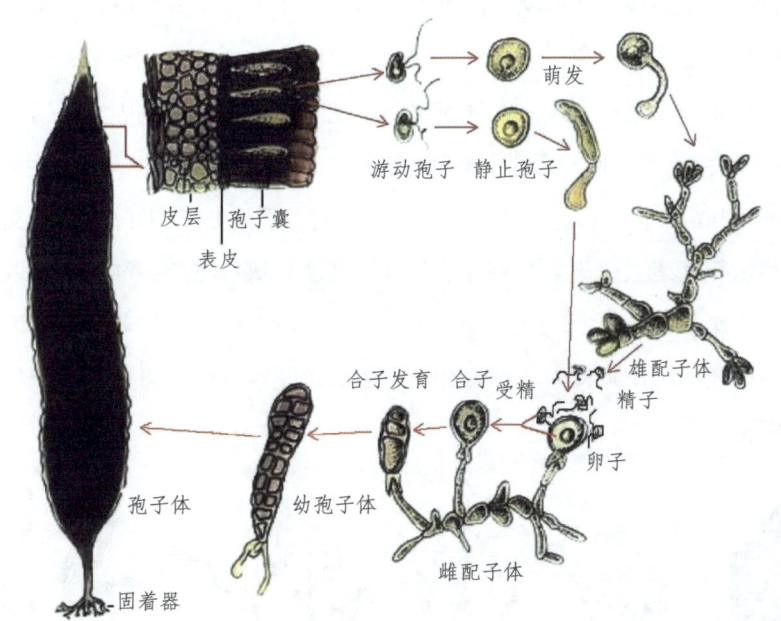

图2-10 海带的生活史

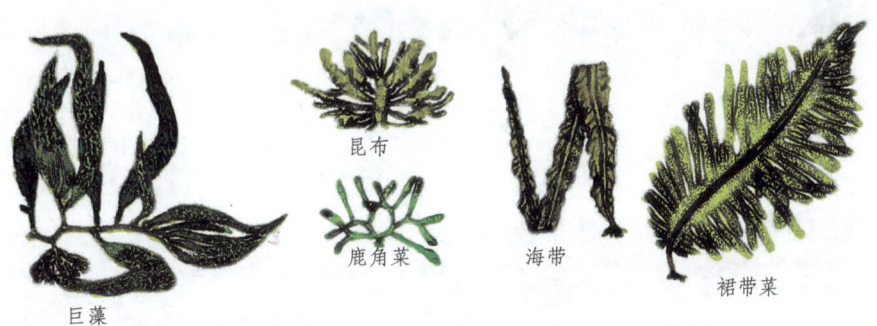

图2-11 褐藻门几种代表植物

红藻门

红藻门是含藻红素的一门藻类，图 2-12 为五种常见的红藻门植物。红藻门多数种类藻体为多细胞，少数为单细胞。藻体呈丝状体、叶状体或枝状体，多数种类呈红色至紫色，少数为蓝绿色。藻体高约 10 厘米，少数可达 1 米以上。细胞壁两层，原生质具有高度黏滞性，细胞核一个，少数种幼时单核，老时多核。载色体一至多数，其形状、位置因种而异。水生中主要为海产，由海滨至水深 100 米以上均有分布。地理分布受水温限制，主要分布在热带海洋。淡水种多分布在急流、瀑布和寒冷空气流通的山地水中。绝大多数固着生活。

繁殖方式有营养繁殖、无性生殖和有性生殖。生活史有两种：一种是生活史中虽有两种单相植物体出现，但无世代交替；另一种是生活史中有明显的世代交替。

紫菜、麒麟菜、石花菜等为日常的食用红藻。从石花菜、江蓠中提取的琼胶，可用于医学、纺织、造纸、食品等，在科学研究中用作培养基。从海萝中提取的海萝胶可用作浆料。"雄云纱"即用海萝胶浆制成。海人草、鹧鸪菜可用以驱蛔虫。

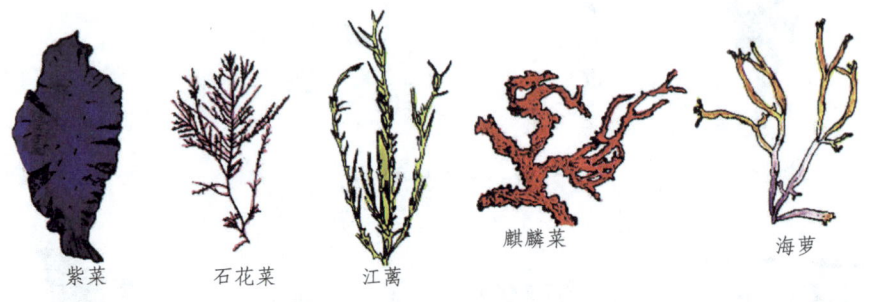

图 2-12 红藻门五种代表植物

红树植物

红树林（Mangrove Forest）指生长在热带、亚热带海岸潮间带上部，受周期性潮水浸淹，以红树植物为主体的常绿灌木或乔木组成的潮滩湿地木本生物群落。

红树生长于陆地与海洋交界带的滩涂浅滩，是陆地向海洋过渡的特殊生态系统。在潮间带每日受到海水浸润的红树叫作"真红树";而生长在高潮带以上,遇高洪潮方可受浸润的两栖性红树,叫作"半红树"。红树适于生长在风浪平静且淤泥深厚的海滩。为适应环境,其多具支柱根、板根、气生根,且以"胎生"(种子能在树上果实内萌芽生成小苗,再脱离母株,下插于淤泥中发育成新株)繁殖(图2-13)及树皮含有丰富的单宁等为其特征。

图2-13 红树植物的"胎生"

红树具有"消浪先锋""海岸卫士"的称号:1986年,我国广西沿海发生了近百年未遇的特大风暴潮,合浦县398千米长海堤被海浪冲垮294千米,而凡是堤外分布有红树林的地方,海堤就不易冲垮,经济损失就小,人们感受到红树林是"海岸卫士"(图2-14)。2004年12月26日印度洋海啸中红树林的优异表现,让红树林"海岸卫士"的盛名在全球远播:海啸袭向周边12个国家和地区,死亡23万人,而印度泰米尔纳德邦的瑟纳尔索普渔村距离海岸仅几十米远的172户家庭,却幸运地躲过了海啸的袭击,原因是这里的海岸上生长着一片茂密的红树林。可见,红树林消浪带是构筑海岸防护林体系的首选防线。红树具有护岸防潮水、增进河口海湾渔业生产、稳定沉积物、防污染和扩大海滩新生地等作用。

图2-14 海岸卫士——红树林

现已知全世界有红树 24 科 30 属 83 种,可划分为以东南亚为中心的东半球类群和以美洲两岸、非洲沿岸为中心的西半球类群,东半球类群 72 种,西半球类群 14 种,两半球种类极少重复、交叠。中国产红树 16 科 20 属 31 种,自然分布于海南、广东、广西、福建等地,浙江南部为人工栽培。从全球趋势上看,35% 的红树林已经消失,目前还在以每年 1%~2% 的速度减少。我国红树林面积总体呈现先减少后增加的趋势。20 世纪 50 年代,我国红树林面积约 5 万公顷,在自然和人为因素的双重作用下,红树林遭受了较大破坏,2000 年减少到 2.2 万公顷。近 20 年随着各地保护意识加强,保护修复力度的加大,2019 年我国红树林面积增加到约 2.9 万公顷。成为世界上少数几个红树林面积净增加的国家之一。目前我国 55% 的红树林湿地纳入保护范围,远高于世界 25% 的平均水平。

思考

每年的 6 月 8 日是世界海洋日,我国在 6 月 8 日前后会开展全国海洋宣传日活动。2020 年宣传活动的主题为"保护红树林,保护海洋生态",呼吁保护海洋生态资源,保护红树林。

你知道红树林还有哪些美誉吗?除了防风消浪,红树林还有哪些生态价值?

海草

海草是生长在海洋中的草本植物。在进化上被认为是再次下海植物,具有发达匍匐根状茎;叶柔软,带状或线状,内有气腔;花基生,雌、雄蕊高出花冠,花粉是念珠形且黏结成链状。海草具有适应海水中生活的一些特殊形态构造。

海草主要分布在热带和温带沿岸的浅海,往往沿着潮下带形成海草床(图 2-15)。海草床生态系统是全球重要的滨海湿地生态系统之一,与珊瑚礁、红树林生态系统并称三大海洋典型生态系统。海草床能固定底质,保护海岸,改善水质,为许多动物提供栖息地、育苗场所和食物等,在海岸带扮演着非常重要的角色,有着不可替代的生态功能与巨大的经济价值。

近几十年来，由于人类活动对海草床生态系统的干扰，世界范围内的海草床出现了大面积的退化。另外，附生藻类作为海草叶片表面十分常见的生物群落，一方面减少了海草可以利用的光能，另一方面在营养物质和碳的利用上与海草形成竞争，其大量的繁殖已经被归结为海草床退化的一个主要原因。

图 2-15　海草床

海岸带植物资源虽然比较丰富，但是也面临环境、人为活动等压力，因此保护和合理利用海岸带植物资源，可持续发展，应作为资源保护和开发的指导思想。

研究性学习

1. 选择某类型的海洋植物作为研究主题，从形态特征、生境、生态功能、开发利用等多角度开展研究，撰写研究报告。

2. 以"红树林"为主题，围绕它的功能、价值、与人类的关系、存在状况等内容，制作手抄报。

3. 以"海草床"为主题制作手抄报。

第三节 原生动物、多孔动物和腔肠动物

问题探讨

动画片中的海绵宝宝性格开朗,善良而简单,深受人们喜爱。在海洋中真的有海绵宝宝这样的生物吗?事实上,动画片的作者借鉴了海洋中的多孔动物塑造了海绵宝宝的形象(图2-16)。由于多孔动物具有良好的吸水性和清洁效果,常被人们加工成生活中的清洁工具。

图 2-16 "海绵宝宝"与海绵

讨论

1. 你了解多孔动物吗?多孔动物体存在细胞分化吗?
2. 据你推测,多孔动物是如何获得食物的?

本节聚焦

海洋中有哪些原生动物、多孔动物和腔肠动物?
多孔动物和腔肠动物有哪些适应环境的特征?

原生动物

原生动物是动物界最原始的、最低等的动物,由单细胞或由单细胞集成的群体所构成,故又称单细胞动物。原生动物体形微小,一般需用显微镜观察。分布很广,除自由生活外,部分营寄生生活。某些种类为人类和其他动物的病原体,如痢疾内变形虫、疟原虫。有些浮游种类可作为水产经济动物的饵料,并可净化污水,对人类有益。图2-17为几种常见的原生动物。

思考

你认识的生物有哪些属于原生动物?你还记得它们的结构吗?

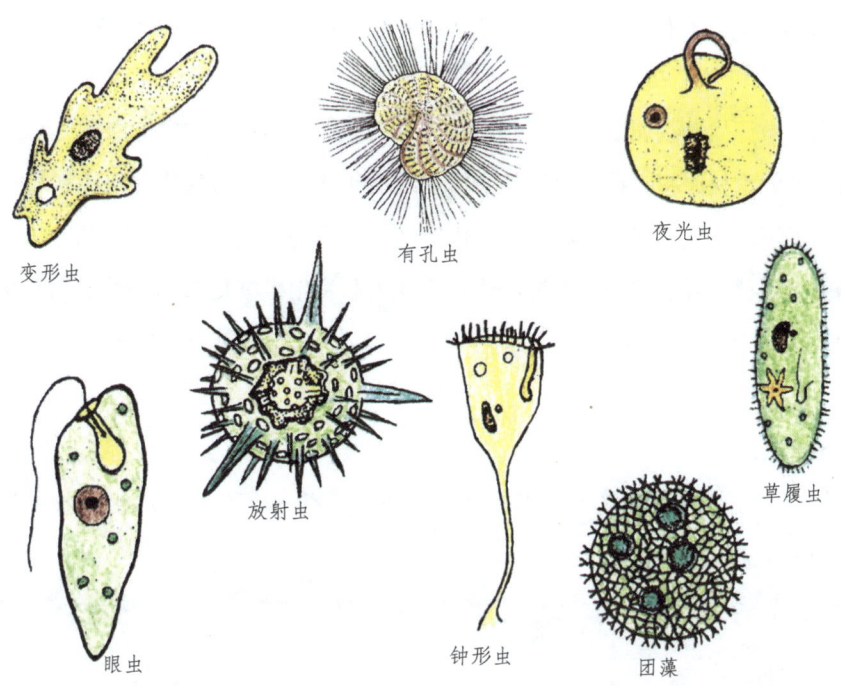

图 2-17　几种原生动物（仿刘凌云，杨治瑾绘）

原生动物的原生质中通常具有细胞核、食物泡，有的种类具有纤毛或鞭毛。

海洋原生动物分布广泛，从赤道热带海域到两极寒冷水域都有分布。大多数原生动物属于浮游生物，多数营自由生活，少数为寄生生活，在不利环境下一般会形成孢囊。

海水中的夜光虫由于海水波动的刺激，夜间可发光。繁殖方式为分裂繁殖和出芽生殖。如果这类动物繁殖过多，可使海水变色，引发赤潮，对渔业危害很大。除夜光虫外，沟腰鞭虫、裸甲腰鞭虫也是引起赤潮的原生动物。有些鞭虫能产生一种神经毒素，储存在甲壳动物体内，对甲壳动物无害，而人或其他动物吃掉甲壳动物后则会引起中毒。

有孔虫大多为底栖生活，一般具有石灰质或其他物质形成的外壳。从寒武纪到现代都有有孔虫的遗迹，且数量庞大。海底的 35% 是被有孔虫的壳沉积形成的软泥所覆盖，据统计，每克泥沙中约有 5 万个有孔虫的壳。有孔虫不但化石多，而且在地层中演变快。根据有孔虫化石不仅能确定地层的地质年代和沉积相，而且还能揭示出地下结构情况，从而对找寻沉积矿产、发现石油、确定油层和拟定油井位置，有重要的指导作用。放射虫也是古老的动物类群，其作用与意义和有孔虫类似。

大多数原生动物属于浮游生物，是鱼类的天然饵料；海洋中的浮游生物又是形成石油的重要原料。在千百万年的漫长地质年代里，浮游生物的尸体和泥沙一起渐渐下沉到水底，保存于淤泥中，由于和空气隔绝，这些生物的有机质在微生物的作用及覆盖层的压力和温度的作用下，不断发生极其复杂的化学变化而变为石油。

思考

为什么说原生动物是动物界最原始、最低等的一类动物？原生动物群体与多细胞动物群体有哪些不同？

多孔动物

多孔动物（Poriferans）又称海绵动物（Sponges），是最原始的多细胞动物。身体由内、外两层细胞构成，无口和行动器官。这类动物在进化上是一个侧支，因此又名"侧生动物"。图 2-18 为多孔动物的结构模式图。

海绵动物大多数为固着生活，大部分成体海绵不能移动，它们通过滤食获取食物。滤食（Filter Feeding）是指一种生物从流经身体某部分的水中滤取其中微小食物颗粒的摄食方式。

多孔动物体内的细胞经过分化，形成各种特异细胞，以执行不同的功能，但是多孔动物体内并不具备真正的组织。

多孔动物的生殖包括有性生殖和无性生殖。无性生殖又分出芽生殖、断裂生殖和形成芽球。它们的再生能力很强，如果把一些多孔动物的活体用筛网打碎，每个碎块都能独

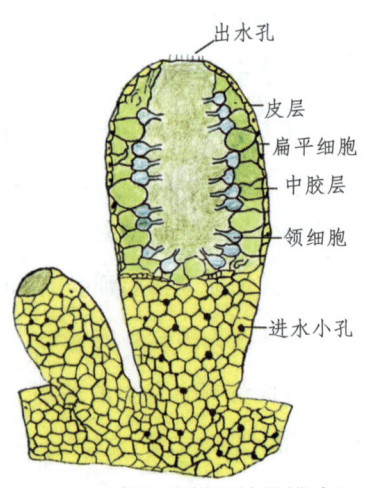

图 2-18 多孔动物的结构模式图
（仿刘凌云，杨治瑾绘）

立生活，且能继续长大。把这些碎块再混合在一起，同种多孔动物还能聚拢成新的多孔动物小个体。

有些种类的多孔动物在细胞层之间生有坚硬锋利的骨针，由玻璃样物质或碳酸钙组成，使得捕食者难以咀嚼下咽。有些种类的多孔动物则有内部框架，由硅质或海绵硬蛋白组成。多孔动物可根据其骨针或内部框架的组成进行分类。

腔肠动物

腔肠动物（Coelenterate）是比较原始的低等多细胞动物，包括水螅纲（Hydrozoa）、水母纲（Jellyfish）、珊瑚纲（Coral）等。图2-19为腔肠动物水螅结构模式图。其身体结构一般呈辐射对称，内、外两胚层出现，组织开始分化，有原始的消化循环腔、扩散神经组织等。

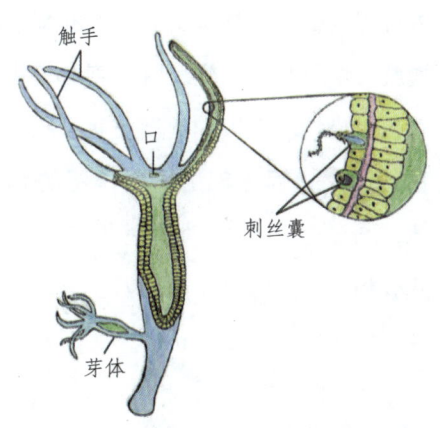

图2-19　腔肠动物水螅的结构模式图
（仿刘凌云，杨治瑾绘）

腔肠动物的消化循环腔是由内胚层围成的腔，有细胞外及细胞内消化的功能，同时兼有循环的作用。

多孔动物的体型是不对称的，从腔肠动物开始，体型有了固定的对称形式。腔肠动物一般为辐射对称（Radial Symmetry），即通过身体的中央轴有许多个切面可以把身体分为两个相等的部分。这种对称只有上下之分，没有前后、左右之分，是一种原始低级的对称形式。

腔肠动物的生殖包括有性生殖和无性生殖。水螅型腔肠动物能以出芽方式进行无性生殖。从遗传学角度看，芽体是其母体的一个克隆体。

位于腔肠动物口周围的一圈灵活摆动的管状结构叫作触手。触手呈辐射状排列，主要为捕食器官。触手的长度变化范围很大，有些水母的触手可伸长至几米，而有些水螅的触手则只有几毫米。

含有刺丝囊的刺细胞主要位于触手的前端。当猎物碰到触手后，刺细胞就会发射刺丝囊，逮住或麻醉猎物。

腔肠动物的神经系统基本上由遍布全身并能发射神经冲动的神经网（Nerve Net）组成，不具备大脑之类的神经中枢，是动物界中最简单、最原始的神经系统。神经细胞与内、外两个胚层的细胞相连，感觉细胞接受刺激，通过神经细胞传导，皮肌细胞的肌纤维就会收缩产生动作。

腔肠动物能利用刺丝囊抓捕猎物或向猎物注射毒液来获取食物。刺丝囊（Nematocyst）是一个具有细长中空的刺丝的囊。这根刺丝很尖利或具有黏性，内含毒素。刺丝囊位于触手上的刺细胞内。当被触碰或受到化学刺激时，刺丝囊就会像玩具枪一样发射出刺丝，将毒素射入被捕获的猎物体内，将其麻醉或杀死。猎物一旦被刺丝囊捕获，便被收缩的触手送入口中，并被消化。腔肠动物的消化过程体现出消化作用的起源，与随后演化的动物消化方式有几分相似。

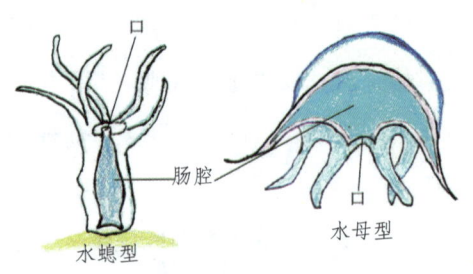

图 2-20　水螅型和水母型简图（仿刘凌云、杨治瑾绘）

生活史（Life History）又称生活周期（Life Cycle），指生物在一生中所经历生长发育和繁殖阶段的全部过程。大多数腔肠动物在生活史中有两种截然不同的身体形态：水螅型（Polyp）和水母型（Medusa）。图 2-20 示水螅型和水母型的结构。水螅型是腔肠动物的固生形态，其口的周围长有触手。水螅型腔肠动物包括海葵、珊瑚和水螅。水母型是腔肠动物的自由游动形态。它拥有一个漂浮的伞状身体，叫作伞状体，在伞状体的边缘生有触手，口则位于伞状体下端。

在腔肠动物的生活史中，一种形态存在的时间往往多于另一种形态。对于水螅来说，水螅型是其常见的形态，水母型不发达（图 2-21）。珊瑚和海葵则只有水螅型，无水母型。对于水母来说，水母型是其常见的形态，水螅型不发达，不易被观察到（图 2-22）。

腔肠动物的生殖包括有性生殖和无性生殖。有性生殖只在其生活史的某一

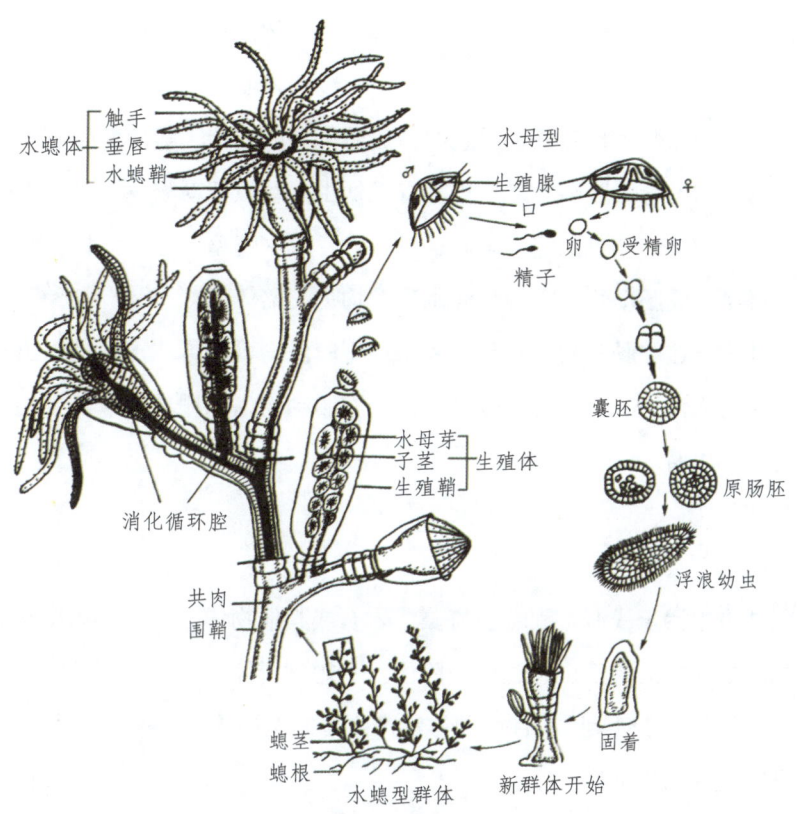

图 2-21 水螅纲代表生物薮枝虫的生活史

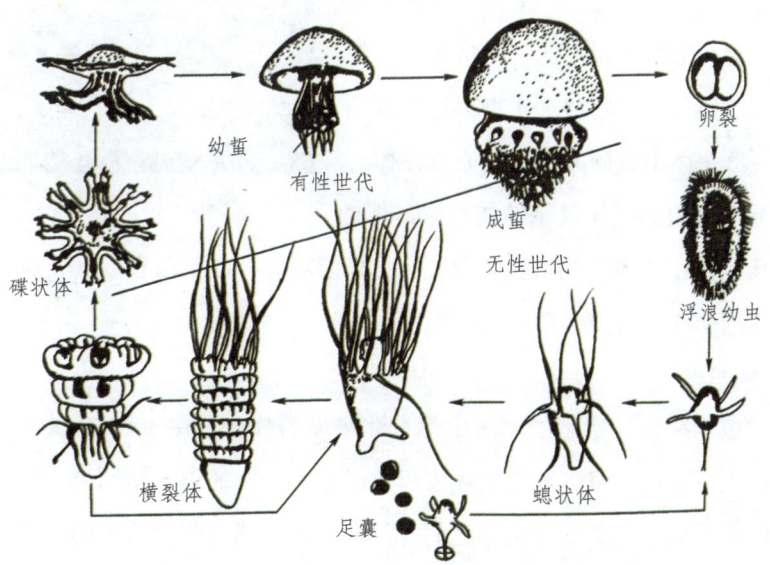

图 2-22 水母纲代表生物海蜇的生活史

阶段进行，通常发生于水母型。除非这种腔肠动物没有水母型阶段，水螅型才有可能进行有性生殖。

雄水母型和雌水母型分别向水中释放精子和卵细胞，随后发生体外受精。形成的受精卵发育成胚胎，之后再发育成幼虫。幼虫即动物发育过程中的某一中间阶段。游动的幼虫固定下来后，最终发育成水螅型并进行无性生殖，产生新的水母型。腔肠动物的水螅型和水母型均为二倍体。

无性生殖在腔肠动物的水母型和水螅型阶段均可进行。水螅型以出芽生殖的方式进行无性生殖。仅有水螅型阶段的腔肠动物，如珊瑚、海葵也能以水螅型进行有性生殖。

代表动物

薮枝虫

薮枝虫生活于浅海，固着在海藻、岩石或其他物体上，为一树枝状的水螅型群体。薮枝虫的生活史经过两个阶段。水螅型群体以无性出芽的方法产生单体的水母型，水母型又以有性生殖方法产生水螅型群体。这两个阶段互相交替，完成世代交替的生活史。

僧帽水母

僧帽水母（图 2-23）是水螅纲管水母目动物群落。僧帽水母群体内的每个个体都有各自的功能，以帮助整个生物群体生存。比如，一群个体组成硕大的蓝色充气浮体，通过调节浮体内的气体量来控制整个群体的

图 2-23　僧帽水母

沉浮。其他挂在浮体下的水螅型则具有另外的功能，如繁殖和取食。所有水螅型个体共同协作，使整个群体得以生存。

钵水母

从北极到南极，所有的海域中都有钵水母的分布，在 3000 米以深的海洋深处也曾出现它们的身影。有的钵水母是无色的，有的则为粉红色、蓝色或金黄色。钵水母雨伞般偶尔又会发光的身体给人以美感。其生活史的主要阶段为水母型。餐桌上常见的海蜇即为一种钵水母。海蜇（图 2-24）的营养价值较

丰富，含有蛋白质、维生素 B_1、维生素 B_2 等。经加工处理后的蜇皮是海蜇的伞部，蜇头或蜇爪为海蜇的口柄部分。我国食用海蜇的历史悠久，在我国沿海海蜇的产量非常丰富，浙江、福建沿海一带最多。

除海蜇外，大多数的钵水母对渔业生产有害，不仅危害幼鱼、贝类，而且能破坏网具。如 1952 年在福建连江沿海发生了一种钵水母为灾的情况，网具被破坏后渔民常几个月不能进行海上作业。据新近报道，海月水母已发现有 16 种新变种，它们搭乘船只（贴在船只外壳上，或通过海水压载舱进出船只）"周游"世界各地。这些新变种都是入侵物种，具有侵害当地物种的潜力，对当地生态系统产生威胁。

图 2-24　海蜇

腔肠动物的刺丝囊对人的危害很大，如一些大的水母蜇刺人体后，可造成严重创伤。在海洋中游泳时，要注意避让水母，以免被它们蜇到。腔肠动物刺丝囊里的毒性物质的成分，可作为新的药物来源。1972 年就已在四种腔肠动物的提取物中发现抗肿瘤的药物。

仿生学也在研究水母，制作预测风暴的报警仪器。以前预测海上风暴要用雷达站、水声站甚至气象卫星进行综合观测，十分不便，而生活在海水中的水母在演化过程中发展了一套预测风暴的报警装置，使它在风暴来临前数小时就游向大海。模仿水母感觉器的风暴预报仪器能提前 15 个小时做出预报，并指出风暴来的方向，装置简单，操作方便。又如海蜇的运动是由脉冲式的喷射而推进的，而喷气式飞机是连续不断的气流喷射而推进的。有的科学家曾设想把海蜇的推进方式用于喷气式飞机的设计，这样既能节省能源，又能更好地利用所产生的动力。

海葵

如果仔细观察，你往往能在退潮时海边礁石的水坑里发现一朵朵"菊花"，那就是海葵（图 2-25）。海葵共有 1000 多种，栖息于世界各地的海洋中，从极地到热带、从潮间带到超过1万米的海底深处都有分布,而热带海域数量最多。海葵属于六放珊瑚亚纲,它们虽然看上去很像花朵,但其实是捕食性动物,它们的几十条触手上都有一种特殊的刺细胞,能释放毒素。

图 2-25 海葵

有些海葵与其他生物共生,如藻类、小丑鱼。

珊瑚虫

珊瑚虫适宜生活在热带和亚热带海洋中,多群居,结合成一个树枝状群体。

大多数珊瑚虫能分泌出石灰质的骨针或骨片,并连接成管状的骨骼,以保护它们柔软的身体。海底的珊瑚礁为其他海洋物种提供了栖息的处所。能形成珊瑚礁的珊瑚虫称为石珊瑚,不能形成珊瑚礁的珊瑚虫称为软珊瑚。当石珊瑚的水螅型肉体死亡后,留下的珊瑚骨骼便成为珊瑚礁结构的一部分。珊瑚礁的活体部分只是在前代珊瑚遗留的骨骼群顶部生长的薄薄的、脆弱的一层。

珊瑚礁的形成过程十分缓慢。如今在热带和亚热带所见的珊瑚礁是经历了上万年才形成的。水螅型珊瑚通过伸长触手来捕获食物,尽管它们常生长于营养较少的浅水区域,但却因为一种共生关系而生长旺盛。与它们共生的是虫黄藻,一种光合型微小原生生物。虫黄藻利用珊瑚虫产生的二氧化碳和其他废料,为珊瑚虫提供氧和养料。这些原生生物也是使珊瑚呈现五颜六色的主要原因之一。由于虫黄藻能自由游动,所以它们有时候会游离珊瑚。失去这些虫黄藻后,珊瑚往往会死亡。

在中国古代,红珊瑚就被视为祥瑞、幸福之物,代表高贵权势,所以又被称为"瑞宝",是幸福与永恒的象征。珊瑚的形成过程经历时间的考验,其质硬,颜色斑斓,惹人喜爱。男女之间赠送珊瑚,表明对对方寄托一种美好的爱情理想,有共同追求美好生活的愿望。

研究性学习建议

1. 查阅资料，说明近海生态系统中存在哪些可能引起珊瑚死亡的因素。
2. 查阅资料，说明大型珊瑚礁生态系统的崩溃对其他海洋生物的影响。

探究·实践

观察水螅的结构及摄食方式

水螅是一种淡水腔肠动物。它们具有发达的水螅型，其身体结构呈辐射对称。实验中，你将观察它们的身体结构，观察它们是如何获取食物的。

步骤

1. 用滴管将一只水螅移入装有水的培养皿中。静候几分钟待其适应新的环境。注意：实验过程中严格遵守显微镜和玻璃器皿的使用操作规则。
2. 在低倍镜下观察水螅，记录水螅的结构，绘制水螅结构图。
3. 对这只水螅如何取食或捕获猎物（卤虫）进行预测。
4. 将卤虫置于盛有淡水的培养皿中。注意：不能将盐分带入培养皿中。
5. 取一小滴卤虫培养液滴到含有水螅的培养皿中，同时继续在显微镜下观察水螅。
6. 记录水螅用以捕获食物的结构，描述水螅捕食的过程。
7. 实验结束后用肥皂洗净双手。

实验分析

1. 描述水螅的结构，绘制水螅结构示意图。
2. 描述水螅捕获猎物的过程，总结水螅捕食的特点。
3. 观察结果是否能说明水螅拥有神经系统和肌肉系统？请说明理由。

第四节 软体动物

问题探讨

将一枚海螺壳(图 2-26)放在耳畔,会听到大海的声音吗?

讨论

1. 海螺壳里发出的声音是它录制的海声吗?
2. 海螺属于软体动物,软体动物都有相似的身体结构吗?

图 2-26 海螺壳

本节聚焦

软体动物有哪些适应环境的特征?

腹足纲、双壳纲和头足纲动物有哪些异同?

软体动物(Mollusca)为仅次于节肢动物的动物界的第二大类群,已定名的现生种类超过 10 万种,分布于海水、淡水和陆地等环境。海洋中有丰富的软体动物资源,如蛤蜊、牡蛎、扇贝、贻贝、海螺、乌贼、章鱼。

软体动物的形态结构

不同软体动物的外形有很大差异,但其内部结构却十分相似。图 2-27 为软体动物的身体结构模式图。大部分软体动物的身体结构呈左右对称(不对称

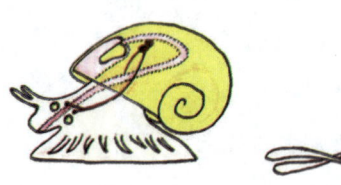
腹足纲

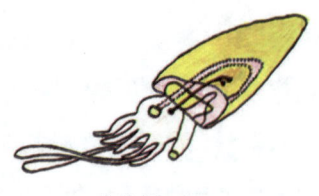
头足纲

双壳纲

图 2-27 软体动物的身体结构模式图

的种类为次生性），可基本分为头、足、内脏团、外套膜四部分。

软体动物的头位于身体的前端，不同类群头部的结构变化很大：乌贼、章鱼等运动敏捷的种类，头部发达，有眼、触角等器官；牡蛎等营底埋或固着生活的种类，头部的眼、触角等感觉器官已消失。

足为软体动物身体腹侧发达的肌肉质器官，因动物的生活方式不同而形态各异。软体动物主要通过肌肉伸缩和其内血窦压力的变化来完成运动。海兔、海蛞蝓等足扁平、宽大，利于爬行；竹蛏的足发达，可掘开泥沙，钻入其中；牡蛎因固着生活，足退化；乌贼足的一部分特化成腕，为捕食器官，另外一部分特化为漏斗，为快速运动时的喷水加速器官。

内脏团（Visceral Mass）常位于足的背侧，内脏器官集中分布于此。多数软体动物的内脏团为左右对称，而螺类的内脏器官扭曲为螺旋状，不对称。

外套膜（Mantle）常覆盖在内脏团的背面或侧面，往往包裹着整个内脏团及鳃，有时把足也包裹在内。外套膜通常有三层：外层和内层是表皮细胞层，中间的一层为结缔组织，能推动身体做反向运动。

一部分软体动物有贝壳。贝壳是由外套膜外侧和边缘的上皮层中的腺细胞分泌的贝壳素、碳酸钙等形成的。贝壳的形态和大小各异，一般由壳皮层、棱柱层和珍珠层三层结构组成。若微小生物、沙粒等异物进入外套膜与贝壳之间，就会刺激外套膜细胞分裂、内陷，形成珍珠囊，珍珠囊不断分泌霰石将异物包住，最终形成珍珠。贝壳的生长受食物、温度等因素的影响，因此不是匀速的，在贝壳表面形成了类似植物年轮一样的生长线。

思考

观察几种软体动物的身体结构模式图，比较腹足纲、头足纲和双壳纲动物身体结构的异同。

外套膜是如何保护软体动物的身体的？

软体动物的消化系统和摄食

软体动物的消化管和消化腺都比较发达。消化管由前肠（包括口、口腔、咽、食道）、中肠（包括胃、盲囊、肠）和后肠（包括直肠和肛门）组成；消化腺包括唾液腺、消化盲囊等，分泌消化液促进细胞外消化，并在消化盲囊中进行细胞内消化、营养物质的吸收及存储。大部分软体动物在口腔底部有齿舌囊（Radula Sac），内有齿舌（Radula），齿舌为软体动物特有的器官，它由许多角质齿有规则地排列而成，似锉刀。齿舌可用来磨碎食物。章鱼和枪乌贼有角质颚，可切碎食物，齿舌帮助吞咽食物。一些软体动物以植物为食，还有一些软体动物没有齿舌，如扇贝、贻贝属于滤食者。

软体动物的神经和感官

软体动物具有协调运动与行为的简单的神经系统，原始的种类无分化显著的神经节，高等种类的软体动物进化出脑。大多数软体动物的感觉器官包括一对眼、一对位于足内的平衡囊及一对嗅检器。软体动物的眼既可以是非常简单的一对眼窝，也可以是像章鱼那样具有虹膜、瞳孔、视网膜，与人眼差不多的眼。位于下鳃膜上的嗅检器，是一种化学感受器。

软体动物的循环系统

软体动物具备发达的循环系统，由两室或三室的心脏、血管、血窦及血液组成。血液由心室流出，经过动脉进入血窦，血窦中的血液不断地被静脉引出。由于血窦无血管壁包围，所以血液循环不完全封闭在血管中，即为开管式循环系统（Open Circulatory System）。这种适应性结构使得体内的器官直接浸润在含有氧和营养物质的血液中，并能将代谢废物快速排出体外。某些能快速游动的软体动物则是通过闭管式循环系统（Closed Circulatory System）输送氧和营养物质，如章鱼。闭管式循环系统是指血液在完全封闭的血管系统中流动。闭管式循环系统能更有效地进行体内气体交换。

软体动物的呼吸器官

大多数海洋软体动物具备鳃这种呼吸器官。鳃是外套膜的特化部分，由外套膜的上皮细胞突起形成，用以容纳大量的血液进行气体交换。鳃大大增加了气体渗透的表面积。而陆生软体动物，如蜗牛和蛞蝓无鳃，其外套腔内部一定区域的微细血管密集成网，形成肺，可直接摄取空气中的氧。

软体动物的排泄器官

软体动物是目前已知最早进化出排泄器官的动物。软体动物的排泄器官为后肾管（Nephridia），是负责将代谢废物排出体外的器官。后肾管由腺质部分和管状部分组成。腺质部分富含血管，肾口具纤毛，开口于围心腔；管状部分为薄壁的管子，内壁具纤毛，肾孔开口于外套腔。软体动物用一副或两副后肾管收集真体腔内的废物，后肾管位于围心腔两侧，血液中的废物通过后肾管排入外套腔，再通过鳃的抽吸作用排出体外。

软体动物的多样性

软体动物门种类繁多，是动物界第二大门。最常见、最典型的软体动物主要有腹足纲、双壳纲和头足纲这三大纲。

腹足纲动物

软体动物门最大的一个纲是腹足纲，得名于该纲动物位于身体下部的巨大的足。大多数腹足纲动物有一个螺旋形外壳。图 2-28 为几种腹足纲软体动物的外壳。海洋中的有壳腹足纲动物包括鲍鱼、笠贝（图 2-29）、滨螺、蛾螺和芋螺等。根据取食方式的不同，有壳腹足纲动物可分为植食型、掠食型或寄生型。

少数腹足纲动物身体裸露，无外壳。无壳腹足纲动物包括海兔、海蛞蝓（图2-30）、石鳖等。蛞蝓能分泌一种厚厚的黏液来保护身体，而色彩斑斓的海蛞蝓，即裸鳃目动物，则采取另一种防御手段。例如，某些种类的海蛞蝓取食水母时，会将水母具毒性的刺丝囊与自身组织结合，并且不让它们发射刺丝。一旦有鱼想捕食海蛞蝓，刺丝囊便会发射刺丝，击退捕食者。海蛞蝓的体色绚丽不仅使海底增色，同时也是在警告捕食者。

图 2-28　几种腹足纲动物的外壳

图 2-29　笠贝

图 2-30　海蛞蝓

双壳纲动物

双壳纲动物约有 2 万种，大部分海产，少数生活在淡水中。蛤蜊、牡蛎、扇贝、贻贝、蚶、船蛆等都属于双壳纲软体动物（图2-31）。有些种类的体长还不到 1 毫米，但有些种类体长达 1.5 米，如生活在热带的砗磲。

双壳纲动物可在海底或湖底的沙泥中掘洞。两瓣壳由一根铰链样的韧带连接，发达的肌肉使得贝壳能自由开合。腹足纲和双壳纲最主要的区别在于双壳纲动物是滤食者，通过滤取水中微小的食物颗粒摄食。双壳纲动物具有很多与滤食生活相适应的结构，比如生有许多鳃纤毛，通过摆动将水引入入水管。当

图 2-31　双壳纲软体动物（杨治瑾绘）

水流过鳃时，食物和沉淀物便被黏液粘住。纤毛还具有分选作用，较大的颗粒、沉淀物以及其他所有被排斥的东西均被送入外套膜，随后再通过出水管或足排出体外，而适合大小的食物颗粒则被送入口中。

头足纲动物

章鱼、乌贼和鹦鹉螺等属于头足纲动物（图 2-32）。本纲动物全部生活在海洋中。鹦鹉螺是唯一保留外壳的头足纲动物，某些种类如乌贼则有退化的内鞘。科学家们认为，头足纲动物是软体动物中结构最复杂、进化最晚的一类。

头足纲动物的足进化成为具有吸盘、钩或能黏附组织的触手，这是与它们的海洋生活相适应的。头足纲动物用触手抓捕猎物，并将猎物送至口部，用喙状的颚进行撕咬，然后用齿舌辅助输送和吞咽食物。与双壳纲动物相同，头足纲动物也具有能排水的水管。这些软体动物能向任何方向强力地喷水，并借着喷水产生的推动力快速移动身体来捕食或逃脱危险。乌贼利用这一运动系统，其游速可达 20 米 / 秒。当遇到危险时，乌贼和章鱼还会排出一种乌黑的液体，把周围海水染黑，以迷惑捕食者，从而起到防御的作用。

图 2-32　头足纲动物（从左到右依次为乌贼、章鱼、鹦鹉螺）

海洋生物

思考

1. 乌贼和海蛞蝓分别是如何保护自己的？
2. 分析比较腹足纲、双壳纲及头足纲动物在结构上适应不同生活方式的差异。

研究性学习建议

1. 以"软体动物与仿生学"为主题，查阅资料，搜集软体动物应用于仿生学的例子，写出说明文。
2. 查阅资料，了解软体动物的运动方式，写成科普说明文并与同学交流。
3. 查阅资料，调查了解淡水珍珠与海水珍珠的异同，写成调查报告或制作PPT与同学交流。
4. 记录餐桌上的软体动物，写出观察笔记。

课外阅读

软体动物化石

陆地上的软体动物很少，大部分软体动物都生活在海洋或淡水中。达尔文在一次前往南美洲的旅行中，在海平面以上几千米的地方找到一只水生软体动物的贝壳。这一发现支持了关于地壳变化的假说。

化石记录中的软体动物最早出现于5亿年前。直到3000万年之后，这些生物才成为地球的主宰。成千上万种软体动物演化出来，出现在所有生境。然而，大部分软体动物在6500万年前的中生代末期灭绝。现在软体动物的种类估计约有11万种。

软体动物的化石通常保存完好，数量多，易辨认，而且在地质岩层中分布广泛，因此可作为理想的标准化石。图2-33为菊石化石。结合标准化石和它们的现代"亲戚",便可以推测古时候的气候环境。软体动物的贝壳还可提供有关生态系统中生物、物理、化学变化的信息。例如,现代软体动物可被用来探查各种水污染物的源头和分布情况。

软体动物还被认为是海洋"记时员"。它们的壳只沿着一条边生长,这条生长线的色泽纹路几乎不会改变。因此,纹路不仅是物种的特征,也是这类特殊生物的成壳过程的时空记录。

图 2-33 菊石化石

软体动物的壳还能用于测定年份,因为这些结构中通常含有锶元素。科学家们通过测定贝壳中锶同位素的量,便能估算出贝壳的年代,进而推算出贝壳所在岩层的确切年份。

第五节 节肢动物

问题探讨

节肢动物（图 2-34）种类繁多，分布极广，对环境的适应性特别强。帮植物传粉的蜂、蝶，结网捕猎的蜘蛛，传播疾病的蚊子、苍蝇等，它们都属于节肢动物。你知道海洋中有哪些节肢动物吗？它们又是如何适应生存环境的？

图 2-34 节肢动物虾蛄

本节聚焦

节肢动物门为什么能成为动物界最大的门？

节肢动物有哪些适应环境的结构？

节肢动物门是动物界最大的门，约有 100 万种。尽管节肢动物的种类繁多，但它们却具有很多共同的特征。

节肢动物的特征

典型的节肢动物是分节的无脊椎动物，其身体呈左右对称，具有真体腔、外骨骼和附肢（Appendage）分节。图 2-35 为中国对虾的身体结构。

身体异律分节

节肢动物的身体分节，不过它们的体节并没有环节动物那么多。环节动物的身体多为同律分节，节肢动物普遍出现异律分节。大多数节肢动物的身体分为头、胸、腹三部分。在某些种类中，这些体节还进一步愈合。有的节肢动物胸部和腹部结合形成躯干部，某些种类的头部与胸部愈合形成头胸部。体节进一步愈合与节肢动物的运动方式及防卫机制是相适应的。比如，甲虫等节肢动物的头部和胸部是分开的，这样比形成头胸部的种类要灵活得多。许多种类，如虾等长有头胸部，虽然这为动物提供了更多的保护，但也限制了身体的行动能力。

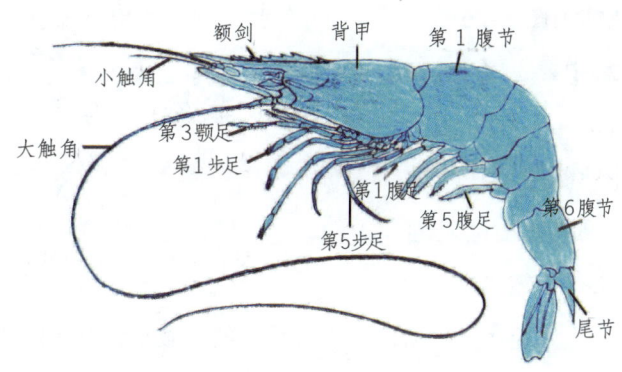

图 2-35 中国对虾的结构

几丁质外骨骼

节肢动物体壁的结构，自内向外，依次为很薄的基膜、单层的上皮细胞和含几丁质的表皮。表皮由上皮细胞分泌而成，覆盖在身体表面，形成具有很强的保护和支持功能的外骨骼。许多水生种类的外骨骼中沉积了大量钙盐，使外骨骼的硬度大大增加，如螃蟹的外骨骼。许多陆生种类的外骨骼上覆有一层蜡质，使外骨骼具有不透水性。因此，节肢动物的外骨骼具有保护内部器官及防止体内水分蒸发的功能。这使得节肢动物对陆地上广泛的、复杂的生活环境的适应能力，远远超过其他无脊椎动物。

外骨骼虽然像盔甲那样能很好地保护内部器官，但是限制了个体的生长和活动，因此节肢动物有定期的蜕皮（Ecdysis）现象，以解决生长受限的问题。蜕皮之前，动物停止进食，上皮细胞开始分泌新的上表皮，并分泌富含几丁酶和蛋白酶的蜕皮液到新、旧表皮之间。蜕皮液分解旧的内表皮，使新、旧表皮分离，旧表皮中的有用成分被吸收参与新表皮的重建，同时形成新的外表皮。蜕皮时，动物吞咽水（陆栖动物吞咽空气），增大体内压力，使表皮沿一定部位裂开，动物体挣脱出旧的外骨骼。蜕皮以后，再分泌新的内表皮，表皮开始沉积钙质或鞣化的过程。在身体和附肢需要折曲活动的地方，外表皮变薄，通常以内表皮为主，形成柔软的节间膜，有利于各种活动。

大多数节肢动物在成年前要经过几种幼体的连续变态发育才能变为成体（图 2-36）。它们在发育过程中要蜕皮 4～7 次，蜕皮期间尤其容易受到攻击。当新的外骨骼还柔软的时候，节肢动物根本无法逃避危险，因为它们必须依靠肌肉支撑

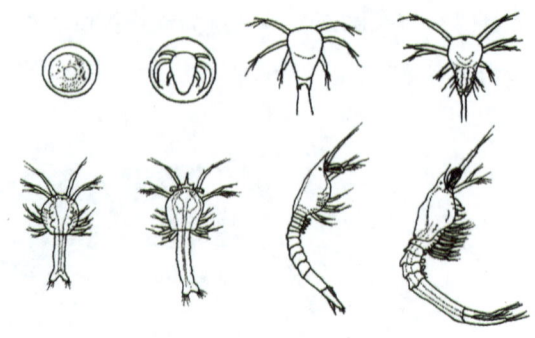

图 2-36　中国对虾的发育

在坚硬的外骨骼上才能运动。所以，许多种类的节肢动物会藏匿或静候几个小时甚至几天，直至新的外骨骼硬化。

思考
为什么节肢动物不能一直蜕皮生长？

附肢分节

附肢是指动物身上长出的任何附属结构，如足和触角。节肢动物一般在每个体节上生有一对分节的附肢。附肢基部和身体侧面相连，相连处形成关节。节肢动物是目前已知最早出现附肢分节的无脊椎动物。分节有许多好处。一方面能增加灵活性，这对于拥有坚硬的外骨骼的动物来说尤为重要。另一方面，分节还能大大增强附肢的行动能力。分节的附肢具有许多不同的功能，如感觉、行走、进食及交配。

横纹肌

扁形动物、线形动物和环节动物的肌肉主要为斜纹肌，且与体壁结合成皮肌囊。节肢动物的肌肉为横纹肌，由肌纤维集合成肌肉束，伸缩更迅速有力。肌肉束多成对排列，起颉颃作用（图 2-37）。人体的肌肉附于内

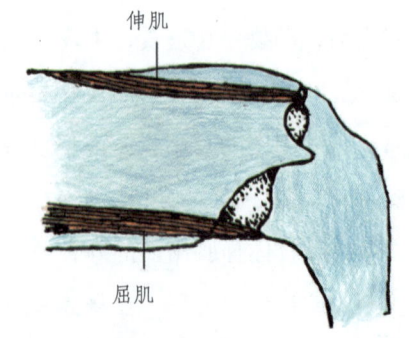

图 2-37　节肢动物附肢关节及一组颉颃肌

骨骼的外面。而在节肢动物的附肢上，肌肉则附于外骨骼的内面。节肢动物外骨骼分节处的两边都附有肌肉。

呼吸系统

节肢动物大多都动作敏捷，它们或爬，或跑，或攀，或挖，或游，或飞，因此拥有高效的呼吸系统，以保障细胞的快速供氧。大量的氧将维持高水平的代谢，以满足高速运动的需要。节肢动物演化出三种呼吸器官：鳃、气管（Tracheal Tube）和书肺（Book Lung）。水生节肢动物依靠鳃进行呼吸，鳃能过滤水中的氧，并将二氧化碳释放到水中。陆生节肢动物用气管或书肺呼吸，大部分昆虫通过气管进行呼吸，蛛形纲动物则通过书肺呼吸（图2–38）。

图 2–38 节肢动物的呼吸器官

灵敏的感觉器官

节肢动物具有灵敏的感觉器官，这使得节肢动物能对各种刺激迅速做出反应。比如，位于头部的触角负责探测环境变化，可探测到周围的动作、声音和化学信息。触角还可用于嗅察动物间的交流信息。你见过一整队蚂蚁搬运食物碎屑回家的场景吗？这些蚂蚁之所以能团结合作，就是因为它们不断依靠信息素（Pheromone）互相交流。信息素是节肢动物发出的嗅觉信号，由触角接收，是支配节肢动物多种行为的信号。有的信息素可用作气味带，如蚂蚁的集体觅食。许多信息素对节肢动物的交配十分重要。

敏锐的视觉对于节肢动物快节奏的生活来说也十分重要。大多数节肢动物有一对大大的复眼（Compound Eye）和3～8只单眼（Simple Eye）。复眼是由许多角膜晶体组成的视觉器官。每个角膜晶体接受全视野的一小部分光线，整个图像则是由数千个部分组成。集合晶体使得飞行类节肢动物能够辨析飞行过程中的地貌变化。复眼能探察猎物、配偶或天敌的动作，也能感受环境中不同物体的颜色。单眼是只由一个角膜晶体组成的视觉器官，用以感受光线。

发达的神经系统

节肢动物具有发达的神经系统,能够快速处理感觉器官传达的信息。神经系统由一对腹神经索、一个前脑和数个神经节组成。节肢动物体内有神经节融合的现象,这些神经节的作用相当于其所在体节的神经中枢。

复杂的身体结构

节肢动物的循环系统为开管式循环。血液自心脏经动脉流入血腔,直接浸润着各种组织和器官。血管中的血液又可经心孔流回心脏。开管式循环血液的压力比较低,因而可避免由于附肢折断而引起的大量失血。节肢动物拥有复杂的消化系统,具有口、胃、肠、肛门以及各种分泌消化酶的腺体。多数节肢动物的口器包括一对上颚(Mandible),上颚和口器的其他部分适于把持、咀嚼、吮吸或噬咬各种食物。

排泄系统

水生节肢动物的排泄器官为基节腺、触角腺或下颚腺等,陆生节肢动物主要依靠马氏管(Malpighian Tubule)来排泄废物。马氏管由中、后肠处的肠壁向血腔突出而形成,可以回收水分。而且昆虫的马氏管全都位于腹部,而不像环节动物的后肾管那样分布于每个体节。这样的结构使节肢动物更适应陆地及空中的生活。

有性生殖

大多数节肢动物为雌雄异体,进行有性生殖。陆生种类通常为体内受精,水生种类则为体外受精。少数种类如藤壶(图2-39),为雌雄同体,兼具雌雄生殖器官。有的种类,如蜜蜂、蚂蚁、蚜虫、黄蜂为孤雌生殖(Parthenogenesis),即一种由未受精卵发育成新个体的无性生殖方式。

图 2-39 藤壶

生殖多样性也是节肢动物种类数多于其他动物类群种类数的原因之一。

海洋节肢动物的主要类群

甲壳纲

甲壳纲为节肢动物门中的第三大纲,种数仅次于昆虫纲和蛛形纲。绝大多数水生,以海洋种类较多。体被几丁质外壳,分节,多数头部与胸部愈合,并被坚硬的头胸甲。用鳃呼吸。头部都有上颚,用于碾磨食物;具有一对复眼,通常生于能活动的眼柄之上。胸部有八对附肢,包括三对颚足和五对步足。这三对颚足不能上下运动,只可做从一侧移向另一侧的开合运动。五对步足用于行走、捕猎和清洁附肢。第一对步足常特化为强壮的爪钳,用以自卫。

其中虾、蟹类属于软甲亚纲十足目,多数可食用,且产量可观,在水产业中占重要位置。藤壶等附着船底,影响航行及水下建筑物;蛀木水虱破坏水中的木质结构,危害甚大。

肢口纲

海洋中的大型节肢动物绝大多数种类繁盛于寒武纪及奥陶纪,到古生代末期逐渐消失。现存的鲎(图2-40)是一种"活化石",仅存有三属四种,我国已知三种,即中国鲎、南方鲎、圆尾鲎,分布于南部海域。鲎主要生活在浅海沙

图2-40 鲎

质海底,体长可达60厘米,体表覆盖有厚重宽大的几丁质外骨骼,以保护身体。体呈黑褐色。头胸部具发达的马蹄形背甲,通常也被称为马蹄蟹。鲎血液中含有铜离子,呈蓝色;当它遇到细菌时立即凝固,灵敏度很高。由鲎血液制成的鲎试剂在制药业、医学临床以及食品检验等方面得到广泛的应用。因此,鲎被誉称为"蓝色血库"。

海洋中的节肢动物是生态系统中能量流动和物质转换的重要环节,它们为海洋中的鱼类、鲸等提供了必要的营养来源,同时又能清除水底的腐败有机物。虾、蟹是人类餐桌上的美味,是人类蛋白质的重要来源。

探究·实践

盐度对卤虫卵孵化的影响

卤虫又称丰年虫（图 2-41）是水产养殖中的重要饵料来源，为甲壳纲无甲目动物。在含盐度高的湖泊中，以及沿海盐田等高盐水域都有分布。体形细长，无背甲。用鳃呼吸。游泳时背朝下、腹部朝上，用 11～19 对附肢划水，姿势优美。

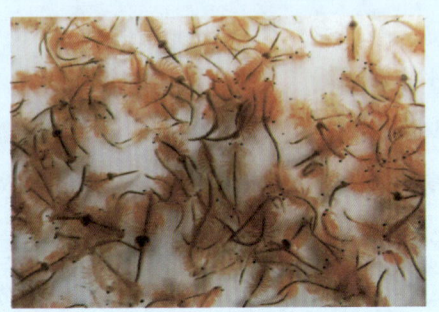

图 2-41 卤虫

问题

你如何确定卤虫卵孵化的最适盐度？

实验目的

探究盐度对卤虫卵孵化的影响。

做出假设

盐度增加会／不会导致虫卵孵化率升高。

实验器材

烧杯、塑料培养盒、标签纸、记号笔、盐、量筒、天平、丰年虫卵、水。

（请注意实验卫生，尽量不要直接用手接触卤虫卵。实验结束后请将卤虫交给老师。）

讨论与制定实验方案

1. 实验中的自变量是什么？因变量是什么？对照组是什么？
2. 每个培养盒中盛多少水？你如何保证两个培养盒中卤虫卵的数量是相同的？
3. 在实验中，光、温度之类的变量必须保持不变吗？
4. 你将收集哪些数据？如何记录实验结果？

5. 如何确定观察时间长短？判断卤虫卵孵化的依据是什么？

6. 你将测试几组不同的盐度？它们分别是多大？

分析与讨论

1. 用实验数据解释盐度对卤虫卵孵化率的影响。

2. 你的假设正确吗？请用实验数据来分析你的假设的正确性和不合理之处。

实验拓展

请设计实验方案，探究温度对卤虫卵孵化的影响。

研究性学习建议

节肢动物门作为动物界第一大门，其分布极广，种类和数量众多。查阅资料，了解海洋及陆生节肢动物与人类的关系，写成科普短文。

第六节 棘皮动物

问题探讨

明末清初诗人吴伟业《吴梅村全集》有《海参》诗云:"预使燀汤洗,迟才入鼎铛。禁犹宽北海,馔可佐南烹。莫辨虫鱼族,休疑草木名。但将滋味补,勿药养馀生。"图2-42即为海参。

图2-42 海参

讨论

1. 诗中描写了海参的哪些特征?
2. "但将滋味补,勿药养馀生"一句体现了海参的哪些价值?

本节聚焦

棘皮动物有哪些进化特征?

棘皮动物有哪些类型?

棘皮动物因其体表粗糙,具许多突出的棘或刺而得名。它们是无脊椎动物中最高等的类群,全部生活于海洋中,包括海星、海蛇尾、海百合、海胆和海参等类群。棘皮动物多营底栖生活,从潮间带到深海都有它们的身影。体形变化较大,有枝状(海百合)、星形(海星)、球形(海胆)和圆柱形(海参)等,体长从不足1厘米到数米不等。

棘皮动物的主要特征

棘皮动物是动物界形态和结构非常独特的一个类群,身体分口面和反口面,五辐射对称,真体腔发达且部分形成水管系统,具中胚层来源的内骨骼,常向外突出形成刺、棘等,神经系统退化,雌雄异体,个体发育过程中有多种幼虫。

五辐射对称

棘皮动物多为五辐射对称（Pentamerous Radial Symmetry），与腔肠动物原始的辐射对称不同，棘皮动物的五辐射对称是次生性的，其幼虫是两侧对称的。棘皮动物体中部为中央盘（Central Disc），向周围辐射的突出结构为腕；有些种类的腕向上翻并愈合形成球形（如海胆）或圆柱形（如海参）。有口的一侧为口面（Oral Surface），没有口的一侧为反口面（Aboral Surface）。图2-43和图2-44显示海星的口面和反口面。

图2-43　海星口面

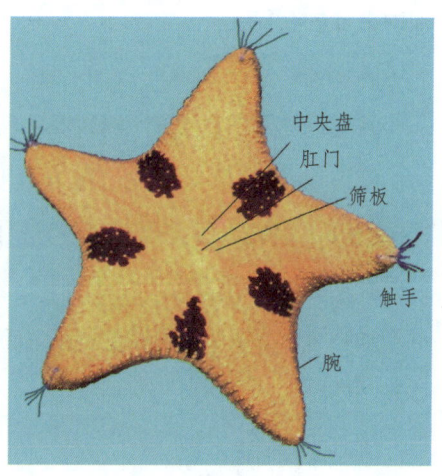

图2-44　海星反口面

体腔

大多数无脊椎动物为原口动物（Protostome），棘皮动物为后口动物（Deuterostome）。原口动物的口是胚胎发育原肠胚期的原口形成的。后口动物的原口发育形成成体的肛门，在与原口相对的一端形成口。

水管系统

水管系统（Water Vascular System）为棘皮动物特有的结构，图2-45为海星的水管系统。棘皮动物依靠水管系统进行气体交换、捕食和排泄等活动。

水管系统由筛板（Sieve Plate）、石

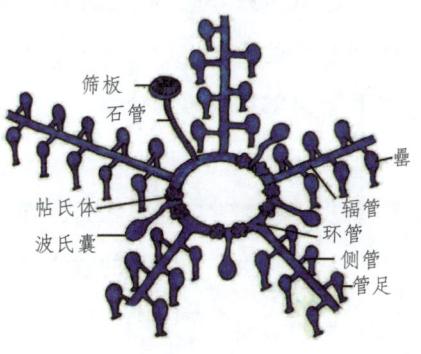

图2-45　海星的水管系统

管（Stone Canal）、环管（Ring Canal）、辐管（Radial Ama）、侧管（Lateral Canal）、管足（Podium）和罍（Ampulla）等结构组成，是一种水力学控制系统。环管由左中体腔囊围绕消化道形成，环管经石管与筛板相连，海水通过筛板上的小孔经石管进入环管。筛板相当于过滤器，将大的颗粒物阻挡在水管外。环管向周围发出五条辐管，每一辐管向两侧发出侧管，侧管的末端为管足和罍，侧管与管足之间有瓣膜相隔，管足末端有吸盘。管足内水压的变化可使管足伸长或缩短，以此来拖动身体完成运动。管足除完成运动外，还有呼吸、排泄及辅助摄食的功能。

内骨骼

棘皮动物与其他无脊椎动物不同，具中胚层形成的内骨骼。

除海参纲的骨骼退化、散布在体壁中外，其他类群的骨骼多由小骨片（Ossicles）组成。小骨片形状各异，经结缔组织连接，结成网状，覆于皮下，包围着动物体，起支持、保护作用。小骨片上有穿孔，这样既可减轻质量，又可增加强度，骨片可随动物的生长而增大。小骨片还可以形成棘和刺，突出于体表之外。

简单的神经系统

棘皮动物运动迟缓，其神经系统和感官均不发达。没有头或脑，但是有一副周口神经环。神经从周口神经环发散到辐神经。每条辐神经再分支成神经网，为棘皮动物提供感觉信息。棘皮动物的感官不发达，在上皮细胞间散布着触觉和化学感觉细胞。海星等在腕的端部有一眼点，由感光细胞和色素细胞构成，可感光。大多数海星具有趋光性。海星的管足上还有化学信号感受器。当海星探测到猎物的化学信号后，就会循着最强信号的方向前进。海参等在口神经系的辐神经基部有许多平衡器。

食性

棘皮动物都有口、胃和肠，可是它们的摄食方式却各不相同。海星是肉食动物，捕食蠕虫和蛤之类的软体动物。海胆多为植食动物，主要以藻类为食。蛇尾、海百合、海参等则以动物死尸或沉入海底的腐败物质为食。

棘皮动物的多样性

棘皮动物为一类古老的类群，化石种类始见于距今5.7亿年前的早寒武纪地层中，并在志留纪、石炭纪、泥盆纪达到繁盛。化石种类达1.3万种，现存种类约6000种，我国海域的现生棘皮动物有300多种。依据动物的体形、有无柄和腕、筛板的位置、管足的结构等，将现生棘皮动物分为五个纲：海星纲（如海星）、海胆纲（如海胆）、蛇尾纲（如蛇尾）、海参纲（如海参）、海百合纲（如海百合和海羊齿）。

海星

海星是最常见的一类棘皮动物。广泛分布于世界各海区，其中太平洋北部海域种类最多。海星多色彩鲜艳，体色变异大，栖息于潮间带的礁岩间或海底，营爬行生活，运动缓慢。海星为肉食性，主要以贝类为食，对人工养殖扇贝、牡蛎、鲍鱼有一定的危害。雌雄异体，体外受精，再生能力强。我国常见的种类有多棘海盘车、罗氏海盘车等。

海星体扁平，由中央盘和五条腕组成，为典型的五辐射对称动物。口面向下，平坦，浅黄色；反口面向上，稍隆起，多颜色鲜艳。图2-46为海星的结构示意图。

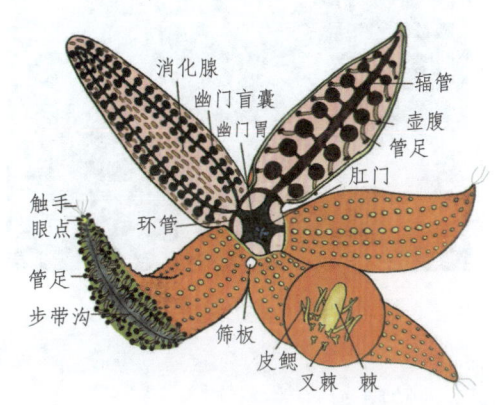

图2-46 海星的结构

海星有很强的再生能力，腕、体盘受损，甚至整条腕断落，均能再生。有些种类（如蓝指海星）能通过单独的腕再生出完整的身体。有些海星（如吕宋棘海星）以二分裂的方式进行无性繁殖：中央盘裂为两部分，然后再各自长出完整的中央盘和其他腕。

海胆

海胆体呈球形、盘形或心脏形。口面向下、平坦，口位于中央；反口面中央为肛门。口与反口面之间相间排列着五个具管足的步带区和五个无管足的间步带区，每个步带区和间步带区均由两列骨板组成，各骨板上均有疣突和可动的长棘，有的棘很粗大。

海胆喜欢栖居于海底（图2-47），以藻类、水螅、蠕虫等为食。口位于围口部中央，口腔内由骨板、齿及肌肉骨板组成结构复杂的咀嚼器，被称为亚里士多德提灯。多为雌雄异体，体外受精，个体发育中经海胆幼虫，后经变态发育为幼海胆，1～2年后性成熟。

全世界海胆有900多种，习见种类有以下几种：马粪海胆（图2-48），壳半球形，褐色，棘短而多，外形如马粪。细雕刻肋海胆，壳较低平，棘大而长。光棘球海胆，又名大连紫海胆，是辽宁、山东两省海胆的主要经济种，最大壳径可达10厘米；大棘粗壮，生活于潮间带至水深180米、海藻繁茂的岩礁海底。石笔海胆，棘粗大如石笔状，我国西沙群岛有分布。心形海胆，壳似心形，薄而脆，口和肛门均位于口面。

图2-47　海胆栖居于海底

图2-48　马粪海胆

蛇尾

体扁平，中央盘呈扁圆形或五角形，腕细长，两者分界明显。中央盘口面中央为口，口周围由许多骨板组成五个咀嚼板，其中的一个咀嚼板特化为筛板；反口面鳞片状。腕可在肌肉的控制下，在水平方向灵活运动。侧腕板上有发达的腕棘。管足退化，触手状，无运动功能，但可辅助摄食，能将食物颗粒沿着腕送入口中。管足还有呼吸和感觉功能。消化道退化，食道短，后连盲囊状的胃。无肠，无肛门。蛇尾以藻类、有孔虫、有机质碎屑为食，也食多毛类、甲壳类等（图2-49）。

图 2-49　正在捕食的蛇尾

蛇尾的再生能力很强，一些种类可以像海星那样无性繁殖。如果你试图捡起一只蛇尾，它的腕很可能在你手中断裂。这种适应性使得蛇尾能逃脱天敌的攻击。当捕食者忙着对付那条断腕时，蛇尾早已逃之夭夭。不久，断裂处又会长出新的腕。

海参

海参（图 2-50）体呈圆柱形，背腹略扁，两侧对称，无腕。腹面的管足常具吸盘，背部和体侧的管足则特化为疣足。海参的口面 – 反口面体轴加长，口位于体前端，周围有管足特化形成的触手，触手形状与数目因种而异；肛门位于体末，肛周常具小的乳突或钙质骨板。内骨骼退化为许多极微小的小骨片。骨片形状规则，为分类的重要依据。海参匍匐在海底，食物为混在泥沙内的有机质碎片、藻类及原生动物等。海参摄食时，连同泥沙一同吞入，消化其中的有机颗粒，不能消化的东西由肛门排出。海参为狭盐性动物，在半咸水或低盐海水中很少见。海参对水质的污染也很敏感，在污染的海水里难以生存。

海参类具有很强的自切及再生能力，身体的一部分损伤，常常能很快痊愈。当海参遇到危险时，它们会从肛门处喷出一团黏且杂乱的管状物（居维氏管），或者断裂一部分内脏器官，用这些方法来迷惑天敌，借机逃走。失去的部分几周内又能再生出来。海参多雌雄异体，繁殖时，一般把卵细胞和精子排入水中，在体外受精。幼虫经过变态发育成幼参。

全世界有海参1000多种，我国有140多种。我国华北沿海习见种类有以下几种：刺参，为大型食用参，体壁厚，含蛋白质高，味鲜美。梅花参，体长70厘米左右，大的可达1米，是海参中最大的种类，体上肉刺基部相连，呈梅花瓣状，为我国南海产的食用参中最好的一种。海棒槌（图2-51），又称海老鼠，体呈纺锤形，后端延长成尾状，体表光滑，管足和肉刺均退化。

图2-50　海参

图2-51　海棒槌

海百合和海羊齿

海百合（图2-52）和海羊齿（图2-53）均隶属于海百合纲。成体体形很像植物。口面向上，反口面向下，肛门位于口面；骨骼发达；神经系统主要在反口面。海百合纲是现生棘皮动物中最古老的一个类群。多固着生活在深海中，底栖。海百合类，终生具长柄，多卷枝，可长达1米，有100多种，我国海南有分布。海羊齿类，幼体以柄附着生活，成体无柄，可利用羽状腕爬行或游泳，有600多种。海百合类再生能力极强，腕或萼等断落，均可在数周内再生。

图2-52　海百合

图2-53　海羊齿

棘皮动物与人类

棘皮动物多对人类有益。我国有 40 多种棘皮动物可供食用，刺参、梅花参等为常见的食用参。海参蛋白质含量高，营养丰富，是优良的滋补品。干海参含粗蛋白 55%，粗脂肪 1.8%，同时还含有人体所需的许多微量元素，是一类高蛋白、低脂肪、低胆固醇的滋补品。海参含有多种生物活性物质，如固醇、多糖、脂肪酸、酶和多肽，具有提高免疫力、镇痛等作用。海胆的生殖腺含有大量的蛋白质、氨基酸、高度不饱和脂肪酸、糖类和其他生物活性物质，因而海胆不但具有较高的食用价值，同时还有很好的药用功能。海胆卵为少黄卵，完全均等卵裂，故常被作为发育生物学的重要实验材料。海星及海燕等干制品可用作肥料，并能入药。自海星中提取的粗皂苷对大白鼠的实验性胃溃疡有较强的愈合作用。蛇尾为一些冷水性底层鱼类（如鳕鱼）的天然饵料。

棘皮动物对人类也有一些不利影响。例如，海胆喜食海藻，故为藻类养殖之敌害；有些种类的棘有毒，可对人类造成危害。海星喜食贝类，故海星为贝类养殖之敌害。而筐蛇尾则为珊瑚的重要天敌，大量捕食珊瑚虫，导致珊瑚虫局部消失。

研究性学习建议

1. 观察一种棘皮动物的形态、结构及行为等，写出观察笔记。

2. 查阅资料，比较不同类群的棘皮动物在体表覆盖物、管足、棘刺、身体开口数目、腕的条数、身体结构的对称性等方面的异同。棘皮动物各类群的外部特征有哪些相似之处？分析这些特征对环境的适应性。

第七节 尾索动物和头索动物

问题探讨

猜一猜，图2-54所示的海鞘是腔肠动物吗？

你见过海鞘吗？

你认为它属于哪类生物？

本节聚焦

脊索动物的主要特征有哪些？

尾索动物主要有哪些特点？

头索动物主要有哪些特点？

图2-54 海鞘

尾索动物（Urochordata）、头索动物（Cephalochordata）及下一节介绍的脊椎动物同属于脊索动物门（Chordate），脊索动物门现存约4.1万种，是动物界最高等的一门。成体或幼体有一条沿身体背侧纵行的脊索、背神经管和鳃裂。形态结构复杂，生活方式多样。主要特征如下。

脊索

脊索（Notochord）是位于消化系统和中空背神经索之间有弹性的棒状结构，所有脊索动物的胚胎中都有脊索。脊索终生存在于低等脊索动物中（如文昌鱼）或仅见于幼体时期（如海鞘）。但在脊椎动物中，这种结构只在胚胎期出现，后来被脊椎所取代。脊索的发育始于原肠胚形成之时，脊索由胚胎背侧的中胚层发育而来。

脊索的出现是动物进化史上的重大事件，它强化了对躯体的支持与保护功能，提高了定向、快速运动的能力和对中枢神经系统的保护功能，也使躯体的大型化成为可能，是脊椎动物头部（脑和感官）以及上、下颌出现的前提条件。

背神经管

背神经管（Dorsal Tubular Nerve Cord）是脊索动物的神经中枢，位于脊索背面由胚胎背中部的外胚层加厚下陷卷曲所形成。在大多数脊索动物的成体中，中空背神经索的后段细胞发育成为脊髓，前段细胞则发育为脑。每块肌肉都有一对神经与神经索相连。图 2-55 为脊索动物的结构模式图。

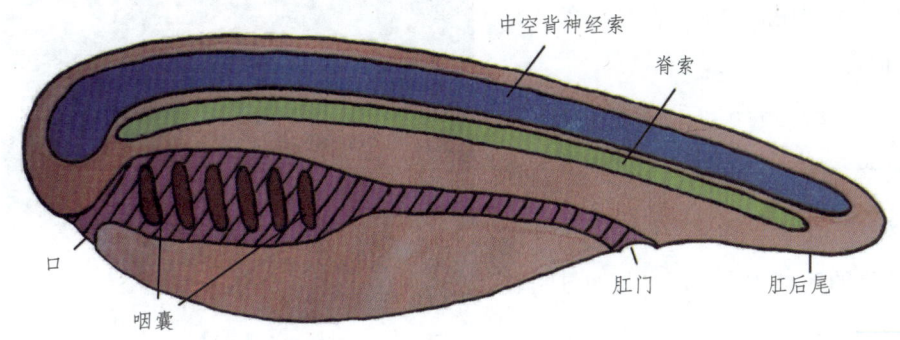

图 2-55　脊索动物的结构模式图

鳃裂

鳃裂（Gill Slits）为消化管前端的咽部两侧一系列成对排列、数目不等的裂孔，直接开口于体表或以一个共同的开口间接地与外界相通。低等水栖脊索动物的鳃裂终生存在，在鳃裂之间的咽壁上着生布满血管的鳃，为呼吸器官。陆栖脊索动物仅在胚胎期或幼体期（如两栖纲的蝌蚪）具有鳃裂，成体时完全消失。

肛后尾

脊索动物如果具有尾，总是位于肛门后方，称为肛后尾（Post-anal Tail）。

闭管式循环系统

心脏位于消化管的腹面，循环系统为闭管式（不包括尾索动物）。大多数脊索动物血液中具有红细胞。

尾索动物

尾索动物脊索和背神经管仅存于幼体的尾部，成体时退化或消失。鳃裂终生存在。成体的体表被有被囊，故又称被囊动物。常见种类有海鞘（图 2-56）和住囊虫等，营自由或固着生活。

海鞘幼虫阶段有一条尾巴，看起来很像蝌蚪，能在水里自由游动。它们不进食，孵化后很快便用吸盘固定吸附于某一物体的表面，如轮船、礁石、海床。

海鞘成体营固生滤食生活，裹在被囊中。有时候，一群海鞘可能只分泌一个共用的大被囊，且只有一个开口。

图 2-56　海鞘

海鞘的咽几乎占据了身体的三分之二，咽壁被许多细小的鳃裂所贯穿。在鳃裂周围的咽壁上分布着丰富的毛细血管，当水流通过鳃裂时进行气体交换，完成呼吸作用。

消化管包括口、咽、食道、胃、肠和肛门。肛门开口于围鳃腔。入水孔的底部有口，连通咽部。口四周有由触手组成的缘膜，其作用是滤去粗大的物体，只容许水流和微小食物进入消化管。口缘膜下方是宽大的咽，从口进入咽内的水流经过鳃裂到达围鳃腔中，然后经出水孔排出。腺细胞分泌黏液将进入咽部的食物黏结成食物团。由于内柱纤毛的摆动，食物团从内柱被推向前行，经围咽沟，沿背板往后进入

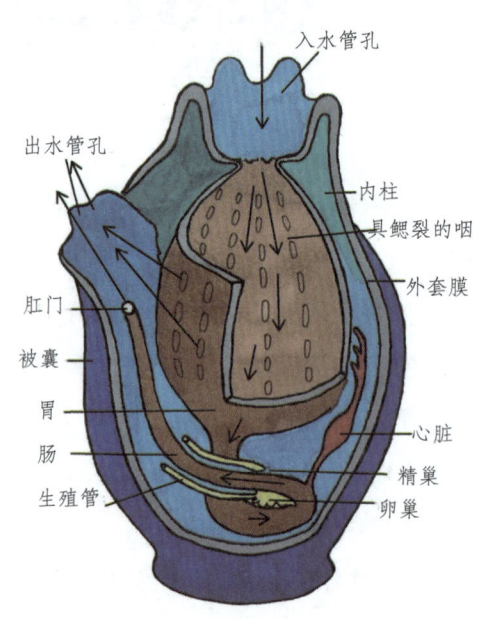

图 2-57　海鞘的结构示意图

食道、胃及肠进行消化。不能消化的残渣通过肛门排入围鳃腔，随水流经出水孔排出体外（图 2-57）。

柄海鞘为雌雄同体，异体受精。精子和卵子不同时成熟，从而避免了自体受精。幼体形似蝌蚪，自由游泳，经过变态，失去一些重要构造，变为结构更简单、营固着生活的成体，称为逆行变态。

头索动物

头索动物脊索和神经管纵贯全身，并终生保留。鳃裂众多。体呈鱼形，头部不明显，故称无头类。身体分节。头索动物分布很广，遍及热带和温带的浅海。常见种类有文昌鱼等。

文昌鱼喜栖水质清澈的浅海沙质底上，平时很少活动，常把身体半埋于沙中，前端露出沙外，或者左侧贴卧沙面，水流携带矽藻等浮游生物进入口内。夜间较为活跃，凭借体侧肌节的交错收缩，在海水中可短暂游泳。寿命约为两年八个月。5～7月为繁殖季节。

文昌鱼的体形略似小鱼，无明显的头部，左右侧扁，半透明，可隐约见到皮下的肌节（Myomere）和腹侧块状的生殖腺（图2-58）。一般体长约50毫米，产于美国的加州文昌鱼可超过100毫米，是该属中已知个体最大的一种。无偶鳍，仅有奇鳍。背中线有一条低矮的背鳍，向后与高而绕尾的尾鳍相连。尾鳍延伸到肛门之前，为肛前鳍。

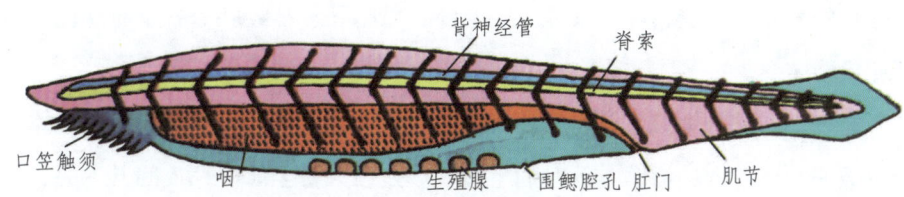

图 2-58　文昌鱼的结构模式图

身体前端的腹面有漏斗状的口笠（Oral Hood），其边缘环生口笠触须，上有感觉细胞。口笠触须能阻止大型沙粒进入口内，允许微小生物进入。口笠内的空腔为前庭。

文昌鱼主要以纵贯全身的脊索作为支持结构。

与无脊椎动物周身体壁肌肉均匀分布不同，文昌鱼背部的肌肉厚实，而腹部比较单薄。全身肌肉主要是60多对按体节排列于体侧的"<"形肌节（Myomere），尖端朝前；肌节之间被结缔组织的肌隔（Myocomma）所分开。两侧的肌节交错排列互不对称，有利于文昌鱼躯体摆动。

文昌鱼为被动取食。口位于一环形缘膜（Velum）的中央，缘膜的周围环生缘膜触手（Velar Tentacles），阻止沙粒入口。前庭内壁有由纤毛构成的指状突起，称为轮器（Wheel Organ）。触手和轮器可保证足够的水流携带食物进入口内，而泥沙则被阻隔在口外。水流经口入咽，食物被滤下留在咽内，而水则通过咽壁的鳃裂至围鳃腔，然后由腹孔排出体外。

文昌鱼的血液无色，也没有血细胞，氧气靠渗透进入血液。其循环系统属于闭管式，即血液完全在血管内流动。血液在体内的流动方向是脊椎动物式的：在腹面由后向前，在背面由前向后。无心脏，位于消化管腹面的腹大动脉（Ventral Aorta）和每一个鳃动脉基部具搏动能力，称为鳃心。

文昌鱼的背神经管几乎无脑和脊髓的分化。神经管的前端内腔略为膨大，称为脑泡（Cerebral Vesicle）。沿文昌鱼神经管两侧有一系列黑色小点，称为脑眼（Ocelli），是光线感受器。每个脑眼由一个感光细胞和一个色素细胞构成，可通过半透明的体壁起感光作用。

文昌鱼在 6 ~ 7 月产卵，产卵和受精都在傍晚进行。卵径为 0.1 ~ 0.2 毫米，含卵黄少，为均黄卵（Isolecithal Egg）。受精卵进行几乎均等的全分裂（Holoblastic）。文昌鱼的发育经历受精卵、桑葚胚、囊胚、原肠胚、神经胚等各个时期，然后孵化成幼体。

经过 20 多个小时后，文昌鱼的胚胎发育基本结束。全身被纤毛的幼体就能突破卵膜到海水中活动。此时的生活规律是白天游至海底，夜间升上海面活动。幼体期约三个月，然后文昌鱼沉落海底进行变态。

研究性学习建议

1. 尝试绘制脊索动物门的进化谱系图。

2. 制作手抄报，介绍文昌鱼的外形、躯体结构等，同时分析文昌鱼形态结构中的原始性、特化性和进步性。

3. 分析海绵和海鞘的异同，写一篇科普说明文。

第八节　脊椎动物

问题探讨

人类对海洋鱼类（图2-59）的研究有悠久的历史。公元前4世纪古希腊学者亚里士多德在他的《动物志》一书中，记录爱琴海有鱼类115种，并对其结构、繁殖、洄游等方面都进行了较系统的记述。中国《竹书纪年》中记载："夏代已能东狩于海，获大鱼。"

图2-59　鱼群

秦汉时即有"鱼不长尺不得取"的资源保护措施。明代屠本畯的《闽中海错疏》、清代郝懿行的《记海错》和郭柏苍的《海错百一录》等，皆记有海鱼的生态和生长知识。

讨论

1. 在你印象中，人类与鱼类有什么样的关系？
2. 人类要实现"耕海牧渔"梦，需要了解哪些关于鱼类的知识？

本节聚焦

脊椎动物有哪些特征？
为什么圆口纲动物在脊椎动物中是最原始的？
圆口纲动物有哪些特征适应半寄生生活方式？
鱼类有哪些特点？
软骨鱼和硬骨鱼有什么区别？
鱼类洄游的目的有哪些？
羊膜卵有什么主要特征？
羊膜卵的出现在动物进化史上有什么重要意义？

脊索只在胚胎发育阶段出现，随后或多或少地被脊柱所代替。脑和感觉器官集中在身体前端，形成明显头部，故称有头类（Craniata）。脊椎动物亚门是脊索动物门中进化地位最高的一个亚门，结构复杂，数量最多。图 2-60 为脊椎动物的主要结构模式图。

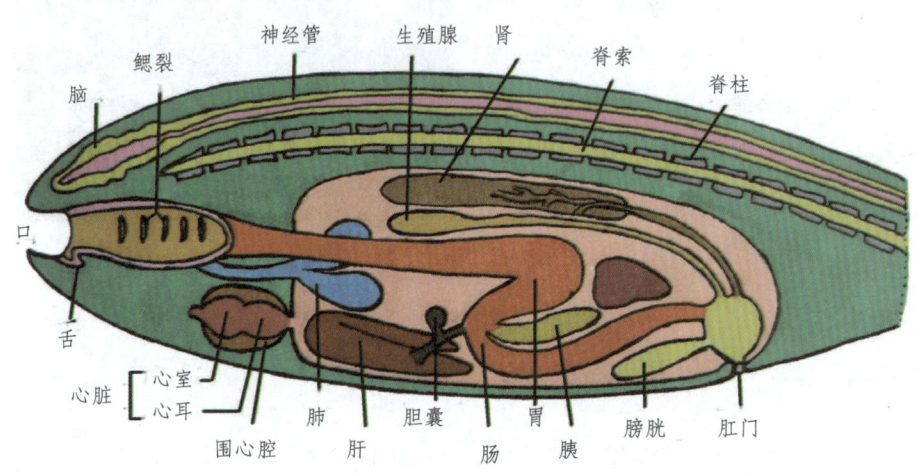

图 2-60　脊椎动物的主要结构模式图

脊椎动物的主要特征：

（1）神经系统发达，神经管的前端分化为脑，又进一步分化为大脑、间脑、中脑、小脑和延脑。

（2）脊柱（Vertebral Colurmn）代替了脊索，成为身体的有力支柱，同时保护着脊髓。脊柱由单个的脊椎骨（Vertebra）连接组成，大大提高了运动的灵活性和支持、保护的强度。

（3）水生脊椎动物用鳃呼吸，鳃裂终生存在；陆生脊椎动物只在胚胎期间出现鳃裂，成体用肺呼吸。

（4）除圆口类外，均出现了能动的上、下颌，极大地加强了动物主动摄食和消化食物的能力。

（5）循环系统完善，出现了位于身体腹面的能收缩的心脏，有效促进了血液循环。血液中具有红细胞，其主要成分为血红蛋白，能高效率携带氧气。

（6）排泄系统出现构造复杂的肾，代替了简单的分节排列的肾管，提高了排泄系统的机能，使新陈代谢所产生的废物更有效地排出体外。

（7）除了圆口类之外，出现了成对的附肢作为运动器官，这就是水生种类的偶鳍（胸鳍和腹鳍）和陆生种类的成对附肢（前肢和后肢）。这极大加强了脊椎动物的运动、摄食、求偶和躲避敌害的能力。

（8）脊椎动物的繁殖有三种类型：卵生、卵胎生或胎生。

脊椎动物亚门包括6个纲：圆口纲（Cyclostomata）、鱼纲（Pisces）、两栖纲（Amphibia）、爬行纲（Reptilia）、鸟纲（Aves）、哺乳纲（Mammalia）。

圆口纲　又名无颌类（Agnatha）。无颌，缺乏成对的附肢。单鼻孔。脊索为主要支持结构，但出现雏形的椎骨（Vertebra）。皮肤裸露。

鱼纲　具上、下颌，与四足类脊椎动物合称为有颌类（Gnathostomata）。体表大多被鳞。用鳃呼吸。具有适于水生生活的成对的胸鳍和腹鳍。鱼类可分为软骨鱼类和硬骨鱼类两大类群。软骨鱼类骨骼为软骨，体被盾鳞，鳃裂直接开口于体表；硬骨鱼类骨骼一般为硬骨，体被骨质鳞，鳃裂不直接开口于体表。

两栖纲　皮肤裸露湿润。幼体用鳃呼吸，成体营肺呼吸，皮肤为辅助呼吸器官。五趾型附肢，和爬行纲、哺乳纲动物一起称为四足类（Tetrapoda）。

爬行纲　皮肤干燥，体表被以角质鳞或角质盾片。在胚体发育过程中出现羊膜（Amnion），与鸟纲、哺乳纲动物合称为羊膜动物（Amniota）。其他纲脊椎动物则合称为无羊膜动物（Anamniote）。

鸟纲　体表被羽。前肢特化为翼。恒温，与哺乳纲动物合称为恒温动物，其他脊椎动物则为变温动物。卵生。

哺乳纲　体表被毛。恒温。胎生（卵生的单孔类除外），哺乳。

脊椎动物各纲有明显的进化特征，其中以鱼类在海洋中的分布种类最多。

圆口纲

圆口纲动物现生种类有70多种，主要包括七鳃鳗和盲鳗两大类。它们是现存的脊椎动物中最原始的类型，没有上、下颌，无成对附肢，营寄生或半寄生生活，以大型鱼类及海龟类为寄主。代表动物为七鳃鳗。

七鳃鳗的外形

七鳃鳗（图 2-61）体呈鳗形，身体分为头、躯体和尾三部分，尾部侧扁。体长约 30 厘米。皮肤柔软，表面光滑无鳞，富含黏液腺。头侧有眼，头顶部两眼之间有一短管状的单个鼻孔，因此又称单鼻类。每个眼后有七个圆形鳃裂开口。头部腹面有圆形的口漏斗（图 2-62），是一种吸盘式的构造，周边附生着细小的乳头状突起，称口触须，有吸附功能；其内壁有角质齿，舌端也有角质齿形成锉舌。背中线上有两个背鳍、一个尾鳍。雌性另有一个臀鳍。尾的前腹面有肛门，其后为泄殖突，突起末端为泄殖孔。

图 2-61　七鳃鳗

七鳃鳗的骨骼和肌肉系统

七鳃鳗终生保留脊索，外包脊索鞘，是身体主要支持中轴。在脊索背侧面按体节排列有两对软骨椎弓，代表了雏形的脊椎骨。没有完整的软骨脑颅，嗅囊软骨和听囊软骨独立，相当于脊椎动物头骨胚胎发育早期阶段。无成对的偶鳍。尾鳍原尾型，是脊椎动物中最原始的尾型。不具上、下颌，属于无颌类。肌肉原始，肌节呈 W 形，尖端朝前。

图 2-62　七鳃鳗的口漏斗

七鳃鳗的消化系统

七鳃鳗的消化器官由于适应半寄生生活而发生特化。口位于口漏斗深处，借口漏斗吸附在鱼体上（图 2-63），以漏斗壁和舌上的角质齿锉破鱼体，吸食血肉。角质齿损伤脱落后可再生。舌位于口腔底部，由环肌和纵肌构成，能进行活塞式的活动。口腔内有一对特殊腺体，以细管通至舌下，其分泌物可使寄主创口血液不凝固。口腔后面为咽，咽分背、腹面两部分，背面为食管，腹面为呼吸管。在呼吸管入口有缘膜，当食物进入咽时，它能将呼吸管入口挡住。

无胃的分化，食管接通肠。肠为一直管，肠管内有螺旋状的黏膜褶，可增加肠的吸收面积并延长食物通过肠管的时间。肠管末端为肛门。肝分两叶，位于围心囊后方。成体无胆囊。无独立的胰，仅有成群的胰细胞散在肠壁以及食管与肠管交界处。

七鳃鳗的呼吸系统

七鳃鳗咽部腹面的盲管称呼吸管。呼吸管最前端有 5～7 个触手，管的两侧各有内鳃孔七个。每个内鳃孔通入一个球形的鳃囊，鳃囊的背、腹及侧壁都长有来源于内胚层的鳃丝，其上有丰富的毛细血管，在此处进行气体交换。每

图 2-63　七鳃鳗寄生在大鱼体表

个鳃囊以一个外鳃孔与外界相通。圆口纲动物具有这种独特的鳃囊结构，故又称为囊鳃类（Marsipo Branchii）。盲鳗所有的外鳃孔不直接开口与外界相通，而是通入一个长管即总鳃管，在远离头部的后方以一个共同的开口通至体外。

成体七鳃鳗吸附在寄主体表或头部钻入鱼体内时，水流的进出都通过外鳃孔，外鳃孔周围有强大的括约肌和缩肌控制鳃孔的启闭。七鳃鳗的幼体营自由生活，呼吸时由口腔进水，经内鳃孔于囊鳃完成气体交换后，水从外鳃孔流出。

七鳃鳗的循环系统

七鳃鳗的循环系统及血液循环方式与文昌鱼十分相似，但开始出现心脏。心脏由静脉窦、一心房（Atrium）和一心室（Ventricle）组成，位于鳃囊后方的围心囊内。无肾门静脉。

七鳃鳗的神经系统

七鳃鳗的脑已经分化为五部分，即大脑、间脑、中脑、小脑和延脑。但这五部分排列在同一平面上，尚无任何脑弯曲。大脑半球不发达，脑顶部无任何神经细胞。间脑顶部有松果体、松果旁体，底部有漏斗体和脑下垂体。中脑背方有一对稍大的视叶，顶部有脉络丛。小脑仅为一狭窄的横带。脑神经 10 对，视神经在间脑腹面不形成视交叉。脊神经的结构与文昌鱼基本相同，但背根上已经有神经节。

七鳃鳗的感官

嗅觉器官为单鼻孔，鼻孔通入一个嗅囊。听觉器官仅具内耳，且只有前、后两个半规管，无水平半规管。内耳司平衡感觉。盲鳗眼完全隐于皮下，已经具有脊椎动物眼的基本结构，但由于适应半寄生或寄生生活而退化，失去视觉功能。间脑顶部、鼻孔后方的皮下有松果体，即松果眼（Pineal Eye），能感光而不能成像。头顶部中央的皮肤色素消失而透明。头部腹面和身体两侧有感觉细胞群，位于体表的纵行浅沟内，也称侧线，是感知水流的机械感受器。

鱼纲

地球上的每种水生环境中基本上都有鱼类。水的密度远远大于空气，对动物运动产生较大的阻力，同时又能给鱼体以一定的浮力，使其不需附肢支撑体重。鱼类是能在水中生活的较低等脊椎动物，具有一系列适应水生环境的形态特征及其生理机能。鱼类在离水后会因鳃的粘连和干燥，造成窒息而很快死亡。海洋中的鱼类可分为软骨鱼和硬骨鱼两大类群。

鱼类的特点

适于游泳的身体结构

海洋中大多数鱼身体呈梭形或纺锤形，流线型的体形减少了游泳时的阻力。有些活动范围小的鱼具有特殊体形，如海马。

鳍（Fin）是由条状鳍条支撑薄膜而形成的鱼类的平衡与运动器官。鳍附着在内骨骼上，有利于鱼类保持身体平衡，帮助游动和控制游动的方向，是适应水中运动的器官。分布在胸部和腹部的鳍多成对存在，称为偶鳍，如胸鳍、腹鳍。胸鳍位于鳃后，腹鳍位于躯干腹侧或泄殖腔孔两侧，它们有控制运动方向的作用，胸鳍还能提供运动的动力。位于身体的纵中线上的鳍不成对存在，称为奇鳍，如背鳍、臀鳍和尾鳍。其中尾鳍起推进作用，背鳍和臀鳍起平衡作用。

鱼鳞（Scale）是鱼类皮肤的衍生物，由骨片构成，具保护作用，有盾鳞、硬鳞、骨鳞等（图2-64）。软骨鱼如鲨鱼的盾鳞是齿形的，如同脊椎动物的牙齿一般。大多数硬骨鱼的鱼鳞为骨鳞，由许多同心圆的环片组成。环片因季节不同而表现出生长速度的差异,一般夏环比冬环宽一些,夏环和冬环组合在一起,就在鳞片上出现了年轮,据此可算出鱼的年龄。

我国古人对鱼鳞纹情有独钟,在器皿、窗棂、铠甲、衣饰等的装饰和设计中常使用鱼鳞纹(图2-65)。

盾鳞　　　硬鳞　　　圆鳞　　　栉鳞

图 2-64　不同类型的鱼鳞

春秋时期陶器上的鱼鳞纹

鱼形鞋　　　仿鱼鳞形战甲　　　虞姬的鱼鳞甲

图 2-65　我国古人使用鱼鳞纹作为装饰

鱼类的骨骼系统分为中轴骨骼和附肢骨骼两部分。中轴骨骼包括头骨、脊柱和肋骨,附肢骨骼包括鳍骨及悬挂鳍骨的带骨。软骨鱼类骨骼系统完全由软骨组成。多数硬骨鱼类骨骼完全硬骨化,脊椎分节,机体行动更加灵活。

软骨鱼类和硬骨鱼类的肌肉系统基本相似,由躯干肌、鳍肌、眼肌、鳃节肌等组成。躯干肌肌节的连续收缩与舒张,使收缩波传向尾部,尾部将收缩的力传给水,这个力被水以同等大小但方向相反的反作用力作用于尾部,是鱼类向前运动的主要推进力。有些鱼类的轴下肌或节肌演变为发电器官（Electric Organ），能储存和放出电，与防御、攻击、定位及求偶等活动有关。发电器官内含大量电板，每一个电板是一个特化的多核肌细胞。例如，软骨鱼类的电鳐科和硬骨鱼类的电鳗科等鱼类具有这样的发电器官。

除了快速游泳的金枪鱼及底栖的鲛鳒鱼等无鳔，绝大多数硬骨鱼类有鳔。鳔是这些硬骨鱼类身体密度的调节器官，位于体腔前部，脊椎骨下面，一般呈圆囊形，里面充满空气，使鱼体悬浮在一定水层中，以减少鳍的运动而降低能量消耗。钓者钓到大鱼后，往往用力将鱼头拉出水面，使其吸气后，鳔充满空气，鱼难以下沉，然后钓者左右拖拉使其疲劳，拖近用抄网或扎钩捞取之。

用鳃呼吸

鳃是鱼类及其他水生脊椎动物的一个重要的适应性结构。水从鱼嘴进入，穿过鳃丝，再从另一侧鳃漏出去。鳃由富含毛细血管的羽状鳃丝构成。在鳃内，血液的流动方向与水流方向相反，而两者间氧气和二氧化碳的浓度差促使氧气从水中进入血液，二氧化碳从血液排入水中。

简单的血液循环系统

鱼类的心脏有两个腔，即一个心房和一个心室。心房接收从组织中来的缺氧血，心室则将缺氧血直接泵入鳃的毛细血管中，血液与水中的气体进行气体交换，吸收氧气、释放二氧化碳。富含氧气的血液从鳃转运到各个组织中去（图 2-66）。血液在体内的流速相对较慢，因为心脏的主要动力用于将血泵入鳃中。

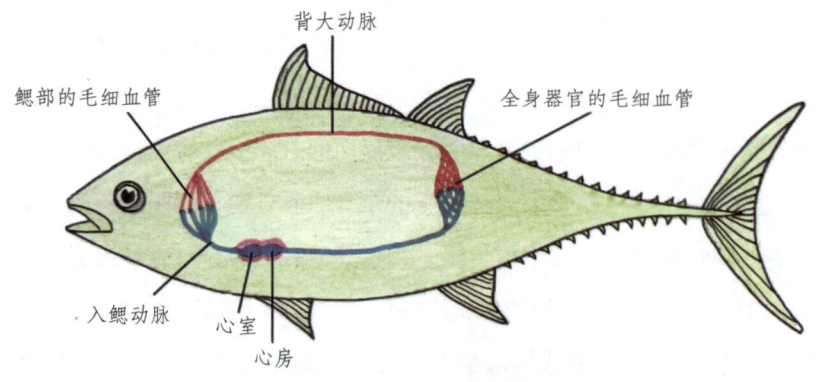

图 2-66　鱼类的循环系统
（仿刘凌云，杨治瑾绘）

发达的感觉器官

鱼类的感觉系统与无脊椎动物相比更加高等。

侧线，位于鱼类的头部和体侧，是一条充满液体的管道。其功能为判断水波的动态、水流的方向、周围生物的活动情况以及游动途中的固定障碍物等。侧线管内充满黏液，感受器就浸埋在黏液里，并按一定距离分布。感受器内的感觉细胞具有感觉毛，感觉神经末梢分布于感觉细胞之间。当水流流经鱼体时，水压通过侧线孔，影响管内的黏液并使感受器内的感觉毛摆动（图2-67）。

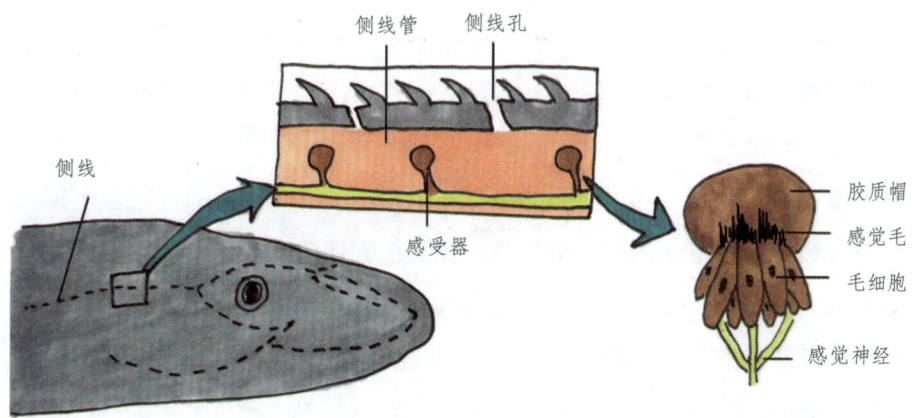

图 2-67　鱼类的侧线
（仿刘凌云，杨治瑾绘）

鱼类眼的结构与一般脊椎动物相同，能看到物体，并能区分水中的暗处和明处。不同种类的鱼的视力范围有很大的差异。生活在海洋暗处的鱼，很多则视力退化。

鱼类有一对内耳，主要为感觉平衡的器官。每侧内耳由三个半规管、椭圆囊和球囊组成，彼此连通。某些鱼类内耳中，具有由石灰质形成的石状物，称为耳石。鱼在游动时，耳石能影响听神经起感觉作用，也可起着平衡鱼体的作用。其形状、大小因鱼的种类而异。耳石随鱼体增长而增大，并出现同心圆环纹，类似鳞片的年轮，可以推算鱼的年龄。

有些鱼类的嗅觉极其灵敏，能够感受到水中少量的化学物质。比如，鲨鱼能够沿着水中一缕血迹追踪几百米远的猎物。

海洋生物

活动

搜集不同种鱼的耳石,并观察、比较它们的异同。

有性生殖

鱼类通过有性生殖繁殖后代。大部分鱼类进行体外受精,受精卵在体外发育。成体鱼将卵和精子直接排入水中或一些较为安全的地方,如漂浮的水生植物丛中。很多鱼每次产下大量的卵,但由于缺乏保护,卵的成活率较低。

海洋鱼类的多样性

世界现存鱼类的数量可超过 2.4 万种,是脊椎动物中种类最多的类群,其中约 58.8% 生活在海洋中。

软骨鱼

软骨鱼内骨骼完全由软骨组成,常钙化,但无任何真骨组织;体常被盾鳞;每侧 5 ~ 7 个鳃孔,分别开口于体外,或鳃孔一对,被以皮膜;肠短,具螺旋瓣;心脏动脉圆锥有数列瓣膜;无鳔;无大型耳石;有或无泄殖腔;卵大,富有卵黄,盘状分裂,体内受精。卵生、卵胎生或胎生。肉、鳍可食用,皮可制革。

鲨鱼和鳐都属于软骨鱼纲,因为它们与 10 多万年前生活在海洋中的物种十分相似,所以也被称为"活化石"。鲨鱼是海洋中最凶猛的掠食者。图 2-68 为三种常见的软骨鱼。

图 2-68 海洋中的三种软骨鱼(锯鳐、鲨鱼、蝠鲼)

硬骨鱼

硬骨鱼纲是脊椎动物中种类最多的一个类群,现存约 1.9 万种,广泛分布于地球各个水域。海洋中硬骨鱼的种类繁多,其中许多类群是重要的经济动物。

硬骨鱼成体的骨骼大多为硬骨。口位于吻端，鳃间隔退化，具鳃盖骨，鳃裂不直接开口于体表。尾鳍大多为正尾型，即尾鳍的上下叶对称，尾椎的末端向上翘但仅达尾鳍基部。体表大多被圆鳞或栉鳞，两者都是骨质鳞，圆鳞的游离缘圆滑，栉鳞的游离缘呈齿状。少数硬骨鱼被硬鳞，鳞片呈菱形，表面有一层闪光质。大多数有鳔。一般没有交配器，体外受精，体外发育，卵小，成活率低，但产卵量大。硬骨鱼是水中生活最成功、最繁盛的脊椎动物。仅选取下面几个目的海洋鱼类进行介绍。

鲑形目：具脂鳍，具颌齿，幽门盲囊发达。主要分布于北半球高纬度水域内，经济价值很高。本目包括在世界渔业中占重要地位的鲑、鳟鱼类，我国有16种。代表种类有大麻哈鱼（图2-69），分布于太平洋沿岸水域，为溯河洄游性鱼。每年秋季，生殖鱼群由太平洋上溯至黑龙江、乌苏里江、松花江等河流产卵，在此期间停止摄食，体色由银色转变成暗灰色，雄鱼身上出现红棕色斑点，两颌变为钩状。亲鱼产卵后死亡，受精卵于翌年春季孵化。仔鱼生长到50毫米时开始降河入海，在海中生活3～5年，到性成熟时成群洄游至江河中，在原处产卵。

图2-69　大麻哈鱼

鳕形目：体长，背鳍和臀鳍长，腹鳍喉位或颏位；无鳍棘；身体多被圆鳞；属闭鳔类；为世界渔业重要的捕捞对象。代表种类有大头鳕（图2-70），

图2-70　大头鳕

背鳍三个，臀鳍两个，均不长；有颏须；为肉食性底栖鱼类，在我国分布于黄海、渤海和东海北部。

鮟鱇目：为底栖鱼类。体粗短，背腹扁或侧扁。体无鳞。眼位于头背面或侧面。胸鳍适应海底爬行而呈足状。腹鳍喉位。背鳍的鳍棘移至头额部，末端常形成肉质的瓣膜状、叶片状或球状的吻触手，作为诱饵器官，以捕小鱼为食（图2-71）。代表种类如黄鮟鱇。

刺鱼目：体长，侧扁，呈管状，许多种类体表有骨板。吻大多呈管状。口小。背鳍1~2个，有时第一背鳍由游离的棘组成。常见种类如海龙科的海马。雄海马腹部有一个育儿囊，由雄性承担繁育后代的责任，是自然界的一个非常罕见的现象。

鲽形目：即通常所说的比目鱼类。体极侧扁，成鱼身体左右不对称，两眼均位于身体一侧，无眼的一侧通常无色，并以此侧平卧海底生活。身体两侧被圆鳞或栉鳞，或有眼侧被栉鳞，无眼侧被圆鳞。背鳍和臀鳍的基底长，腹鳍胸位或喉位。肛门常不在腹面正中线上。成鱼无鳔。本目是重要的海洋经济鱼类。主要代表种有褐牙鲆（图2-72）、半滑舌鳎。

图2-71　鮟鱇鱼

鲈形目：是硬骨鱼类中种类最多的一个目，全世界有9300多种，我国有1685种。腹鳍胸位或喉位，有鳍条1~5枚；背鳍两个，前一个为鳍棘，后一个为鳍条，并与臀鳍相对。体大多被栉鳞。鳔无鳔管。常见类型如鮨科的鲈鱼、鳜鱼和石斑鱼，石首鱼科的大黄鱼和小黄鱼，鲷科的真鲷，蝴蝶鱼科的蝴蝶鱼，丽鱼科的罗非鱼，带鱼科的带鱼，鲭科的鲐鱼，金枪鱼科的金枪鱼，鲳科的银鲳，鳢科的乌鳢。图2-73为鲈形目鱼群。

图2-72　褐牙鲆

图2-73　鲈形目鱼群

鱼类的洄游

由于环境影响或生理习性，某些鱼类在一定的时期从原栖息地集群游到另一个水域中去生活，经过一段时间，或经过一定的发育阶段，又沿原路线游回到原栖息地生活，这种集群的定期、定向有规律性的移动，称为洄游。洄游所经过的途径，称为洄游路线。依据大部分鱼类洄游到达目的地所表现的生活行为，洄游一般可分为生殖洄游、索饵洄游和越冬洄游。

洄游是一些鱼类生活周期中不可缺少的环节，为鱼类创造最有利于繁殖、营养和越冬的条件，是保证这些鱼类维持生存和种族繁衍的适应行为，是在长期进化过程中形成并遗传下来的。引起鱼类洄游和决定洄游路线的原因与鱼类自身的生理状况以及外界环境的变化如季节、温度、食源、海流和水质变化有关，同时也与遗传性密切相关。研究鱼类洄游的规律，不但具有理论意义，而且在渔业生产上也有重大的经济价值，对捕捞等渔业生产很有意义。

爬行纲

爬行纲动物是体被角质鳞片、在陆地繁殖的变温羊膜动物（Amniota）。皮肤干燥，无皮肤腺，体表被有角质鳞片或真皮形成的骨板。胸椎经肋骨与胸骨相连接，构成胸廓。用肺呼吸。心脏由两心耳和分隔不完全的两心室组成，血液循环为不完全双循环。体温不恒定。有后肾，体内受精，卵生或卵胎生。爬行动物、鸟类和哺乳动物的胚胎具有羊膜结构（图2-74），因而统称羊膜动物。

图2-74　羊膜卵的结构示意图

现存爬行动物约5000种，如蛇、蜥蜴、鳄、龟。海洋爬行动物分为蛇目和龟鳖目两目，种类不多，全世界不足60种，其中海蛇约50种，海龟7种。中国有海蛇16种，海龟5种，主要分布在东海和南海。海蛇是能在海水中生活的蛇，一部分终生生活在海水中，一部分海陆两栖。完全水栖海蛇为卵胎生，能上岸的海蛇为卵生。海龟生殖季节游向沿岸沙滩产卵，卵孵化后，幼龟返回海水中生活。

海洋爬行动物的代表：

棱皮龟科棱皮龟（图2-75），为大型海龟。四肢特化为桨状。龟甲外不具角质鳞板而代以革皮。背面具有七条纵棱，各棱在背甲后方汇合。产于热带及亚热带海洋。我国东海及南海有分布。

图2-75 棱皮龟

海龟科玳瑁（图2-76），为中、大型海龟。四肢特化为桨状。龟甲外具角质鳞板，背、腹甲之间借韧带联结。

图2-76 玳瑁

头颈和四肢不能缩入壳内。生活于热带及亚热带海洋。我国东海及南海有分布。

海蛇科长吻海蛇，卵胎生蛇类。头窄，吻部显著长。体背面黑色，腹面黄色；黄黑二色在体侧截然分明，相间处或有深灰纵纹。腹鳞极小，或纵裂为两枚长鳞片，六角形或近方形，镶嵌排列，最下几行每一片有2~3个小结节。

鸟纲

鸟纲动物是体表被覆羽毛、有翼、恒温和卵生的高等脊椎动物。从生物学观点来看，鸟类最突出的特征是新陈代谢旺盛并能飞行，这也是鸟类与其他脊椎动物的根本区别，使其成为在种数上仅次于鱼类、分布遍及全球的脊椎动物。鸟类的主要特征如下。

（1）高而恒定的体温（37.0℃~44.6℃），降低了对环境的依赖性。

（2）迅速飞翔的能力，能借主动迁徙来适应多变的环境条件。

(3)发达的神经系统和感官以及与此相联系的各种复杂行为,能更好地协调体内外环境的统一。

(4)较完善的繁殖方式和行为(筑巢、孵卵和育雏),保证了后代有较高的成活率。

海鸟是指在海岛上或海边生长、栖息的鸟类。有些种类(约有175种),全年取食于海洋,如企鹅、信天翁(图2-77)、军舰鸟(图2-78),当它们需要营巢地时才利用陆地。这些种类一般被称为"典型海鸟"。另外一些种类,如尖嘴鸥(图2-79)、鸬鹚、鸥鹬,仅取食于海岸附近的海面或滩涂,并且在夏季的大部分时间生活于内陆水域,并非真正的海鸟,但习惯上也将这些种类称为"海鸟"。

图2-77 信天翁

图2-78 军舰鸟

图2-79 尖嘴鸥

典型海鸟均具有发达的鼻腺,用以排出体内过量的盐分。它们多为游荡种类,少数迁徙。大多集群营巢,每窝卵数多为一枚。一般寿命较长。海鸟是海洋基本生物类群之一,是海洋生态系统的重要组成部分。

哺乳纲

生活在海洋中的哺乳动物又叫海兽,如鲸、海豹、海牛。海兽一般身体呈流线型,前肢特化为鳍状。虽不如陆生哺乳动物有明显的四肢和毛皮,但其附肢的骨骼构造与陆生哺乳动物基本相同,也是用肺呼吸、胎生并以哺乳方式哺育幼体的恒温脊椎动物。海兽主要有鲸目(Cetacea)、鳍脚目(Pinnipedia)及海牛目(Sirenia)动物。

鲸目,现有90余种,为完全水栖的哺乳动物。体形似鱼,皮肤裸露,仅吻部具有少数毛,无汗腺和皮脂腺。前肢呈鳍状,后肢完全退化。尾末皮肤左右扩展而成水平尾鳍。无耳郭，但听觉灵敏。皮肤下有一层厚的脂肪，借此保持体温和降低身体密度，有利于游泳。体长1～30米，有的种类具有背鳍。眼小，无瞬膜，也无泪腺，视力较差，有的主要靠回声定位寻食或避敌。肺左右各一叶，具弹性。体内具有能贮存氧气的特殊结构，15～60分钟出水呼吸一次。外鼻孔一个或两个，位于头顶，其边缘具有瓣膜，入水后关闭，出水呼气时声响极大，形成甚高的雾状水柱，故外鼻孔又称喷气孔。

鲸目现存种可分为须鲸亚目和齿鲸亚目。须鲸亚目体形巨大，其中最小的种类体长也大于6米。口内无齿。上颌两侧各具有150～400枚角质鲸须。鲸须的颜色、数目和形状因种而异，是分类的重要依据。它们滤食小型水生生物，以磷虾和头足类为食，有的也吃小鱼和底栖贝类。有三科10种，均为海栖，如露脊鲸、蓝鲸、灰鲸、长须鲸、座头鲸、大须鲸（鳁鲸）、小须鲸（小鳁鲸）。图2-80为一种须鲸。

图2-80 须鲸

齿鲸亚目中仅少数种类生于淡水，大多数产于海洋中，体形大小不一。口内有齿，外鼻孔仅有一个。鳍肢一般五指。除恒河豚外，均无盲肠。主要以乌贼、甲壳类、鱼类为食。共包括七科80余种，如白鱀豚、抹香鲸、独角鲸、海豚、中华白海豚、江豚和虎鲸。海豚（Dolphins）由于大脑发达、具有特殊的声波定位结构，已被训练用于各种海下作业，并为仿生学研究对象之一（图2-81）。

鲸类具有很高的经济价值，肉可食，皮可制革，脂肪可制机械油、肥皂、蜡烛，骨可制成骨粉，内脏可用作维生素制剂。

鳍脚目现有30余种。身体一般呈纺锤形，体表密生短毛，头圆，颈短。四肢具有五趾，趾端一般有爪，趾间被肥厚的蹼膜连成鳍状，适于游泳，故称"鳍脚目"。鼻和耳孔有活动瓣膜，潜水时可关闭鼻孔和外耳道。口大，周围有触毛。牙齿为一出齿，齿分化不显著。一生大部分时间生活在水中，除少数种外，仅在交配、产仔和换毛时期才到陆地或冰块上来。皮下脂肪极厚，用以保持体温。听觉、视觉和嗅觉灵敏，在水下有回声定位能力。可持续潜水5~20分钟。属一雄多雌类型。肉食性，多整吞食物，不加咀嚼，主食鱼类和软体动物。分布于南、北半球寒带和温带海洋。主要种类有海狮、海狗、海象、海豹（图2-82）等。在中国海域发现五种，除仅斑海豹一种在渤海繁殖外，其余都是偶尔发现的漫游个体。

海牛目，全球四种，中国仅一种。体呈纺锤形。皮厚，具稀疏的刚毛。外鼻孔具瓣膜，潜水时可防水灌入。吻短，唇周围有较多硬的触须。颈短，有缢纹，颈椎六枚。无外耳壳。眼小。前肢鳍状，适于游泳。后肢缺，仅留腰带骨残余。尾鳍宽大扁平。胃两室，肠甚长。乳头一对，位于胸部。双角子宫。每胎产一仔，偶尔偶产两仔。喜群居，笨拙，行动迟缓。主食海草和其他水生植物。大部分时间潜于水下，呼吸时暂时游到水面，吻端伸出水外，呼吸间隔长。平均寿命在40岁左右。

本目共三科，其中大海牛科（Hydrodamalidea）物种体长可

图2-81　海豚

图2-82　海豹

达10米，早已灭绝。尚存儒艮科（Dugongidae）和海牛科（Trichechidae）两科。前者仅有一属一种，即儒艮（图2-83），吻向下弯，尾扁平，呈新月形，完全海栖，分布于印度洋、太平洋沿岸暖水域，在中国见于广东、广西、海南和中国台湾南部沿海。

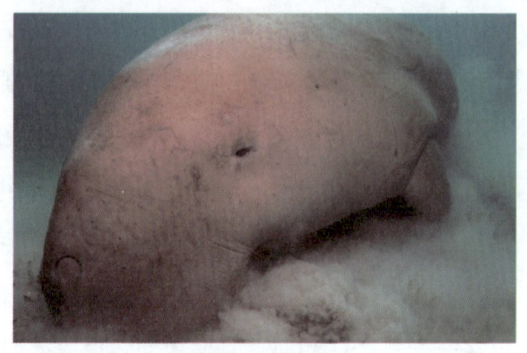

图2-83　儒艮

海牛科有一属三种，吻直，尾铲状。西非海牛产于西非，美洲海牛产于加勒比海，亚马孙海牛产于亚马孙河流域。

研究性学习建议

1. 查阅资料，调查现生爬行类的致危因素以及保护的主要途径，写成调查报告。

2. 查阅资料，走访海洋生物学家，了解青岛海域的爬行动物、鸟类、哺乳动物的常见种类及数量变化，分析造成这些变化的原因。

3. 调查某海鲜市场中海鱼的种类、价格、销售情况等，写出调查报告。

第三章 海洋生态

　　海洋生态系统是海洋中由生物群落及其环境相互作用所构成的自然系统。海洋约占地球面积的71%。海洋是生命的发源地，其中孕育着种类繁多的海洋生物，每年为人类提供大量资源。

　　海洋中几乎到处都有生物，但不同的环境下的生物群落的种类组成和结构，以及各种群数量、个体大小、形态、生理生化特性等都不同。海洋生物分布的格局是与海洋环境相互作用、协同进化的结果。

第一节 海洋生态系统概览

> **问题探讨**
>
> 1. 你有过赶海（图3-1）的经历吗？赶海前应查询哪些信息？与同学分享你赶海的趣事。
>
> 2. 在不同地方赶海的收获一样吗？在相同地方，离岸远近的收获相同吗？说一说你的观察结果。
>
> 3. 你赶海时见到的不同种生物之间有什么相互关系？

图3-1 赶海

> **本节聚焦**
>
> 海水具有哪些特殊的理化性质？
>
> 海洋生物的种间关系有哪些？

生物个体的生长发育、生殖繁衍都离不开周围的生存环境，海洋生物与栖息地环境相互作用、相互依存、相互影响。不同种类的海洋生物有各自特定的栖息环境，它们的种类和数量取决于所处栖息地的环境特征。从海水表层到深层，随着海水的深度、光照、温度、盐度和营养物质状况的不同，生物的种类、数量、活动能力等差异很大。生物与生物之间也有着错综复杂的关系，它们之间通过捕食、竞争、共生等关系相互联系。

海洋生态系统的组成

海洋生态系统与陆地生态系统相似，都是由生产者、消费者、分解者和环境等基本要素构成的（图3-2）。海洋生态系统包括不同等级的子系统，不断进行着能量流动、物质循环和信息传递。

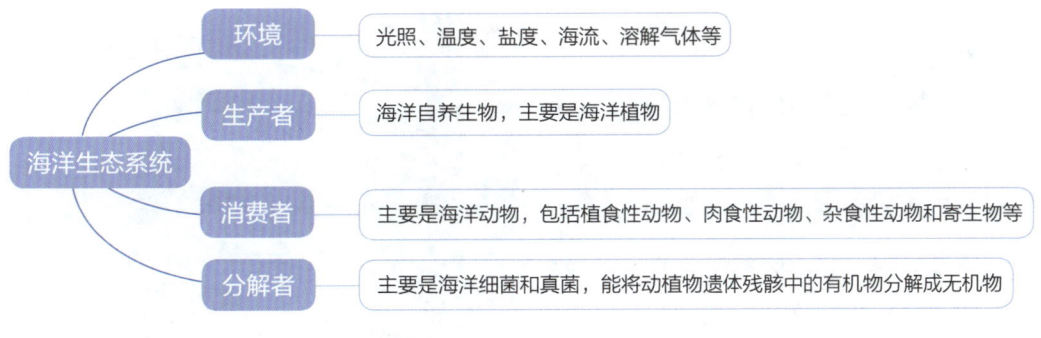

图 3-2　海洋生态系统的组成

环境中对生物生长、发育、生殖、行为和分布有直接或间接影响的各种环境要素称为生态因子（Ecological Factor）。通常生态因子包括非生物因子（或称理化因子）、生物因子及人为因子。

海水的理化性质

海洋生物生活在海水中，海水具有不同于陆地环境的理化特征，对海洋生态系统的结构与功能有着显著的影响。海洋环境的主要非生物因子包括光照、温度、盐度、海流和各种溶解气体等。

光照是海洋中最重要的生态因子之一，是海洋植物进行光合作用的能源，直接影响海洋中有机物质的产生。阳光在海洋中的分布特点和各种周期性的变化，对海洋生物的分布、体色以及行为等会产生直接或间接的影响。

海洋植物的光合作用需要阳光，海水具有较高的透明度，这对海洋生物非常重要。如果海水不是透明的，那么海洋中的光合作用就仅限于表面，将会十分有限。阳光中包含多种颜色的光，但不同颜色的光穿透海水的能力是不一样的。随着水深的增加，不同颜色的光在透射过程中逐渐被吸收，蓝紫光透射得最深，清澈的大洋主要透入的是蓝光（图 3-3）。在大约 1000 米的水深以下，即使在最清澈的海水中，蓝光也被吸收了，只剩下黑暗。

各种海洋植物（浮游植物和底栖植物）在海洋中的垂直分布均与光照条件

有着密不可分的关系，底栖植物的垂直分布受光照影响更为显著。

海洋动物的体色也表现出对光照的适应性。例如，生活在外海表层的飞鱼等的体色多为蓝色。随着水深的增加，海洋动物的体色也发生变化。

光照条件与海洋动物的行为有着极为密切的关系。例

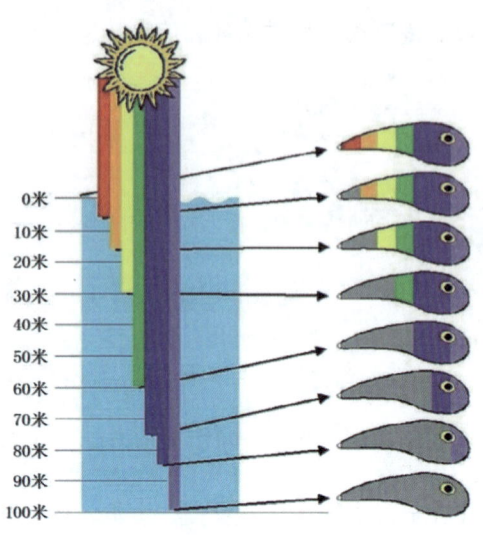

图3-3 光在海水中的透射

如，海洋动物特别是浮游动物很多具有昼夜垂直移动的现象，它们在夜晚升到表层，随着黎明的来临又重新到水深处。这种现象在许多浮游甲壳类中表现最为明显。其他浮游动物包括水母、管水母、栉水母、毛颚类、翼足类以及很多鱼类、头足类等也都有昼夜垂直移动的习性。

温度直接影响生物有机体的新陈代谢，在变温动物和植物中表现最为明显。海洋生物地理分布与海水等温线密切相关。不同生物耐受的温度范围不同，而海洋生物对温度的耐受范围比陆地或淡水生物小得多。海洋上层的生物种群可以分为暖水种、温水种和冷水种三类。温度对海洋动物的繁殖具有重要的影响，许多海洋动物只有在特定的水温条件下才会产卵。同时，生物在不同的发育阶段往往对温度条件有不同的要求。因此，有的时候海洋动物能在某一海区生活，但如果该海区不能满足繁殖和发育所要求的条件（包括适宜温度及持续的时间），则这些动物在该海区就不能完成繁殖和发育，因而有所谓生殖区和不育区之别。

盐度是指海水中所溶解的盐的总量，通常用1000克海水完全蒸发后所留存的盐的克数来表示。例如，如果1000克海水蒸发后留存35克盐，那么海水的盐度就是35。

思考·讨论

阅读和分析下面的资料,讨论相关问题,发表你的见解。

化学家威廉·迪特迈曾分析了"挑战者"号环球科学考察所取得的海水样品,发现尽管不同地点的海水总盐度有微小的变化,但海水中主要离子的比例是恒定的。例如,不论海水盐度是多少,氯离子几乎总是占总盐度的 55.03%。这一规律,被称为定比定律。表 3-1 为盐度 35 的海水的化学组成,分析表 3-1 回答问题。

回答

1. 海水中含量最多的无机盐是什么?

2. 在没有海水的条件下短时间养殖海洋生物是否可用自来水添加食盐代替?请说明理由。

3. 研究发现,某海区海水盐度的变动通常伴随着该地海洋生物种类数目的减少。二者之间有没有必然联系?

表 3-1 盐度 35 的海水的化学组成

离子	浓度 /%	占总盐度百分比 /%
氯离子(Cl^-)	1.9345	55.03
钠离子(Na^+)	1.0752	30.59
硫酸根离子(SO_4^{2-})	0.2701	7.68
镁离子(Mg^{2+})	0.1295	3.68
钙离子(Ca^{2+})	0.0416	1.18
钾离子(K^+)	0.0390	1.11
碳酸氢根离子(HCO_3^-)	0.0145	0.41
溴离子(Br^-)	0.0066	0.19
硼酸根离子($H_2BO_3^-$)	0.0027	0.08
锶离子(Sr^{2+})	0.0013	0.04
氟离子(F^-)	0.0001	0.003
其他溶解物质	< 0.0001	< 0.001

盐度主要受气候与陆地的影响,大部分海域盐度为 33～37。在淡水供应量小而气温高、蒸发强烈的海域,盐度高。海水盐度在全球的水平分布大致是中纬度地区最高,赤道带次之,两极最低。特定的封闭海区可能出现极端盐度。

例如，高温干燥的红海，蒸发量远远高于降水量，因此红海海水很咸，盐度达40。在靠近海岸的海域或内海，汇入的河流径流可能会降低海水的盐度。

水的盐度对水生生物的影响极大，即使是盐度的微小变化也会对一些生物产生伤害。大多数海洋生物不能在淡水中生存。但是，生活在河口区以及盐度容易产生波动的水域的生物已演化形成特殊的机制以适应盐度的改变。

能耐受海水盐度的剧烈变化，对于海水盐度的变化有很大的适应性的生物称为广盐性生物（Euryhaline）。生活在沿岸浅海和河口半咸水的潮间带生物都属于广盐性生物，如近江牡蛎、弹涂鱼和鲻鱼。对海水盐度变化极为敏感，只能生活在盐度稳定的环境中的生物称为狭盐性生物（Stenohaline）。深海和大洋中的生物，是典型的狭盐性生物。这类生物如被风或海流带到盐度变化大的沿岸海区、河口地带，就会很快死亡。

不同海区中动物种类的丰富度与盐度状况是相联系的。海洋中的生物以狭盐性变渗压种类为主，盐度的变动，通常伴随着物种数目的变动。

海水中最重要的溶解气体是氧气、二氧化碳和氮气。海水中的溶解氧主要来源于大气中的氧和绿色植物进行光合作用所释放出的游离氧，但这一过程仅限于一定水深。海水深层氧主要来源于水团和海流。海水中溶解氧含量范围为每升 0～8.5 毫克。即使是表层海水盐度的微小变化也会对一些生物产生伤害。与空气接触，加上浮游植物在表层的光合作用旺盛，因此，表层氧含量很高，通常处于饱和状态。在透光层下方，因缺乏光合作用的氧气补充，溶解氧含量逐渐下降。超过 1000 米水深的水层，氧含量并不随深度的增加而连续下降，而是在下降至最小值后又开始上升。极地附近的大洋下层潜流着从极区表层下沉而来的低温富氧的水团，加上大洋深层生物量较少，呼吸和分解作用的耗氧也较少，是引起最小含氧层下方溶解氧含量又上升的原因。

思考

引起透光层下方溶解氧含量逐渐下降的原因有哪些？

海洋中储存的二氧化碳超过大气中二氧化碳总量的50倍。海洋溶解的气体中80%是二氧化碳。海水中的二氧化碳主要来源于大气中二氧化碳溶入、动植物和微生物的呼吸作用、有机物质的氧化分解以及少量碳酸钙溶解。二氧化碳的消耗主要是海洋植物的光合作用,此外,一些碳酸钙的形成也消耗海水中的二氧化碳。海水中的二氧化碳系统包括四种存在形式,即游离二氧化碳、碳酸(H_2CO_3)、离子态HCO_3^-和CO_3^{2-},其总量称为总二氧化碳。可以用下式表示二氧化碳–碳酸盐体系:

$$CO_2+H_2O \rightleftharpoons H_2CO_3 \rightleftharpoons H^++HCO_3^- \rightleftharpoons 2H^++CO_3^{2-}$$

上述平衡过程控制着海水的pH,使海水具有缓冲溶液的特点。海水的pH平均为8.1左右,pH变化直接或间接地影响海洋生物的呼吸、生长、发育和繁殖。例如,海胆的卵在过度酸性或过度碱性的海水中不能发育;pH在4.8～6.2时,不发生受精作用;pH降到4.6时,海胆的卵就死亡。海水pH对鱼类的呼吸速度和代谢过程的影响也是明显的。总之,各种海洋生物都有其生长发育的最适pH,这是长期适应的结果。过高或过低的pH对其生命活动是有害的。

海水中含有大量的氮。海洋中有一些蓝细菌(图3-4)具有固氮作用,以分子态氮作为合成有机物的氮源,对某些寡营养盐海区的初级生产力有重要贡献。

海流对海洋生物最重要、最直接的影响在于海流散播和维持生物群的作用。暖流可将喜热性动物带到较高纬度

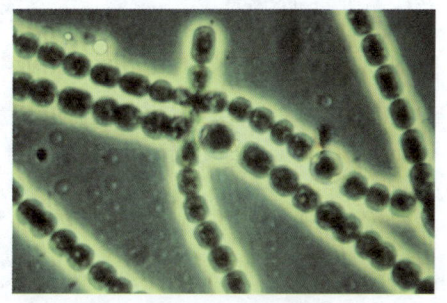

图3-4 蓝细菌

海区,而寒流则可将喜冷性动物带到较低纬度海区。在不同性质的海流里,栖息着不同种类的浮游生物,这些浮游生物可以作为海流的指示种。研究海流指示种有助于了解海流及水团的流动,尤其是判断不同性质海流的交汇锋面,对探索一个海流余脉的分布具有重要的标志作用。许多海洋无脊椎动物在其生活史中具有一个浮游生活阶段,它们能被海流带到远处而扩大分布范围,一旦条件适宜,在完成附着变态过程后就定居下来。潮流对潮间带底栖生物的生长有重要作用,如扩散生物分布,增加底栖附着动物获得食物的机会,有助于清除

其排泄物、稀释各种污染物等。

温度会对海水的密度产生显著影响，盐度也会对海水的密度产生影响：盐度越高，密度越大。因此，海水的密度是由温度和盐度共同决定的。海洋的温度变化较盐度变化明显得多，因此，从实际情况看，温度对海水密度的影响要比盐度大得多。

压强是一个会随着水深度变化而剧烈变动的因子。海水深度每增加10米，压强就增强一个大气压。一方面，气体随着压强的增大被压缩，生物体内一些充满气体的结构，如鱼鳔、气囊和肺会被压缩甚至压扁，因此许多海洋生物的生活区域受到限制，具有气囊结构的生物被从海洋深处带出来时可能会受到伤害。另一方面，装载科学仪器的潜水器和固定架必须进行特殊的抗压设计。

风不仅会产生表层流，还会掀起波浪（图3-5）。波浪的最高处称为波峰，而最低处称为波谷，在波峰下面水的运动方向是向上向前，在波谷下面运动方向则是向下向后。总体而言，波浪通过后，水质点不会移动到别的地方，而是在原来的位置进行圆周运动。波浪的能量在冲击海岸线、浪花破碎时释放出来。

图 3-5 海浪

潮汐是海水受到引潮力作用而产生的海洋水体的长周期波动现象。它在垂直方向表现为潮位升降，在水平方向表现为潮流涨落。月球、太阳的引力和地球、月球、太阳的旋转是引发潮汐的原因。潮汐因地而异，这主要取决于所处的位置以及港湾的形状和深度。大多数地方存在半日潮，也就是每天有两次高潮和两次低潮。

潮汐是影响近海海洋生物的主要因素。潮汐使滨海生物交替地暴露或浸没在海水中；潮汐驱动了海湾和河口的环流；潮汐诱导生物产卵，以多种方式影响海洋生物的生活。潮汐与人们的多种活动也有密切的关系，如船只航行和进港出港、舰艇活动，沿海地区的农业、渔业、盐业、港口建设，大地测量，海洋环境保护，等等，都必须了解潮汐变化的规律。目前海洋潮汐预报已达到相当精确的程度。

银汉鱼（图3-6）产卵时间非常准确，产卵与夜间最高潮达到最高点的时间一致，此时鱼能够到达海滩的最高位置。将近一个月后，当最高潮再次来临时，孵化的鱼苗可随潮水游走。

海洋生物的生态类群

由于不同类型的海洋生态系统的物理化学性质各异，海洋的不同部分栖息着不同的生物群落。海洋生物学家根据海洋生物的生活习性将它们分为浮游生物、游泳生物和底栖生物三大生态类群（图3-7）。

浮游生物（Plankton）是指在水层中进行浮游生活的生物。它们一般个体很小，缺乏发达的运动器官，运动能力很弱，被动地漂浮在水层中，随水流移动，如浮游细菌、浮游单细胞藻类、原

图3-6 银汉鱼

图3-7 海洋生物的生态类群
（仿Peter Castro，杨治瑾绘）

生动物、各种水母、小型甲壳类（桡足类），还有许多动物的幼虫、幼体和藻类的孢子。浮游生物是一个庞大的生态类群。它们又是许多海洋经济动物直接或间接的饵料，同时在海洋生态系统，特别是在食物链、生产力、能量流动和物质循环研究中占有重要位置。

游泳生物（Nekton）是指在水层中生活的运动能力较强的一些动物。它们的个体一般都比较大。海洋中常见的游泳动物有各种鱼类、一些爬行动物（如海龟、海蛇）、一些哺乳动物（鲸、鳍脚类）、一些无脊椎动物（甲壳类、软体类）。游泳动物多以其他动物为食物，也有一些摄食植物。这一类群生物中具有经济价值的种类非常多。

底栖生物（Benthos）是指生活在海洋基底表面或沉积物中的各种生物。由于海底环境的多样化，海洋底栖生物种类繁多，其中有多种生产者、消费者

和分解者。底栖生物的营养关系，使水层沉降的有机碎屑得以充分利用，并且促进营养物质的分解，在海洋生态系统的能量流动和物质循环中起很重要的作用。此外，很多底栖生物也是人类可直接利用的海洋生物资源。多数底栖动物长期生活在底泥中，具有区域性强、迁移能力弱等特点，规避环境污染和变化的能力弱，其群落的恢复和重建需要相对较长的时间；不同种类底栖动物对环境条件的适应性和对污染等不利因素的耐受力和敏感程度不同。根据上述特点，底栖动物的种群结构、优势种类、数量等参数可以反映水体的质量状况。

海洋生物之间的关系

海洋生物之间常会发生激烈的相互作用，种群间有许多相互作用的方式，最终影响群落组织结构。

种间竞争是不同种群之间为争夺生活空间、资源、食物等而产生的一种直接或间接抑制对方的现象。在种间竞争中常常是一方取得优势而另一方受抑制甚至被消灭。

生态需求相同的两个物种，由于具有同样的习性或生活方式不能长久共存于同一地区，一个物种比另一物种在竞争中展现出更大优势，从而使另一物种数量下降，直至被取代，称为竞争排斥（Competitive Exclusion）。竞争性强的物种有时可能受到其他因素制约。例如，它们的天敌会抑制其种群数量的增加。因此，种间竞争是一个动态平衡的过程。

如果每个物种仅利用有限的资源中的一部分，例如，利用同样食物的动物可能生活在不同的栖息地或捕食时间不同，那么种间竞争可以避免。生态学家把这种现象称为资源划分（Resource Partition）。资源划分使物种间避免相互排斥。在群落中，每个物种都有自己特殊的功能作用或称生态位（Niche）。物种的生态位是指它生活方式中的各个方面，如食物、栖息地、繁殖时间和方式、行为活动以及其他对群落产生影响的因素（图3-8）。

捕食指一种生物取食另一种生物以获得营养而维持生活的现象。前者称捕食者（Predator），后者称猎物或被捕食者（Prey）。图3-9为穿梭于褐藻丛间捕食

图3-8 珊瑚礁周围共栖的生物　　图3-9 鱼群在褐藻丛间捕食的鱼群。

捕食者和被捕食者的相互关系是很复杂的。捕食直接影响被捕食者的种群变化。捕食者的食物供给依赖于被捕食者的种群数量。如果存在太多捕食者或捕食者捕食太多，被捕食者种群数量也会减少。在这种情况下，捕食者的种群数量不久就会开始减少。捕食者捕食被捕食者，对被捕食者的种群调节起重要作用。反之，被捕食者的种群数量变化对捕食者也有影响（即食物丰歉）。

海洋中有很多可以摄食多种不同类群动物或植物的广食性动物。当一种食物变得稀少时，它们就转为捕食另一种被捕食者，这样可以阻止被捕食者密度进一步降低；反之，当一种被捕食者密度较高时，它们可能更多地捕食这种被捕食者，从而阻碍后者密度继续增加。这有助于避免被捕食者种群剧烈波动。

捕食者和被捕食者的复杂关系是在生态系统长期进化过程中形成的。在共同进化中，对捕食者来说，自然选择有利于更有效地捕食；对被捕食者来说，自然选择有利于逃避捕食。

同类相食是一种特殊捕食现象，应属于种内斗争。这种现象在海洋生物中也是常见的，如鲨鱼同类相食。

海洋生物之间除了种间竞争、捕食与被捕食关系外，不同种类间还有一些不同的组合关系。这些组合关系有的对双方无害，而更多的是对双方或其中一方有利，这些组合关系总称为共生现象（Symbiosis）。根据涉及的生物在共生关系中获益或受损状况，共生关系可分为共栖（Commensalism）关系、寄生（Parasitism）关系及互利共生（Mutualism）关系。

共栖关系是指一个物种获得栖息地、食物等且对其他物种无任何不利影响。例如，俪虾在很小时，常一雌一雄从小孔钻入一种海绵动物的网状硅质骨骼内，生活在里面既安全又能得到食物，随着俪虾长大，它们在海绵体内再也出不来，成对相伴生活，直至终老，人们把这种海绵称为偕老同穴（图3-10）。

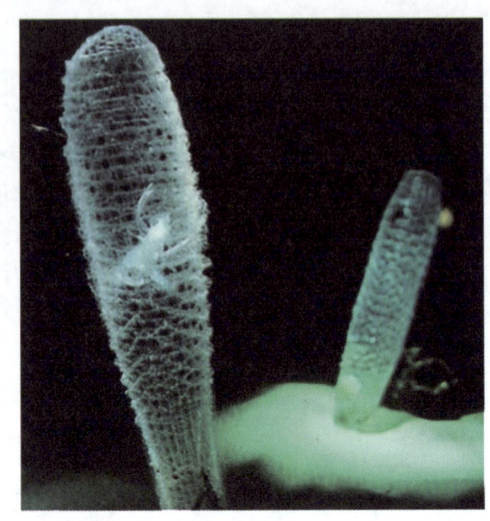

图3-10　偕老同穴

寄生关系是以牺牲寄主为代价的种间关系。海洋寄生现象非常普遍，多数海洋生物体表或体内被至少一种寄生物寄生。

互利共生关系是指生活在一起的生物双方均能从共生中获益。例如，珊瑚虫和虫黄藻之间就是一个典型的互利共生关系。微小的虫黄藻生存于珊瑚虫组织中，能增强珊瑚虫形成组织所需的碳酸钙沉淀的能力，能为珊瑚虫提供光合作用产物。反过来，虫黄藻则能从珊瑚虫获得所需的营养盐和栖息场所。

思考·讨论

阅读和分析下面的资料，讨论相关问题，发表你的见解。

海葵被人们称为"海菊花"，它们呈放射状的细长触手伸展开来，在消化腔上方摆动不止，就像一朵朵盛开的花，非常美丽。海葵有多种颜色，红的、白的、绿的、橘黄的、带斑点或条纹的以及多色的，这些色彩来自何处呢？一是本身组织中的色素，二是来自共生藻。共生藻不仅使海葵大为增色，而且也为海葵提供了营养。

海葵菊瓣似的触手在水中随波摇曳，一张一合，向那些好奇心强的小鱼频频招手。虽然海葵不能主动出击获取猎物，但是当它的触手受到刺激，哪怕是轻轻的一掠，它都能毫不留情地捉住猎物。海葵的触手长满了倒刺，这种倒刺能够刺穿猎物的肉体。它的体壁与触手均具有刺细胞，那是一种特殊的有毒器官，会分泌一种毒液，用来麻痹其他动物以自卫或摄食。看来，海葵鲜艳动人的触手对小鱼来说，其实是一种可怕的美丽陷阱。

小丑鱼体色艳丽，但艳丽的体色常给它惹来杀身之祸。在海葵的触手中含有有毒的刺细胞，这使得很多海洋动物难以接近它。但由于行动缓慢，难以主动取食，海葵经常饿肚子。长期以来，小丑鱼与海葵在生活中达成了"共识"：每天小丑鱼会带来食物与海葵共享；而当小丑鱼遇到危险时，海葵会用自己的身体把它包裹起来，保护小丑鱼（图 3–11）。

海葵除了能依附在岩礁上之外，还会依附在寄居蟹的螺壳上。当寄居蟹长大要迁入另一个较大的新螺壳时，也会把海葵移到新壳上。海葵以寄居蟹吃剩的废渣为食。由于寄居蟹喜欢在海中四处游荡，使得原本不会移动的海葵随着寄居蟹的走动扩大了自己的觅食范围。而对寄居蟹来说，海葵既可以做自己的伪装，又能借其分泌的毒液防御敌害，保护自己。

图 3–11　海葵中的小丑鱼

讨论

1. 资料中体现了生物之间的哪些关系？

2. 结合资料，分析海葵分布广泛的原因。

海洋生物之间、海洋生物与其栖息环境之间相互作用、相互影响，在长期进化中达到生态平衡。

研究性学习建议

查阅资料，搜集海洋生物间有趣的关系，制作手抄报与同学分享。

第二节　海洋生态系统的多样性

问题探讨

图 3-12 显示了多种多样的海洋生物。海洋的每一个角落都有生物的存在，从海水表层到深层，随着水的深度、光照、温度、盐度和营养物质状况的不同，生物群落的物种组成和结构，以及各种群数量、个体大小、形态、生理生化特性等都有很大差异。

图 3-12　多种多样的海洋生物

讨论

1. 你知道海洋中存在哪些生态系统类型吗？
2. 你知道哪些特殊海洋环境中存在特殊的海洋生物？
3. 不同生态系统中的海洋生物各有哪些适应环境的特征？

本节聚焦

海洋生态系统有哪些类型？

不同的海洋生态系统各有哪些特点？

不同生态系统中的海洋生物是如何适应环境的？

广义而言，整个海洋是一个大的生态系统，即在海洋中生活的生物群落同其周围环境所构成的综合自然系统。海洋生态系统如果按海区划分，一般分为海岸带生态系统、浅海生态系统、大洋区生态系统等。

海岸带生态系统

海岸带（Coast Zone）是海洋与陆地交界的狭窄过渡带。生态学上所指的海岸带包括潮上带、潮间带和潮下带三部分（图 3-13）。潮上带在特大潮或大风暴时才被海水淹没。潮间带每天有海水淹没和干露的周期，潮差大的潮间带再分为高潮带、中潮带和低潮带。潮下带是低潮线下方完全被海水淹没的海区，其下限位于 10～20 米水深处。我国在海岸带和海涂资源调查中将海岸带划分为河口岸、淤泥质岸、沙砾质岸、基岩岸、红树林岸和珊瑚礁岸六种类型。

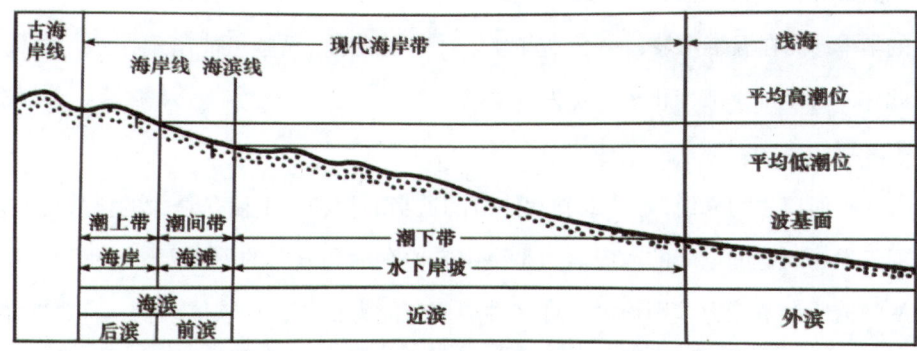

图 3-13 海岸带及其组成部分

河口岸

河口岸的沉积物主要来源于河水带来的泥质颗粒、有机质和海水带来的沙砾等，底质类型有沙地、泥滩、沙砾层等多种。河口岸、河水、海水相互作用形成河口区（图 3-14）。河口（Estuary）是海水和淡水交汇和混合的区域。河口区受潮汐作用的影响强烈，是重要的渔业捕捞场所，也是重要的水产养殖区；河口区是河水入海的"过滤器"，能截留陆源的污染物和营养物质，有助于改善水质。广义而言，河口区除了指大江大河入海区以外，还包括半封闭的沿岸海湾、盐沼、海草床和红树林等。

图 3-14 河口区

河口区的生境特征

受到潮汐和淡、咸水混合的影响，河口具有独特的物理和化学特征。

盐度是河口环境中变化最明显的环境因子。潮汐节律引起盐度的周期性变化。在河口中游段，每一个潮汐周期内，低潮时的盐度可能接近淡水，高潮时则接近海水。不过盐度的变化幅度在河口区的上游段和下游段则小得多。另外，河口沉积物中的间隙水是密度较大的海水（下沉），因此在潮汐周期内沉积物中的盐度变化远小于上覆水。河口盐度还存在季节性变化，这主要与降雨有关。在热带和亚热带海区，低盐通常出现在春、夏季的雨季，高盐出现在秋、冬季的旱季；而在温带水域，由于冰雪融化时产生淡水，低盐可能出现在冬、春季。此外，盐度的季节变化还与蒸发有关。

河口生物对环境的适应

对河口生物来说，维持细胞和体液的适当的盐和水平衡是最大的挑战之一。河口生物对盐度下降的适应能力是决定它们存活和分布的关键因子。河口生物的渗透压调节能力差别很大。许多种类调节能力很弱，如软体动物，称为变渗生物，它们对体液的稀释有很强的忍受能力，体液渗透压能随周围水的盐度发生变化。一些鱼类、甲壳类等有极强的渗透压调节能力，可在外部盐度发生很大变化的情况下维持内环境的相对稳定，称为渗透调节动物。当水的盐度低于体液时，它们通过主动运输排出过多的水分，从周围水中吸收部分溶质来补偿排水过程中失去的溶质。鲑鱼、糠虾等属于渗透调节动物。还有一些动物通过简单的行为来适应盐度下降，如躲在泥穴内，它们的分布主要取决于是否存在泥质环境，如沙蚕。一般对于潮汐节律引起的盐度短期变化，多数河口生物采取简单的忍受方式，或钻洞、闭壳，或随潮汐进出河口，以避开低盐环境。一些藻类能通过改变体内离子浓度应对盐度的变化，如绿藻中的浒苔属；一些红树和一些盐沼植物如沼草，能通过其叶子内的盐腺排除多余的盐分；一些多浆植物如海蓬子等，则积累大量的水分来稀释吸收的盐分。

河口的底质多为沙或软泥，含有较多的有机沉积物和污染物，腐生细菌易在其中繁殖，消耗掉底质中的溶解氧。如果细菌在分解有机物的过程中产生了硫化氢，则会使底质呈现黑色，并具有臭鸡蛋味。

河口大量的悬浮沉积物大大降低了水的透明度，浮游植物和底栖植物的光合作用强度随之下降。水中的颗粒物会堵塞某些滤食动物的摄食表面，甚至会引起海绵等对沉积物敏感的生物死亡。

此外，由于水浅、面积大，河口的水温变化明显，低潮时暴露的生物要面对更加剧烈的季节和每日的温度变动。

基岩岸
基岩岸的生境特征及生物对环境的适应

基岩岸一般出现在没有大量沉积物的陡峭岸边，它的一个最显著特征就是在退潮时可以看到生物有明显的带状分布现象。决定基岩岸潮间带生物分布的因素有物理因素和生物因素，如暴露在空气中的时间、捕食作用和空间竞争。

潮汐周期性的涨落导致潮间带生物周期性暴露在空气中，生物在潮间带的位置越高，它们在空气中度过的时间就越长。图3-15为退潮时基岩岸潮间带暴露出来的藤壶、石莼等海洋生物。处于潮间带最上缘的生物可能只在朔、望大潮期间被淹没，它们主要靠浪花保持湿润。相反，生活在潮间带下部的生物大部分时间都被浸没，只有很短的时间露出水面。海洋生物暴露在空气中时容易变干、失水。多数潮间带生物通过"逃跑隐藏"或"拒不开口"策略应对干燥问题。

图3-15 退潮时潮间带暴露出来的海洋生物（藤壶、石莼）

"逃跑隐藏"策略再简单不过了。当潮水退去时，生物躲到潮湿地方并等待潮水返回。基岩岸潮湿、遮阴的岩洞或石缝内常见到岸蟹、寄居蟹、螺等海岸动物挤作一团。岩石低洼处在潮水退去后仍能盛满海水，称为潮潭。潮潭是岩石海岸动物最喜欢的藏身之处。有时藏身之处由其他生物提供，如紧密聚集的贻贝能为较小的生物提供湿润环境。

利用"拒不开口"策略的生物具有某种保护性遮盖物如贝壳，贝壳关闭时可以封存水分。藤壶、贻贝等通过闭合的壳完全封闭水分；帽贝等有一个不能完全关闭的开口，它们常常将自己紧紧地固定在岩石上以封闭开口；滨螺能通过关闭厣板封住壳口。

有些潮间带生物既不利用"逃跑隐藏"策略，也不利用"拒不开口"策略，而是任由自己变干。如有些石鳖失水达到 75% 时仍能存活，某些潮间带海藻如岩藻能忍受 90% 的失水。它们的组织在涨潮时能迅速吸水变湿并恢复到原来状态。

退潮时暴露在空气中，给基岩岸海洋生物带来的问题除了干燥，还有温度和盐度的剧烈变化。科学家通过实验发现多数潮间带生物能耐受较宽的温度范围。有些热带螺类贝壳上有明显的螺肋，就像汽车散热器的散热片有助于螺散失过多的热量。经常遭受极端高温的螺颜色较淡，有助于反射太阳光而使螺保持凉爽。

潮间带的盐度受降雨的影响会发生较大的波动。低潮时的暴雨时常引起潮间带生物的大量死亡。许多种类通过闭合外壳将淡水挡在外面，这是"拒不开口"策略的另一个好处。

潮潭中的"居民"同样也面临盐度的剧烈变化。降雨会使潮潭中的海水被稀释，盐度降低；在炎热、干燥的天气，由于蒸发量大，潮潭中海水的盐度升高。生活在这里的生物通常钻到洞穴中或减少活动，以安全度过极端条件时期。

基岩岸潮间带积累的沉积物很少，多数固着的动物为滤食动物，当潮水退去时它们无法摄食。首先，它们必须在水下过滤食物。其次，低潮时它们中的许多种类为避免水分丢失"拒不开口"，这时它们无法将其过滤或泵取器官伸到闭合的壳外。基岩岸潮间带的非滤食动物有些从岩石上刮取藻类、细菌和其他食物，有些摄食海藻碎屑和其他自深水漂来的较大碎片，还有一些动物能在岩石上到处移动捕食猎物。低潮时，动物往往寻觅隐蔽处或固着在岩石上来避免水分丢失，这限制了它们寻找食物，因此一些潮间带生物难以生活在海岸的较高处。对于生活在潮间带低潮区的动物来说，一天中的大部分时间它们都被海水没过，所以有足够的摄食时间。

在涨潮时，海浪碰撞海岸时释放巨大能量。直接面对波浪冲刷的生物需要某种应对波浪冲击的方法。固着生物将自己牢牢固定在岩石上以避免被冲走。藤壶分泌"胶水"将自己牢牢地粘住；帽贝和石鳖把它们的肌肉足当作强有力的吸盘，牢固地附着在岩石上。它们往往有厚厚的壳及低矮外形以承受较大的冲击波。潮潭内常见的银虎鱼和喉盘鱼有变形腹鳍形成的吸盘。潮间带鱼类很多缺少鱼鳔，可下沉并停留在基底。岸蟹等活动频繁的动物，能在海浪到来时快速移动，寻找隐蔽所。海藻则利用它们的固着器固定在基岩上或借助柔韧性"随波逐流"。

基岩岸不同的位置，波浪的作用各有不同，生物受到波浪的影响也不一样。这种作用的结果是隐蔽和暴露区域有着明显不同的群落。宁静海湾中的海洋群落与不受保护的海岬处的群落差别很大。隐蔽缝隙内的生物往往与附近暴露岩石上的生物不同。

小提醒

石块顶部和下方往往生活着不同的生物，如果海浪将石块打翻，石块顶部的生物可能会被压碎或掩埋，藻类需要的阳光可能会被挡住，底部定居的生物突然被暴露在太阳和波浪下，还要面对捕食者的威胁。因此，被翻转石块顶部和底部的生物通常都会死亡。如果你在海边想看看石头下面有什么东西，别忘了将它们恢复原样。

生物和环境对基岩岸潮间带生物的影响

潮间带生物的分布受到环境和生物因子的共同影响。环境因子特别是干燥常决定着一种生物能在潮间带多高的潮位生活，而像竞争和捕食这类的生物因子决定其分布的下限。

科学家通过移植实验探索藤壶的分布上限。他们将一种藤壶置于挂板上生长，将挂板放在潮间带码头桩的不同高度。将挂板移到高于藤壶通常生活的高度之上时，这些藤壶很快就会死掉。对藤壶体液的测定表明它们大量失水，因此死亡的原因可能是在低潮时缺水而死。实验显示藤壶不能在超过其正常分布范围上限存活。当藤壶被移植到低于它们正常生活的潮间带潮位时，它们生活得很好。许多其他的潮间带种类包括贻贝、螺类和海藻也都是这样。有些种类被移植到它们正常分布范围下限时能够长得更快，所以它们的分布下限并非由环境所决定。既然生物能在潮间带较低处生活，为什么它们却不在那里生活呢？实验表明，其他生物如竞争者或捕食者常常决定一个种的分布下限。

在移除实验中，将一个种从一个区域移除，然后该区域与未改变的对照区进行比较。石藤壶与小藤壶之间的竞争实验是一个经典实验，后者通常生活在海岸较高的位置。

将两种藤壶幼体新定着的石块收集起来并放在不同的高度。从其中的一些石块上移除石藤壶，而另一些石块仍保持原状。在潮间带的高处，小藤壶比石藤壶存活得更好。显然它们对干燥的耐受性更好。在潮间带的较低处，将石藤壶移除时，小藤壶能长得很好；而当两种藤壶生长在一起时，石藤壶能够存活，而小藤壶却竞争不过石藤壶。较大、长得更快的石藤壶会将小藤壶压碎、底切或使其窒息。因此小藤壶的分布下限是由生物因子——竞争所决定的。

小藤壶比石藤壶能更好地耐受干燥，因而能在较高处生活。在石藤壶能存活的较低处，它们将小藤壶竞争出局。于是成体小藤壶生活在它们的竞争对手上方的狭窄地带内，在那里它们能够在浮出海水的状态下存活。

石藤壶的分布下限也是由生物因子决定的，包括捕食和竞争。蛾螺是藤壶的主要捕食者，它们用齿舌在藤壶壳上钻孔，还分泌化学物质来软化藤壶壳。如果以钢丝笼保护石藤壶免受螺类捕食，石藤壶能够在其正常分布下限以下繁盛起来，而未受保护的石藤壶则因螺类捕食遭受严重损失。

为了避免干燥，蛾螺在低潮时停止摄食或向潮间带的较低处移动。在高潮带，螺类、海星等没有足够的时间摄食石藤壶，因此石藤壶的分布下限多半是由捕食者蛾螺决定的。同小藤壶一样，石藤壶主要生存在可能干死的潮位与天敌能够得着它们的潮位之间的一条窄带内。在某些地方，藤壶的分布下限不是由蛾螺的捕食决定的，而是由贻贝的竞争决定的。

大型藻类的带状分布则与它们在空气中保持光合作用的能力有关。分布于海岸下部的种类在空气中的光合作用能力要比在水下时差；而上部和中部的种类在空气中光合作用速率可能比在水中的高（当然不是指暴露在空气中的时间可以不受限制）。适应于上部的种类其脱水速率可能较慢，使得它们能在整个潮汐期间暴露出水面时保持较高的光合作用速率。

光照及空间是藻类的重要资源，海藻经常通过过度生长遮光的方式竞争。大型藻类的带状分布也受生物因素的影响，如在澳大利亚的一些海岸，叶状海藻的向岸延伸受植食动物的限制，在没有帽贝时红藻和褐藻能生长至更高位置。

沙砾质岸

沙砾质岸是指由砾石或沙所组成的海岸。沙滩是沙砾质岸的典型代表。

沙滩的生境特征

沙滩出现在水动力较强的海岸，通常由不规则的石英颗粒、贝壳碎片组成，其粒度主要取决于波浪作用的程度。沙粒里还含有来源于陆地或海洋的各种碎屑。沙粒在波浪作用下可以移动，不利于固着和底上种类生活。

沙滩沉积物的通气性较泥滩的好，但由于微生物呼吸作用以及化学物质氧化耗氧，其含氧量也随深度增加而减少，最终出现还原层，还原层的深度取决于有机质的含量。不过，总的来说，沙滩的有机质含量比泥滩的低得多。

沙滩的温度和盐度变化没有基岩岸那样剧烈。虽然沙滩表层的温度变化会明显大于海水，但是在沙滩下方一定深度的地方全年的温度就几乎保持恒定。沙滩下方的盐度也很少受到表层的影响。

沙滩生物对环境的适应

生活在沙滩的很多生物个体很小，且隐蔽在沙粒里，大型种类也多为穴居种类，所以不易被肉眼直接观察到。因此，沙滩看起来似乎是缺乏生物栖息的环境。

沙滩的生产者主要是生活于沙粒表层的底栖硅藻、甲藻、绿藻和蓝细菌，没有光的沙层里缺少生产者。沙滩的初级生产力很低，比岩岸或泥滩的初级生产力至少低一个数量级。

沙滩的消费者主要依赖从周围水体输送来的生产者以及外来的有机碎屑以维持能量需求。

沙滩的小型动物常表现为个体小、身体延长成蠕虫状、体形侧扁以适应这一特定环境。同时，很多种类还通过强化体壁来保护身体免受沙粒损伤。例如，腹毛虫这种主要生活于沙滩的动物，身体上长有棘刺和鳞片。有的具发达的角皮或外骨骼（线虫和甲壳类）或钙化的内骨针（某些纤毛虫、海蛞蝓），有的身体具有很强的收缩能力（如有些纤毛虫、涡虫和水螅）以避免其柔软身体受到机械损伤。此外，许多沙间动物具有特殊的黏着器官，如钩、爪或上皮腺体，使身体黏着在沉积物颗粒上。

小型沙间动物有多种摄食类型，例如，介形类与猛水蚤类摄食底栖硅藻和鞭毛虫，腹毛类和线虫是食碎屑的种类，水螅和涡虫则属捕食性动物，少数一些种类（如苔藓虫和海鞘）是食悬浮物的种类。这些小型沙间动物又是大型沉积食性的小虾和幼鱼的食物。

小型沙间动物因其个体小及受限于相应的物理条件，产生的配子数量较少，繁殖力很低，许多种一次只能产几个卵，大部分种类缺少浮游幼虫阶段。但是，卵受到亲体的保护，直接孵出底栖性幼体。这有助于减少其被捕食的机会，确保种群的繁衍。

沙滩的大型动物以多毛类、双壳类和甲壳类动物占优势。潮上带、潮间带和潮下带各有不同的优势种类。沙滩潮上带主要栖息一些甲壳类动物，它们白天穴居，夜间在沙滩上摄食海藻碎屑。在沙滩的中、低潮区，软体动物中的蛤类常占优势。在低潮区，有各种类型的棘皮动物生活，包括穴居的海参和海胆，它们也是食沉积物者，此外也可见到少数海星。

红树林岸

根据海岸形态、沉积物、周围水体的盐度以及潮汐或淡水影响的差异，可将红树林（参考第二章第二节）（图3-16）划分为三种基本类型：河岸红树林、潮控红树林、内湾红树林。

红树林的生境特征

红树林分布中心的海水年平均温度为24℃～27℃，在温度较低的地区，其生物种类和数量也随之减少。我国海南岛海口的海水年平均温度为25℃左右，而厦门港年平均水温为21℃左右，后者的红树植物种数比海南岛的少。

图3-16　红树林

红树植物适合生长在细质冲积土。红树林区的土壤一般是较初生的土壤，在冲积平原和三角洲地带，土壤颗粒多数为精细颗粒，沉积物含有丰富的有机碎屑（主要是红树叶子碎屑），pH 常在 5 以下，沉积物下部形成黑色软泥。

红树林多分布于隐蔽的堆积海岸、自然发育的滩面，那里广阔而平坦，而且常沿着河口海湾、三角洲地区或沿河口延伸到内陆一段距离。红树林大部分分布在潮间带，而且主要是在中潮区以上滩面。

红树林常生长在河口内湾区，这里盐度变化很大，红树植物都不同程度具有耐盐的特性，使它们成为海岸植物的优势种。不同红树种类对盐度的耐受性使它们有相应的分带模式。

红树林受潮汐的强烈作用。这个水交换过程可以输出部分物质（包括有机碎屑、代谢废物），也可输入营养物质。在潮汐落差大的区域，红树林生长得最好。此外，鱼、虾等海洋生物也能随潮汐进出红树林区。

红树植物对环境的适应

根系的适应　在淤泥和缺氧的环境，又受到周期性潮汐的浸渍和冲击，红树植物根系产生各种生态适应（有表面根、支柱根或板状根、膝状根、气生根等），这些根系有助于红树植物的呼吸和抵抗风浪的冲击。如红树属的种类从距离地面 2 米左右处伸出气生根，向下插入泥土以支撑树干，气生根的内部有海绵状的通气组织，有呼吸的作用。假红树属种类的根在生长过程中每隔一段距离会长出地表，形成膝状根以吸收空气。白骨壤属的种类在水平根上每隔 15～30 厘米就长出一个垂直管状突起（呼吸根），一株 2～3 米高的白骨壤就有大约 1 万个呼吸根。

繁殖的适应　种子的扩散是红树植物繁殖中最关键的问题，因为种子需要忍耐水淹和高盐。大多数红树植物表现出一定程度的胎生，授粉后胚胎继续留在母株上发育（可长达几个月），直至出芽成为幼苗后才离开。这种繁殖方式是对沼泽地区的一种适应机制。

对高温、高盐的适应　红树林主要处于热带海岸，这里云量大，气温高，海水盐度也高，因而所处的是生理干旱环境。红树植物对这种生境的适应形态主要表现如下：叶片的表皮组织有厚膜（而且角质化）、厚革质等旱生结构；

叶片具高渗透压；树皮富含丹宁（抗腐蚀）；拒盐或泌盐适应。例如，有的依靠木质部有非代谢超滤作用，可以从盐水中分离出淡水；有的通过盐腺将盐分分泌到叶片之外；还有一些种类能把盐集中于枯萎的花、死皮或果实里，随着它们的掉落，体内的盐分减少。

红树林中的其他生物

红树林中的陆生生物　在红树林中常见有附生植物，如凤梨科植物和槲寄生灌木。它们不接触土壤，不用应对高盐、涝渍的压力。红树林中有大量昆虫，其中蚂蚁、白蚁和蚊子的数量特别多。许多昆虫摄食红树叶子，损伤叶片，降低光合作用量，限制红树植物的生长和繁殖。季节性出现的毛虫可对红树林造成特别严重的影响。昆虫的摄食还可限制红树植物幼苗的成功定居和生长。此外，一些陆生蟹也在红树林中取食碎屑或在低潮时以海洋生物为食。

红树林也有一些陆生脊椎动物，包括两栖类、蛇、蜥蜴、鸟类、鼠类和牛羊等，有的陆生脊椎动物还演化出很强的耐高盐水的能力。例如，吃螃蟹的海蛙有很强的渗透压调节能力，蝌蚪和成蛙都能在海水中生活。鳄鱼也会不时在红树林中出没，美洲鳄有专门的盐腺以适应高盐环境。

红树林中多样性最高的脊椎动物是鸟类，包括水禽和摄食昆虫的陆生鸟类，它们在红树林中筑巢、栖息和觅食。由于红树林生态系统空间结构的复杂性，栖息的鸟类表现出明显的生态分化现象，如两种啄木鸟分别栖息于白骨壤属和海桑属的红树上。在同一棵树上的两种食虫鸟类黄胸噪刺莺和灰缝叶莺，栖息在不同的高度，黄胸噪刺莺只在4米以下觅食，灰缝叶莺则在树冠顶部觅食。

红树林中的海洋生物　红树林落叶和残屑在潮间带滩面上分解，淤泥中也富含这些有机质残余，此外，红树林区还有很多藻类，如浒苔以及底栖硅藻，因此，红树林为多种海洋生物提供栖息地和食物来源。

绝大多数海洋生物类群都可在红树林及其周围环境中出现。其中，附着于红树植物被淹没的根上的固着动物种类特别多，因为在这种沼泽地带，这些根提供了硬质基底。在红树基部，藤壶和牡蛎具有较高的生物量，此外，海绵类和海鞘类也是常见的优势类群。

除了腹足类，红树林中能生活在水面以上的海洋生物种类较少，它们大多数摄食碎屑和附生藻类，腹足类滨螺属的种类数量最多，它们在红树林中的分布各不相同。如在巴布亚新几内亚，多彩滨螺栖息于红树的叶片上，摄食上面的附生藻类；中间拟滨螺和粗糙拟滨螺都生活在树皮上，不过粗糙拟滨螺分布在向海的树上，而中间拟滨螺则分布在淡水沟渠的树上；除泥海蜷之外，能直接摄食红树叶片的螺类很少，泥海蜷幼体以碎屑为食，而成体则直接摄食树叶，其强大的齿舌能刺穿树叶表面。

在泥滩表面和内部生活的底栖种类较多，如多毛类、端足类、蟹类、虾类。很多种类在软基质上挖掘洞穴，蟹类中常见的有招潮蟹、大眼蟹等，它们以淤泥中的碎屑为生，蝼蛄虾和海蛄虾也是挖穴种类。蟹类和虾类挖掘的洞穴既能作为逃避敌害的避难所，又能作为繁殖和捕食的场所；同时可使氧气深入底层，改善那里的缺氧状况。相手蟹属的种类有利用红树植物树叶作为食物的特殊能力，它们有消化树叶的特殊生理机制，有的种类每天都会垂直迁移到红树上摄食新鲜的树叶。

栖息于红树林中的鱼类以弹涂鱼最为重要。弹涂鱼隶属虾虎鱼类，代表的属有弹涂鱼属、大弹涂鱼属和青弹涂鱼属。它们栖息在充满水的洞穴中，退潮时出来觅食，用腹部的吸盘和臀鳍在泥滩表面"行走"，甚至可爬上红树。多数弹涂鱼是杂食动物。弹涂鱼在生理特征上已表现出对两栖生活的高度适应，但仍然必须周期性地返回洞穴。不过，它们对干燥有很强的适应能力。如广东弹涂鱼离水可存活 2.5 天；大鳍弹涂鱼 90% 的时间都是离水生活，身体失水 20% 还可存活。其他鱼类及一些虾类则随着潮汐的涨落而出现在红树林区。

红树林沼泽潮下带的底质除了富含有机质的细颗粒沉积物外，也出现一些斑块状的沙质沉积物。那里的红树林根系为附着生物（如海藻、海绵、海葵、水螅和苔藓虫）提供了栖息空间，同时这些附着生物之间也为占领基底空间进行激烈的竞争。有些海域的海草占优势，起着稳定底泥的作用。蟹类、虾类和蠕虫是常见的穴居动物，它们的活动也有利于氧气向底泥穿透。潮下带还有许多鱼类是食浮游生物的。

红树林生态系统的价值

红树林是全球海岸带最典型的海洋生境之一，具有重要的生态、社会与经济价值，尤其在固岸护堤、防治自然灾害、维持生物多样性和海岸带生态平衡、净化美化环境、发展旅游和科学研究等方面具有重要的功能。

首先，红树林形成一道缓解或抵抗风暴、海浪对海岸冲击的天然屏障，具有稳定和保护海岸的重要作用。同时，由于红树林及其根系有截留和累积沉积物的功能，可过滤陆地输入的各种有机物质和污染物，净化环境。

其次，红树林为许多海生和陆生生物提供栖息地和食物。红树林自然掉落物分解形成有机碎屑，可作为浮游生物和底栖生物的食物，直接或间接形成以红树叶片开始的碎屑食物链，支持着区域内各种生物的生存需要。红树林区的虾、蟹（如锯缘青蟹）、双壳类、腹足类以及鱼类（如河口最常见的鲻鱼、弹涂鱼）都很丰富。许多红树林的碎屑物质被输出至周围海域，提供了大量的潜在食物。

红树林还是一些海洋鱼类的重要繁育场所。科学家对伯利兹沿岸的研究证实了红树林对邻近的珊瑚礁鱼类群落的组成起十分重要的作用，红树林可为珊瑚礁鱼类幼鱼提供良好的庇护所和丰富的食物，提高幼鱼的存活率，因此，红树林附近的珊瑚礁鱼类的生物量通常较高。大西洋的大型鱼类虹彩鹦嘴鱼只在附近存在红树林条件时才能生存、繁衍。

人类活动对红树林生态系统的影响

红树林也是最容易受到人类破坏的生态系统之一。人口的快速增长、城市的扩张和不适当的海滩经济开发，导致红树林资源遭到毁坏。

在热带、亚热带区域的江河入海口及沿海岸线的海湾内，人们为了获得木材和燃料，或为了扩大耕地面积（如种植水稻），或建造养殖场而破坏红树林，很多国家的红树林沼泽已遭严重损害。

此外，污染、旅游、周边的海水养殖以及对红树林区资源动物的采捕，也是造成红树林生境退化的原因之一。人类活动造成的污染，如垃圾、生活污水、石油和工业污水、有毒废弃物等导致海洋近岸和河口的富营养化、油污和重金属毒害等多种环境污染，已成为对红树林生境的主要威胁。20世纪90年代以来，群众性滥挖滥捕，把作为游泳动物主要饵料的大型底栖动物和游泳动物从红树林区移走，导致红树林区生物种类大量减少，降低了生物多样性的维持能力和生态系统产品的供给能力。

红树林生境的丧失和退化会引起许多严重的生态后果，包括生物多样性的降低、资源减少、海岸侵蚀加剧、环境恶化、重要营养元素的生物地球化学循环受干扰和生态服务功能下降等方面。

世界红树林分布区已遭到人类的严重破坏，面积大幅度缩小，保护和恢复红树林生态系统已刻不容缓。近年来，我国对红树林的保护和恢复力度逐渐加强，红树林面积逐年增大。

珊瑚礁岸

我国的珊瑚礁岸，大致从台湾海峡南部开始，一直延伸到南海。但是完全由珊瑚及其他造礁生物所形成的珊瑚岛直到北纬16°附近的西沙群岛才出现。珊瑚礁美丽迷人、富饶多产，素有"海洋中的热带雨林"之称（图3-17）。

图3-17 珊瑚礁

珊瑚礁是在潮间带和潮下带浅海区，主要由珊瑚虫分泌碳酸钙构成珊瑚礁骨架，通过堆积、填充、胶结各种生物碎屑，逐年不断积累而形成的。并非所有的珊瑚虫都可以造礁，珊瑚礁最主要的建造者是石珊瑚目的珊瑚虫。除了石珊瑚目的珊瑚虫外，参与造礁的还有水螅虫纲中的多孔螅、八放珊瑚亚纲中的某些柳珊瑚和软珊瑚等；含钙的红藻特别是孔石藻属和绿藻的仙掌藻属对造礁也起重要作用。

珊瑚礁的生境特征

造礁珊瑚对生长环境要求很苛刻。最适宜它们生长的温度为26℃～28℃，因此，珊瑚礁主要分布于温度范围在18℃～36℃的热带海区。我国台湾、广东沿岸虽处于亚热带，但由于有强大暖流经过，也有珊瑚礁分布。海水温度过高会对珊瑚礁造成伤害，温度过高导致珊瑚虫体内的虫黄藻被驱逐，没有虫黄藻的珊瑚礁就会变白，称为珊瑚白化。高水温持续时间较长或者水温太高，会导致珊瑚的死亡。

光照条件是珊瑚生长的又一重要的限制因子，因为只有充足的光线才能使共生藻类顺利进行光合作用以及促使碳酸钙沉淀。造礁珊瑚难以忍受海水盐度偏离正常值（32～35）太多，因此，被河水冲淡的海边是没有珊瑚的。

绝大多数造礁珊瑚要求水质清洁和水流畅通的环境，因为污浊的淤泥能使珊瑚虫窒息而死，而且混浊的水也影响珊瑚虫共生藻类的光合作用。

此外，造礁珊瑚要附着在岩石基底上才能生长。

珊瑚礁的生物群落

几乎所有的造礁珊瑚都与虫黄藻共生。虫黄藻能为珊瑚虫提供食物并帮助构建碳酸钙骨架。作为回报，虫黄藻不仅仅得到栖息的场所，并且得到稳定的二氧化碳和氮、磷等营养物质的来源。珊瑚虫产生的氮和磷等大部分排泄物并没有释放到水中，相反，它们作为营养物质被虫黄藻吸收。虫黄藻通过光合作用将营养物质合成为有机物，再传递给珊瑚虫。当珊瑚虫分解利用有机物后，营养物质就释放出来，然后整个过程重新开始。营养物质的

图3-18 珊瑚礁生物群落

重复循环是珊瑚虫能够在缺乏营养的水中生长的主要原因之一。这种循环还发生在珊瑚礁生物群落（图3-18）的其他成员之间。海绵、砗磲、巨蚌等礁体的其他海洋无脊椎动物体内都有共生藻类和细菌，它们和造礁珊瑚一样，循环利用营养物质。

在珊瑚礁里生活的生物种类繁多，几乎所有门类的海洋生物都有代表种生活在珊瑚礁中各种复杂的栖息空间。目前已知的珊瑚礁物种大约有1万种，而

实际上珊瑚礁的生物种类还远不止这些，很多小型、微型的生物种类还未被发现，珊瑚礁缝隙和珊瑚枝丛间生活着的众多钻孔或穴居生物也不容易被观察到。

礁栖无脊椎动物有各种各样的生活方式，这与珊瑚礁生境多样化有关。例如，有营固着生活的（海绵类、水螅虫类、海葵类、苔藓虫类、蔓足类以及双壳类的珍珠贝、牡蛎等），有营穴居生活的（石蛏、长海胆和石笔海胆等），有隐居在珊瑚丛中、缝隙中和礁石之下的（各种海参、某些蟹类和龙虾等），还有营爬行生活（寄居蟹、部分蟹类等）、潜沙生活（笋螺）和游泳生活的（如虾蛄、各种小虾）种类。珊瑚礁生物群落有如此高的多样性也说明种间食物和空间竞争是很剧烈的，结果使各个种占据的生态位都很狭窄，每一个微生境都被适应于该特定环境的生物所占据。同时，对食物的选择也高度特化。以鱼类为例，有的是食草者，啃食海藻或海草，有的是浮游生物的滤食者，还有的是食鱼者或捕食各种底栖无脊椎动物者。这些生物通过这种食性的特化可以充分利用每一种可获得的食物资源。另外，它们还通过种间觅食活动的昼夜差异来避开竞争。

珊瑚礁的类型

根据礁体与海岸线的关系，珊瑚礁可分为岸礁、堡礁和环礁三种类型。

岸礁又称边礁、裾礁，珊瑚礁构成一个位于海面下的平台，紧靠着陆地分布，好像一条花边镶在海岸上。岸礁多分布在海岛四周。

堡礁，又称堤礁，像长堤一样，环绕在离岸更远的外围，而与海岸间隔着一个宽阔的浅海区或者隔着一个称为潟湖的水体。世界上最著名的堡礁是澳大利亚东北部长达2400千米的大堡礁。

环礁，是露出于海面、高度不大的珊瑚岛礁，外形呈花环状，中央的水体也称潟湖，湖水浅而平静，而环礁之外却是波浪滔滔的大海。

珊瑚礁的消长

珊瑚礁在被建造的同时，许多其他过程也在侵蚀石灰石。生物侵蚀指钻孔微生物（蓝细菌、藻类、真菌和微小无脊椎动物）和钻孔大生物（海绵、某些双壳类、多毛纲动物）在活珊瑚、死珊瑚和其他礁体骨架上钻孔，以及捕食动物（棘皮动物和鱼等）捕食钻孔生物和珊瑚，造成珊瑚骨骼和珊瑚礁礁体破坏，产生大量碎屑颗粒沉积。珊瑚礁的生长取决于生物建造和生物侵蚀的差值。

引起珊瑚礁退化的因素很多，主要包括人类活动和气候变化两个方面。由于人类活动影响的范围和强度不断增大，全球气候持续变暖，珊瑚礁生态系统正面临前所未有的威胁。

浅海生态系统

浅海生态系统可划分为浅海区（Neritic Zone）和大陆架（Continental Shelf）。浅海区通常指潮下带至大陆架边缘的陆架海域。大陆架是指潮间带下缘（低潮线）到海底坡度急剧增大的陆架坡折之间的海底。潮下带与浅海－陆架区间并无截然的界限。浅海－陆架区是海洋中最具生产力和经济价值的区域之一，全世界绝大部分渔业都位于该海域。由于距离海岸线近，浅海－陆架区是人类活动（航运、捕捞等）的重要海域，同时也是受到过度捕捞与巨大污染压力的水生生态系统之一。

浅海生态系统的环境特征

受波浪、潮汐和底层流的影响，近岸浅水区水体悬浮颗粒含量高，对光照有显著的削弱作用。但由于浅海区总体水深较浅，真光层在整个水体中的比例较高。

浅海区温度和盐度的变化比外海大。温度变化受大陆的影响，并与纬度有关。在盐度方面，浅海区也在不同程度上受降水和径流的影响而呈季节性变化。总的来说，这些变化的程度从近岸向外海方向逐渐减弱。

潮汐和波浪对浅水区有较大影响，是引起水体混合和沉积物移动的重要动力。在波浪引起沉积物移动的区域，波浪的作用是引起底栖动物死亡的主要原因。越远离海岸，潮汐和波浪的作用越小，海流的作用逐渐占据主导地位。浅海区的海流以沿岸流较为常见，此外，一些浅海区还受大洋流系侧支的影响。例如，中国沿岸有很多河流入海，这些大陆淡水在沿岸浅水区域与外海水混合形成明显的沿岸流。一方面，流速过高会阻碍底栖生物的有效摄食，高的剪切力还会冲刷海底及其相关生物；另一方面，水体相对静止又不利于海底的食物补充，限制底栖生物的生长。此外，海底与上覆水之间营养盐和氧气的交换也与海流密切相关。

大陆架生境的物理和生物特征受海底地质结构的显著影响，大陆架海床的底质可分为硬质底、软质底和生物礁等类型。

硬质底包括基岩、巨砾和卵石。硬质底通常出现在底层流、波浪和冰川作用等物理过程较显著的区域。硬质底为固着生物（如大型海藻、含钙的壳状藻类和各种滤食动物）提供了可靠的固定场所。

软质底（沙砾、沙和泥）是大陆架海底的主要生境类型，其分布与海底的水动力过程和地形密切相关。在避风的浅滩、峡湾以及流速低的环流区底部，随着水流和波浪作用等物理过程影响的减弱，细小的沉积物逐渐占据大陆架底部。其中，占优势的沉积物是来自陆地的沙和黏土。生物源沉积主要由动物身体的坚硬部分组成，如贝类的钙质外壳、硅藻、颗石藻和有孔虫类。海水中某些化学反应生成不溶物或沉淀物，如钙与碳的化合物以及磷酸盐与一些金属离子的化合物。沉积物不仅为生活在海底表层的生物创造了适宜的栖息场所，也为穴居生物提供了理想家园。

生物礁是一种礁体结构，或仅由造礁生物聚集而成，或通过生物、有机物和无机物共同累积而成。生物礁的形成通常以一两种造礁生物为主，这些具有造礁能力的生物包括双壳类（如牡蛎、贻贝）、多毛类（如寻毛虫）、珊瑚、苔藓虫和海绵等。许多生物礁经过年复一年的不断生长，会从海床上逐渐升起，在海洋中筑起坚固的三维结构，不仅改变了海底地貌，也影响了礁体附近的水流条件。另外，生物礁也极大地提高了生物栖息环境的复杂程度，成为许多幼鱼和甲壳类的产卵和抚育场所。

浅海生态系统的生物群落

浅海生态系统浮游藻类的主要类别是硅藻和甲藻，此外还有一些超微型的自养生物，温带地区的近岸浮游藻类的数量有明显的季节周期变化。浅海生态系统的初级生产力比大洋区的高。

浮游动物种类繁多，终生浮游动物主要是桡足类、磷虾类等甲壳动物，其他还有原生动物的有孔虫类、放射虫类和砂壳纤毛虫,软体动物的翼足类和异足类,小型水母类和栉水母,浮游性被囊类(如纽鳃樽),以及浮游多毛类和毛颚类等。季节性浮游动物是浅海区浮游动物一个重要的组分。这是由于大多数底栖生物和很多游泳生物在幼体阶段是营浮游生活的。如藤壶的腺介幼虫,腔肠动物的浮浪幼虫,软体动物的面盘幼虫、担轮幼虫以及鱼卵或仔鱼等。

浅海区的游泳生物包括鱼类、大型甲壳类、爬行类(龟、鳖)、哺乳类(鲸、海豹等)和海鸟组成的主动游泳者和海洋表层居住者。

大陆架底栖生物的种类组成和生活方式都比浮游生物和游泳生物复杂(图3-19),可分为底上生物、底内生物、底游生物。

图3-19 大陆架底栖生物群落

在水体清澈、水流强度适中的基岩表面底上生物通常十分丰富。在岩石表面,底上生物对空间的竞争十分激烈,通常占优势的为软珊瑚、海葵和海鞘等。硬质底对大型藻类尤其重要,大型海藻若固定在软质底中,则很快即被水流或波浪冲走。在水流和波浪较小的区域,一些小型藻类,如浒苔能附着在小砾石甚至双壳类的壳上。海底地势较高的岩礁和大砾石可提供各种不同的小生境。岩礁的侧面和突出部常使滤食性动物(如海绵、苔藓虫和海鞘)占优势,这些动物对水流的变化有很强的适应能力,会根据水流大小调整其摄食行为。

岩礁和砾石生境中有大量空隙、裂缝,为固着生物提供了抵御强大水流和敌害捕食的理想庇护所,水体交换也带来充足氧气。因此,许多重要的经济鱼类的幼鱼常生活在岩礁、砾石区。

水深30米以浅的沿岸沉积物由于常受到波浪的强烈扰动,底上固着生物经常缺失。在水深超过50米的内湾或掩蔽的浅水区,物理作用弱,沉积物得以沉淀、累积,底上生物也较稀少,只有少量的固着生物,主要是海葵和海鳃。随深度的增加,波浪的扰动减少,固着生物(如水螅虫、苔藓虫、摄食悬浮物的扇贝及管栖多毛类）的生物量有所提高。

底内生物的分布与波浪、水流和有机颗粒的分布密切相关。在受波浪剧烈扰动的浅水区，底内动物以活动性强的多毛类（如沙蚕）和挖掘能力强的双壳类（如斧蛤）为主。在波浪和水流等物理扰动较弱的内湾和一些较深的区域，大型穴居动物常在此生存，如甲壳类。

底内动物主要以沉积物中的细菌、单细胞藻类以及来自上覆水体和陆源的有机颗粒为食，因此，营养物质丰富的区域底内动物的丰度也较高。

底游生物具有较强的活动能力，主要是一些甲壳动物和鱼类。底层鱼类的分布与栖息地类型明显相关，岩礁和海藻场因提供隐蔽场所和较多食物，鱼类的种类较多，生物量也较高。

从食物类型看，大陆架海底的底栖动物可分为掠食动物、食腐动物、啃食动物、滤食动物及食沉积物动物。

大陆架底栖掠食动物的摄食对策表现出很高的灵活性。几乎所有的掠食动物同时也是食腐动物，即使是草食性的海胆和食悬浮物的海蛇尾等也属兼性食腐动物。一些动物属专性食腐动物，如端足类弹钩虾属的种类专性摄食甲壳类的腐肉。

啃食动物包括植食性鱼类（如鲾科和鲷科的一些鱼类）、腹足类和海胆等，它们对海藻场生物群落多样性的维持起关键作用。在低纬度海区，啃食动物以鱼类为主，而在高纬度海域则以无脊椎动物为主。啃食动物还包括以齿舌刮食的苔藓虫、软珊瑚和海绵的裸鳃类软体动物，如海蛞蝓可刮食水手珊瑚。

滤食动物（也称食悬浮物动物）和食沉积物动物从底层上方水体中滤食浮游植物和悬浮颗粒，1 克干重的动物估计每天可过滤 57 升的水。因此，滤食动物对水层—底层的耦合起重要作用，因为它们可将浮游植物和悬浮有机颗粒转化成粪团和假粪并在底层沉积。这些物质富含有机质，很快即被微生物利用，继而又被滤食动物（如蛤类）和食沉积物者动物（如心形海胆、星虫和多毛类）摄食。苔藓虫、水螅虫、海绵和海葵等也是滤食动物，一些研究表明后两者还可通过体壁吸收可溶性有机物。滤食动物的生物量与深度之间存在明显的负相关关系。

大洋区生态系统

大洋区（Oceanic Zone，图3-20）指大陆架边缘以外的水体，它与大陆架上方的水体是相连的。大洋区是海洋的主体。大陆架边缘的深度一般为200米，因此也将200米以深的水体称为深海。大洋区是地球上最大的生态区，约占地球表面积的50%。相对于近岸浅海区而言，

图3-20 大洋区

大洋区的环境是比较稳定的。人类对大洋区（特别是深海区）的了解非常有限，这是由于大洋区涵盖的水域过于巨大，使得人类对其进行探索的难度不亚于探索外层空间。

大洋区生态系统的生境特征

大部分大洋表层（Eepipelagic Zone，水深<200米）的阳光充足，浮游藻类可以在那里进行光合作用。透光层的下方是大洋最主要的部分，那里没有光线，不能进行光合作用，生物所需的能量主要来自上层水体中产生的有机物质。

大洋区在表层水和深层水之间常有温跃层存在，其厚度从几百米至上千米。在温跃层的下方，水温低、变化小，大部分深海区的水温在2℃左右。

大洋区表层溶解氧含量较高，接近饱和状态。在500～800米深出现溶解氧含量最低的水层，这主要是由于生物的呼吸消耗和缺少与富氧水交换的机会。大洋更深的水体是由北极和南极富氧表层冷水下沉而来的，加上深水区生物数量少，氧的消耗相应减少，所以含氧量增高。2000米以下水体中的溶解氧含量相对稳定，约为每升5毫克。到了深海底部，溶解氧含量又有下降，因为那里的生物栖息密度相对高一些。

海水压强随深度的增加而增加（深度每增加10米，压强增加1个大气压），大部分深海区的压强在200～600个大气压。高压会压迫鱼鳔中的气体，对生物细胞的形态和分裂、肌肉的运动以及碳酸钙沉淀等均有很大影响。另外，高

压还会抑制酶的催化作用。

海流是海水沿一定途径的大规模流动。引起海流运动的因素可以是风，也可以是热盐效应造成的海水密度分布的不均匀性。前者表现为作用于海面的风应力，后者表现为海水中的水平压强梯度力。加上地转偏向力的作用，便造成海水既有水平流动，又有垂直流动。海流对海洋中多种物理、化学、生物和地质过程，以及海洋上空的气候和天气的形成及变化，都有影响和制约的作用。

大洋区的生物组成

大洋表层中的生产者以"微微型浮游植物"占优势，在贫营养大洋区，蓝细菌是重要的自养性浮游生物。浮游动物基本上是"终生浮游生物"。

大洋表层的游泳动物实际上可以在浅海区与大洋区之间活动。大洋表层的鱼类十分丰富，可分为终生大洋表层鱼类和阶段性大洋表层鱼类。飞鱼、金枪鱼、旗鱼、翻车鱼、虎鲨等终生生活于大洋上层水体中，鲱、鲸鲨、鲑鱼等仅成鱼生活于大洋，幼体则在沿岸或进入河川。一些中层鱼类（如灯笼鱼）可在某一时间段（如夜晚）上浮进入上层水体。大洋表层的游泳动物还包括头足类中的乌贼、鱿鱼等，哺乳类中的鲸、海豹、海狮等，鸟类中的企鹅、海鸬鹚，爬行类中的海龟和海蛇等。

大洋表层是大洋区的生产层，浮游生物数量丰富，一些摄食浮游生物的种类可集群大量出现，成为远洋渔业的捕捞对象，如大西洋鲐鱼和北海鲱鱼。

大洋中层（Mesopelagic Zone，水深 200～1000 米）的浮游动物主要是大型磷虾类，它们是重要的食物链环节，常结成大群。另外还有糠虾、端足类、毛颚类、水母等。在一些较高纬度海区的冬季，由于食物短缺，一些浮游动物可沉降至大洋中层休眠，如北极哲水蚤冬季可在深达 1000 米的深水区越冬。亚北极北大西洋的飞马哲水蚤在夏季大量摄食，积累大量脂类；在夏末，生长和发育停滞，沉降至 500 米以深的深水区越冬；冬末和春初，结束休眠，上浮至表层产卵。

大洋中层游泳动物主要成员为灯笼鱼科、钻光鱼科、褶胸鱼科的鱼类、十足目甲壳类及头足类，加上磷虾，占了总生物量的 80% 以上。其中，灯笼鱼、钻光鱼及磷虾等可进行昼夜垂直移动，通常在 450 米以浅洄游。

大洋中层由于食物少，因此游泳动物多为机会型掠食者，食物类别不定，只要大小适合均可捕食，甚至同类相残。

深海区（Bathypelagic Zone）有鮟鱇、宽咽鱼、深海鳗和其他多种鱼类。生活在深海区的鱼大多栖息在大陆坡附近。一些鱼类的栖息地不局限于某一深度的区域，如一些岩鱼可在上层、中层和深海区之间垂直迁移。

水深超过4000米的深渊区（Abyssopelagic Zone）仍然有鱼类生存，如长尾鳕科鱼类。绵鳚科中的绵鳚鱼则是海底热泉系统中占统治地位的鱼类。

深海动物对环境的适应机制

对黑暗的适应 许多深海动物通过发光器发光（如灯笼鱼和星光鱼），用于发现配偶、食物和逃避捕食。有些动物有特别发达的眼睛，如灯笼鱼科的鱼类。生活在水深200～700米处的一些乌贼，两只眼睛中有一只特别发达，大眼朝上，小眼朝下。大眼可对来自上层的微弱光线产生反应，而小眼用于看自身下方黑暗背景下的其他发光生物。在更深的完全黑暗的水层，不少种类的眼睛很小或完全退化。与此相应的是体色的适应。生活于海洋中层的鱼类多呈银灰色或深暗色，无脊椎动物则多为紫红或亮红色，甲壳动物也常为红色。再深的大洋深处的动物则常是无色或白色的。这些体色都与海洋中层基本上没有光线的条件是一致的。

对食物稀少的适应 深海食物稀少，动物（特别是鱼类）常具有很大的口、尖锐的牙齿和可高度伸展的颌骨，能吞食很大的猎物。还有一些鱼类的背鳍高度延伸特化，其上的发光器官起诱饵作用以吸引它们的猎物。有的种类一次可吃大量食物。如端足类某些生物能吃下相当于自身体重75%的食物，足够一只雌性成体维持一年。

对种群稀少的适应 在深海种群稀少和黑暗条件下，有些种类的雌性个体具有"补雄"能力，即雄性个体寄生在雌性个体上，例如鮟鱇的雄性个体很小，通过嗅觉作用找到雌性个体后就寄生在雌性个体上。这种现象对种群的延续有重大的生物学意义。此外，深海鱼类由于成熟慢、生殖腺小、胚胎发育慢，多数种类一生只繁殖一次，许多种类雌雄同体。

对高压的适应 深海常年低温高压以及高的二氧化碳含量，使得钙的沉淀产生了困难，因此多数深海动物是柔软的，缺少钙质骨骼。此外，多数深海鱼类没有鳔，这样可以减少动物体和外界环境的压力差。

> **思考·讨论**
>
> 阅读和分析下面的资料，讨论相关问题，发表你的见解。
>
> ### 鲸落
>
> 死亡难免让人感到绝望。如何让死亡也变得辉煌和绚烂？鲸落就是自然给人类的答案。
>
> 在 2020 年 4 月，"探索一号"科考船的科研人员在南海发现一个约 3 米长的鲸落，这是我国科学家第一次发现该类型的生态系统。
>
> 鲸落（Whale Fall），是鲸死亡之后落入深海形成的一种生态系统。像热液、冷泉一样，对于深海生命而言，鲸落就是生命的绿洲。有数据表明，鲸落可以维持 40 多个种类、上万个生物体的生存。
>
> 鲸落生态系统可大致分为四个演化阶段：①移动清道夫阶段（Mobile-scavenger Stage）；②机会主义者阶段（Enrichment-opportunist Stage）；③化能自养阶段（Sulfophilic Stage）；④礁岩阶段（Reef Stage）。
>
> 移动清道夫阶段：在鲸尸下沉至海底过程中，盲鳗、鲨鱼、一些甲壳类生物等以鲸尸中的柔软组织为食。这一过程可以持续 4~24 个月（取决于鲸的个体大小）。期间 90% 的鲸尸将被分解。
>
> 机会主义者阶段：机会主义者（机会种）能够在短期内适应相应环境而快速繁殖。这里所说的环境，就是鲸尸、鲸骨。在这个阶段，一些无脊椎动物特别是多毛类和甲壳类动物，能够以残余鲸尸作为栖居环境，一边生活在此，又一边啃食残余鲸尸，不断改变它们自己的所在环境。
>
> 化能自养阶段：大量厌氧细菌进入鲸骨和其他组织，分解其中的脂类，使用溶解在海水中的硫酸盐作为氧化剂，产生硫化氢。化能自养细菌，例如硫化菌，则将这些硫化氢作为能量的来源，利用水中溶解氧将其氧化，获得能量。而与化能自养细菌共生的生物也因此有了能量补充。

礁岩阶段：当残余鲸落当中的有机物质被消耗殆尽后，鲸骨的矿物遗骸就会作为礁岩成为生物的聚居地。

从鲸落演化的整体过程我们可以看出，鲸落在海洋生态系统中有重要地位。

首先，最直观的是鲸落为许多海洋生物提供了食物。这些海洋生物除了无脊椎动物和鱼类，还有许多微生物。与这些微生物相比，鲸的个体大小差别巨大，因此一头鲸的死亡能够养活的海洋生物个体数量是相当可观的。

其次，鲸落为许许多多的底栖生物提供了复杂的生境。一望无际的海底平原因为鲸落的出现而产生了小规模的生境变化，这样的生境变化尤其受一些钻孔生物、附着生物的欢迎。残余鲸骨为一些底栖动物提供了庇护场所，也为它们提供了有机质来源。

再次，鲸落促进了海洋上层有机物向海洋中下层的运输。深海的生产力仅依靠化能自养细菌供给是不够的，海洋生物进食和死亡产生的碎屑，如海雪和鲸落，促进了营养物质向下运输，以供给深海的生物，也促进了化能自养细菌产生更多的能量。

最后，鲸落这一独特的生态系统促进了一些新物种的产生。例如，*Osedax frankpressi* 和 *Osedax rubiplumus* 都是仅发现于鲸骨当中的小动物（形态描述发表于 2004 年）。

鲸落里的秘密还有许多等着我们去发现。

讨论

1. 你认为鲸落是生态系统吗？说出你做出判断的原因。

2. 将鲸落比喻为深海的"绿洲"，你认为这样的比喻恰当吗？

3. 为什么说鲸落的消逝会对海洋生态系统造成影响？

研究性学习建议

1. 查阅资料并实地考察一种或几种海洋生物的栖息环境，分析它们是如何适应当前环境的。写出调查报告。

2. 查阅资料，了解深海热泉、极地等生态系统的生境特征，分析该环境中的生物是如何适应环境的，写成科普文。

探究·实践

潮间带海洋生物观察

潮间带是人类最容易接近的海洋生态系统。海滨的类型包括岩岸、沙滩、泥沙滩、泥滩和沙砾岸等,还有一些人为环境如浪坝、码头等,不同底质的潮间带常生活着不同种类的动植物。另外,潮间带的陡度、避风状况也影响生物的分布。

图 3-21 潮间带观察活动

实验目的

通过观察记录潮间带海洋生物,体会观察法在海洋生物研究中的应用;与同学交流不同生境下海洋生物的类型和数量特点,分析生物的分布与环境之间的关系;开展观察活动前设计好记录表,掌握观察记录表的设计和使用方法。

活动准备

拍照设备、青岛海滨生物检索表、自制海滨生物观察记录表。

活动时间

活动前查阅潮汐预报和天气预报,选择风和日丽且在活动时退潮幅度较大的时间。

地点选择

选择退潮时生物丰富度较高的海滩观察,注意安全第一,确保观察地点的安全性。不同类型的海滩生物种类和数量差别较大,各小组尽可能选择不同类型的海滩进行观察,并分享观察结果。

活动指导

1. 注意安全。以小组为单位进行观察记录活动,不能远离班集体单独行动。发现涨潮及时互相提醒,并迅速回到岸边。禁止嬉戏打闹。

2. 发现海洋生物及时记录、拍照,注意拍摄的清晰度。遇到不认识的生物,查阅检索表并记录下来向老师核实。

3. 保留好图像资料和记录单,以便后续交流使用。

讨论

1. 在不同类型的海滩潮间带可以观察到哪些海洋生物?它们的数量如何?

2. 你所观察到的海洋生物具有哪些适应环境的特征?

3. 分析如果把其他环境中的海洋生物带到你所观察的环境中,它们能否很好地生存、繁殖?

第四章 人类与海洋

"日月之行,若出其中;星汉灿烂,若出其里。"海洋是万物生灵共同的摇篮。破坏海洋环境,就是破坏我们赖以生存的家园。保护海洋环境,就是保护生命,也是保护我们自己。让我们携起手来,珍爱海洋、保护海洋,为你,为我,为子孙后代,保护海洋生物多样性,留住那一片碧海清波。

第一节 海洋生物技术

💬 问题探讨

海洋是地球上潜力最大的资源库，海洋生物学研究的目标归根结底是对海洋生物资源进行更好的开发和利用，造福于人类。海洋生物资源的开发，优质、高产、抗逆养殖品种的培育，海洋农牧化生产的实现，海洋药物的开发，海洋环境的改善和修复都离不开生物技术（图4-1）的发展。

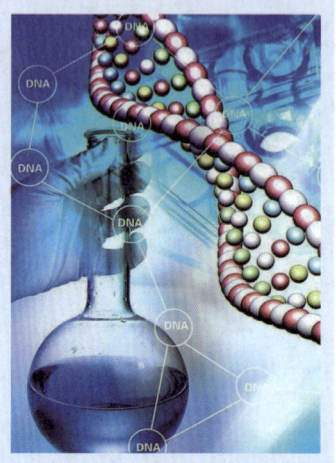

图 4-1　生物技术

讨论

1. 你了解哪些生物技术？它们是否能应用在海洋领域？
2. 说一说你对海洋生物技术的畅想。

本节聚焦

当前常用的海洋生物技术有哪些？

海洋生物技术成果有哪些？

海洋生物技术（Marine Biotechnology）是利用海洋生物或其组成部分生产有用的生物产品的技术，它是海洋生物学与生物技术相结合的产物。按照海洋生物技术研究的方向和应用领域，海洋生物技术可以分为海洋动植物养殖生物技术、海洋天然产物生物技术和海洋环境生物技术三方面，而其采用的核心技术主要有海洋生物基因工程、海洋生物细胞工程、海洋生物化学工程等技术手段。

海洋生物基因工程

基因工程技术也叫转基因技术，是现代生物技术中的核心技术之一，它是将生物的遗传物质DNA按人们设计的方案重新组合，并在受体细胞中复制、表达和遗传，使受体细胞或生物表现出新的性状，或产生人们所期望的表达产物的生物技术。图4-2为基因工程中利用移液器进行移液操作。

海洋生物基因工程的基本原理与其他生物的基因工程一样，也是在体外将不同来源的DNA进行剪切和重组，形成重组DNA分子，然后将之导入受体细胞，使其扩增表达，从而使受体细胞获得新的遗传特性，形成新的基因产物。一般海洋生物基因工程包括三个基本的步骤：

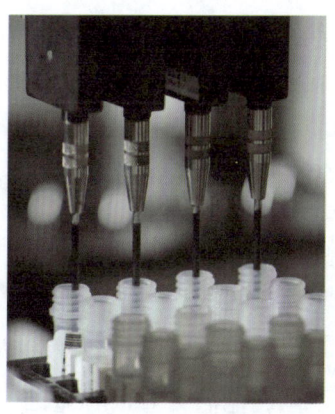

图4-2 基因工程移液操作

①从合适材料分离或制备目的基因或DNA片段；②目的基因或DNA片段与载体连接形成重组DNA分子；③将重组DNA分子引入受体细胞，在其中扩增和表达。

基因工程的第一步是获得目的基因，这是基因工程的前提和核心。获取目的基因的主要途径：从构建的基因文库中调取和筛选目的基因，通过化学方法合成已知核苷酸序列的目的基因以及通过逆转录酶以mRNA为模板合成目的基因，等等。根据研究目的选择目的基因，如与生长有关的生长素基因、与抗逆有关的抗冻基因等。

基因工程的第二步是构建基因的表达载体。这是外源目的基因能整合到受体细胞的基因组中并能在整合后在受体基因组的调控下有效地转录和翻译的关键。目前海洋微生物所用的载体主要为质粒，海洋植物的载体有嗜藻病毒等，海洋动物则一般是通过将外源基因及其调控序列（启动子和增强子）导入动物的卵细胞或者胚胎中直接发育形成转基因生物。

基因工程的第三步是将目的基因导入受体细胞。目前海洋生物的基因导入方法主要有显微注射法、电穿孔法、基因枪法、精子载体法及天然转化法等。

外源基因导入后有的随即发生降解，有的滞留于细胞质，有的有效进入细胞核内。进入细胞核的或随即降解丢失，或游离存在于核内，或整合于宿主染色体。整合又有随机整合和有效整合于特定位置。外源基因的整合率，因生物的种类和操作人员不同，一般从1%～50%不等。为了确定外源基因导入海洋生物细胞后能否整合到受体基因组中以及是否表达,还需要对转基因后的子代或成体进行检测常从以下三个水平进行检测：DNA 水平、转录水平和翻译水平。

"超级鱼"的转基因培育

受"超级小鼠"的启发,我国学者朱作言等科学家于 1984 年将含人生长激素(hGH)基因片段的重组质粒注射到金鱼受精卵中,培育出世界上第一尾转基因鱼,并在注射后 50 天时检测到外源基因已经整合到金鱼的基因组中。随后,他们又将 hGH 基因注射到泥鳅受精卵中,得到比对照个体大 3.0~4.6 倍的转基因泥鳅。在这一结果的影响下,培育"超级鱼"的工作在世界各有关实验室纷纷开展起来。科学家将美洲大绵鳚抗冻蛋白基因启动子与鲑鱼生长激素 cDNA 拼接的重组体注射到鲑鱼卵内,得到比对照个体增大 4~6 倍的转基因鲑鱼。经过 25 年审核,2017 年,转基因三文鱼在北美上市。另外,转基因技术还被用于抗冻转基因鱼的培育中,成功获得遗传稳定的转基因鲑鱼品系。

功能海洋藻类的转基因培育

世界各国都在围绕构建新品种、降解污染物、生产特定产品、进行工程制药等应用目标,进行海洋藻类方面的转基因工作。在基因工程制药方面,利用藻类作为宿主具有独特的优势。目前的基因重组多肽药物主要以大肠杆菌为宿主进行生产,但大肠杆菌作为生产药物的表达宿主,有一些较难克服的缺点,如它含有毒蛋白,容易产生热源,纯化工艺复杂,较易污染。而藻类自身不含毒蛋白,生长只需阳光、空气和无机盐。同时藻类细胞中还含有丰富的 β-胡萝卜素及藻胆蛋白,具有抗癌效应,有望增强一些多肽药物的抗肿瘤作用,如能制成可口服的转基因藻类抗癌物,其应用前景不可估量。

转基因蓝细菌的培育

1998 年我国科学家把 α 型人肿瘤坏死因子克隆到鱼腥藻中表达成功,首次把细胞因子导入蓝细菌,为基因工程重组细胞因子药物找到一个全新的宿主表达系统。利用基因工程蓝细菌杀灭蚊子幼虫的研究有许多报道。用某种转基因蓝细菌饲喂蚊子幼虫,可立即杀死它们。有学者成功地在模型生物——组囊藻中表达了芽孢杆菌杀蚊幼虫毒素基因,建立了杀蚊幼虫毒素工程蓝细菌的模型。杀蚊幼虫毒素工程鱼腥藻已经具有生产应用价值。同时基因工程蓝细菌还可用于环境污染的治理,我国科学家将人工合成的人肝金属硫蛋白转入鱼腥藻,得到了能耐受重金属铜的转人肝基因鱼腥藻,使它能在清除水域中重金属污染方面发挥重要作用。另外,螺旋藻的大面积养殖已经在全世界范围内开展,我国和日本合作,培育出抗寒螺旋藻品系,并向螺旋藻中引入分解污染物的外源基因,用以处理工业废水。

转基因超级细菌的培育

利用基因工程技术提高微生物净化环境的能力,是现代生物技术在环境治理领域的重要应用。这一技术通过筛选并克隆高效基因,提高某些微生物体内具有特殊转换或降解功能的酶水平。利用分子克隆技术把多种污染物的降解基因克隆到某一菌株中,构建成新的超级工程菌,大大加速环境治理进程。目前,基因工程在此领域内的应用已朝着构建能够降解特殊化合物的微生物方向迈进。例如,自然菌种要用一年多的时间才能降解掉的石油成分,而超级细菌在几小时内即可降解掉,大大缩短了石油降解所需的时间。

科学思维

评述海洋生物基因转移技术的基本方法和优缺点,结合已有范例评价其在海洋生物开发和改造中的应用前景。

海洋生物细胞工程

细胞工程是现代生物工程技术的重要组成部分,是细胞水平上的生物工程(图4-3)。细胞工程能使不同种细胞的基因或基因组用人工方法重组到杂交细胞中,或者使基因或基因组由一种细胞转移到另一种细胞中,使跨种的转移成为可能。所使用的技术主要是细胞培养和细胞融合。细胞工程技术也被广泛运用于海洋

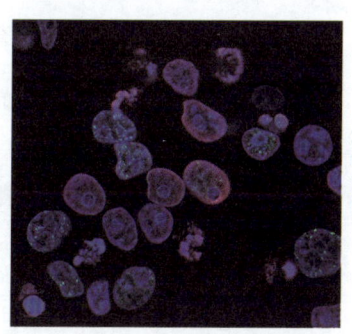

图4-3 细胞工程

生物，作为海洋生物学研究的重要技术手段，广泛运用于海洋鱼类、虾类、蟹类、贝类及藻类的遗传工程中。

目前，海洋生物的细胞培养在海洋微生物、动物和藻类上都取得了重要进展。

海洋微生物的细胞培养技术相对成熟，培养程序与陆地微生物相仿，但海洋微生物更难培养，其原因可能与人工的富营养条件和部分微生物生长条件苛刻等有关。针对这些问题也开发了一些专门的海洋微生物培养技术，如寡营养培养法、微包埋培养法。

组织培养技术是海藻细胞工程中的基本技术。海藻的组织培养发展较快，许多海藻如石花菜、羊栖菜和紫菜等组织培养研究已面向实际应用，迄今已经通过组织和细胞培养在海带和紫菜等重要的经济海藻上培育出了再生植株。

海洋动物细胞培养一般包含细胞的分离、细胞悬液的制备和细胞的传代培养。动物细胞的分离可以采用酶解法、离体灌流法和组织培养法等。培养过程应注意培养条件的优化，因为培养基的种类、pH、渗透压、离子浓度、培养温度等均对细胞的培养结果有很大的影响。

人工培养海洋生物细胞是培育海洋生物新品种的重要方法，是生产海洋药物及其他有用产品的重要手段。病毒的培养是细胞培养的重要应用领域，病毒不能离开活细胞而单独存活。若需要对病毒进行研究，必须首先建立细胞系，让其在细胞中复制，我们可以在这种活的"病毒库"中对病毒的结构、成分、感染机制及治疗药物进行研究和开发。细胞培养还可以用于药物的筛选和昂贵海洋药物的开发上，不少海洋动物能合成抗癌、抗病毒、抗心血管病的药物。例如，已经从柳珊瑚、软珊瑚、苔藓虫、海兔、海鞘中发现抗癌物质，在柳珊瑚和海绵中发现广谱抗生素，若能查明这些海洋生物的哪类细胞能合成药物，便有可能用细胞培养法来生产药物。近年来，藻类的细胞培养已经开始用于大量的功能成分和药物的开发，生物反应器便是其中成功的一例，它在人工条件下对藻类细胞进行大规模高密度培养，可从中提取大量的藻类功能产品。另外，细胞培养还在海洋生物的种质保存、干细胞系的建立等方面有重要的作用。随着海洋生物细胞培养技术的进步，细胞培养将在越来越多的领域发挥重要的功能。

细胞融合是应用经紫外线灭活的病毒（如仙台病毒）或以聚乙二醇和溶血

磷脂酰胆碱处理体外培养细胞，使其细胞膜发生改变，导致细胞互相合并而成多核体。细胞融合可以使亲缘关系很远的两个细胞融合在一起形成杂种细胞，并最终发育成杂种生物。近年来，人类在海洋微藻中发现了有重要价值的天然产物。如在螺旋藻中含有大量的藻蓝蛋白，可以广泛运用于营养食品和化妆品生产中；在盐藻中有大量的甘油、β-胡萝卜素类物质及藻黄素。这些天然产物的保健和药用价值远高于人工合成品，人们正在致力于这些天然产物的应用开发研究，以生产出更多有用的产品。

海洋生物化学工程

生物化学工程是一个多学科交叉的领域，它是生物技术的一个分支，也是化学工程的主要前沿领域之一。其主要任务是利用生物化学的主要手段将生命物质或系统转化为实际的产品、过程或系统，以满足社会需要。

当前生物化学工程的研究内容包括生化反应工程——反应器，生化分离工程——分离提纯技术与设备，生化控制工程——生物传感器、测量与控制，等等。

海洋生物化学工程就是将生物化学的原理和技术运用到海洋生物中，并将海洋生命物质或系统转化为实际产品或系统，以满足人类需要的技术。从当前该技术在海洋生物中的研究领域和范畴来看，海洋生物化学技术主要包括海洋生物活性物质和化学加工技术、海洋生物固定化酶（固定化细胞）技术和海洋生物反应器技术等。

海洋生物活性物质提取和化学加工技术

海洋生物活性物质是指海洋生物体内含量较少，但具有重要功能的天然化合物。海洋中的生物种类繁多，资源丰富，生物体内蕴藏着大量的活性物质。这些活性物质按其功能来分，主要包括海洋生物毒素、生物活性物质、生物功能产物及生物信息物质等。近年来，越来越多的海洋生物活性物质在众多的海洋生物中被发现。例如，在海洋植物和动物中发现了海洋多糖，在海洋藻类中发现了海藻蛋白，在海洋微藻中发现了胡萝卜素和虾青素，在海洋鱼类和软体动物中发现了活性毒素，等等。因此，如何提取和利用这些活性物质成为当前海洋生物开发和综合利用急需解决的问题。

海洋生物活性物质的提取

海洋生物活性物质提取技术就是从海洋生物中获取具有生物活性的天然有机化合物的技术，如从海洋藻类中提取藻多糖，从某些海洋软体动物中提取毒素等。首先通过筛选，获知某些生物或某些生物的某些组织部位中含有所需要的活性成分，或发现某些生物的粗提组分中含有明显的活性成分，则需要进行进一步的分离纯化。分离纯化应尽可能在温和的条件下进行，避免高温、曝光以及酸碱等条件。分离纯化方法有溶剂萃取法、水蒸气蒸馏法、分馏法、吸附法、沉淀法、盐析法、透析法和升华法等经典方法，还有离心分离法、电泳法、层析法等。随着科学技术的发展，高压液相色谱、气相色谱等现代分离分析技术在生物活性物质研究中得到越来越广泛的应用，大大加速了分离纯化的速度，提高了分离纯化的水平。近年来一批新型、高效节能的分离技术的开发应用，为海洋生物活性物质的分离、提取和工业化生产提供了新的有力的手段。

海洋生物活性物质的化学加工

海洋生物活性物质化学加工是指利用化学方法对提取到的海洋生物制品进行加工、改造，生产出新的生物制品的技术，如甲壳素的衍生和改造技术。化学加工技术的应用主要体现在海洋功能食品和保健品的加工、海洋生物药物制备、海洋生物材料研制和海洋生物肥料开发等方面。

说一说

你见到过哪些由海洋生物活性物质制成的产品？

海洋生物固定化酶技术

固定化酶技术是将酶固定于不溶性载体，使其进行特有和活跃的催化作用，并可回收及长时间重复使用。与游离酶相比，海洋生物固定化酶在保持其高效、专一及温和的酶催化反应特性的同时，又克服了游离酶的不足，呈现出储存稳定性高、分离回收容易、可多次重复使用、操作连续可控、工艺简便等一系列优点。固定化细胞则是将含有完整酶系统的整个细胞固定于不溶性载体，作为复杂前反应的生物催化剂，主要用于微生物细胞固定。目前，生物固定化酶技术已经被广泛运用于工业、农业、医药、环保等各个领域。海洋生物体内有复杂的酶系统，可以用于催化和生产大量有用的产品，因此在当前海洋生物的研究和综合开发中占有一席之地。

酶的固定化方法很多，传统的方法大致可分为四大类：吸附法、交联法、共价键结合法和包埋法。

固定化酶技术具有高效性和可操作性等优点，在海洋生物方面的应用日益增多。目前，该技术已被广泛运用于海洋生物产品的制备和海洋环境保护等方面。

近年来，将含有完整酶系统的整个细胞进行固定，利用其中的酶系统进行工作的技术，即固定化细胞技术也开始发展起来，其原理和固定方式与固定化酶技术相似，也有吸附法、交联法、共价键结合法和包埋法四种方式。固定化细胞技术同样在生物产品的制备和环境污染物的处理等方面发挥了巨大的作用。例如，利用褐藻酸钙包埋固定普通小球藻，对人工配置的含汞污水进行净化实验，结果表明：固定藻对汞的去除明显高于悬浮藻；用固定化小球藻富集污水中的钴、锌、锰等金属，取得了良好的去除效果。

海洋生物反应器技术

海洋生物反应器技术是指利用海洋生物自身的生化反应机制，生产目的产品的技术。在生物反应器中，通过生物体及酶系统，可以迅速将添加的廉价原料转变为高价值的目的产物。目前生物反应器的类型较多，其中应用比较多的有动物细胞悬浮培养生物反应器、动物细胞贴壁培养反应器、动物细胞载体悬浮培养反应器、微生物反应器、遗传重组细菌反应器、植物细胞反应器及光合作用生物反应器等。随着我国生物反应器工程的不断发展以及海洋生物技术的不断进步，相信用生物反应器批量生产海洋活性物质和海洋药物将不再遥远。

当前海洋生物化学技术已被广泛运用于海洋生物产品的研究和开发中。功能食品和保健品的开发，海洋药物的制备，海洋新材料、新能源的开发无不渗透着海洋生物化学技术的痕迹。海洋生物化学技术已成为海洋生物研究和开发中最活跃、运用最广泛的海洋生物技术之一。

研究性学习建议

1. 查阅资料并结合所学内容,评价海洋生物技术在生态环境保护方面的潜力。

2. 调查生活中的海洋生物技术产品,结合人们的需求和海洋生物技术,设计一款海洋生物技术产品。

第二节　海水养殖

问题探讨

一座座搭载了 5G 通信基站的现代化海洋牧场平台出现在海上，如图 4-4。在 5G 技术的助力下，这些平台可以获取养殖环境的信息，精准投放饵料，在深海实现科学自动化养殖，不仅可以缓解传统近海养殖设备给我国近岸和内湾带来的环境压力，还可以减少养殖病害，提高产品的质量和产量。

图 4-4　海上牧场平台

讨论

1. 说一说你所了解的海水养殖。
2. 近海养殖给环境带来哪些压力？

本节聚焦

海水养殖有哪些类型？

我国的贝类、鱼类、对虾、海藻养殖经历了怎样的发展历史？

　　海水养殖是指利用滩涂、浅海水域，采取人工措施，促进放养的海产动植物繁殖生长，培育出预期规格产品的生产活动。13 世纪中叶，意大利开始养殖从海上溯河的鳗鲡。中国明代有养殖鲻鱼的记载，明代成化年间（1465～1487）已"插竹养蚝"。17 世纪，日本利用插枝附自然孢子养殖紫菜。1842 年，法国雷米（T. Remy）在拉布莱塞，向河中放流大量人工孵化的鳟稚鱼，这大概是最早的放流试验。

　　20 世纪 70 年代以来，200 海里专属经济区的提出，加上传统渔业资源明显衰退、人口增长、海产品需求增加和价格等因素的影响，促进了世界海水养殖业的迅猛发展。特别是 20 世纪 80 年代以来，上百种鱼、虾、贝、藻的人工育苗技术、移植驯化技术、完全养殖技术试验成功，以及适用于外海、深水的大型或抗风浪浮筏和网箱的研制（图 4-5 为大型网箱养殖），养殖、育苗环境的全人工控制和自动监测，增养殖场、肥育场、孵化场工程技术的开发，计算机、遥控、电子技术以及生物技术在海水养殖上的应用等均有了重大进展。这些技术进步的成果，为海水养殖的产量增长和资源培育管理型渔业的开发提供了技术基础。

我国浅海滩涂辽阔，现有理论基准面以上海涂面积为 200 万公顷，基准面以下至水深 15 米水域 0.12 亿公顷，有众多江河入海，水质肥沃，饵料生物资源丰富，为这个地带的海洋生物提供了繁殖和生长条件。我国海水养殖历史悠久，早在汉代之前，就进行牡蛎养殖，宋代发明了养殖珍珠法。珍珠贝养殖始于中国，合浦、北海、东兴被誉为"珍珠故乡"，而湛江则被誉为"南珠的故乡"。我国是世界上海水养殖发达的国家之一，养殖面积和总产量均居世界首位。

海水养殖根据养殖的品种，可以分为鱼类养殖、虾类养殖、贝类养殖、棘皮动物养殖、藻类养殖和海珍品养殖等。根据养殖方式分类，可分为浅海筏式养殖（如海带、裙带菜、紫菜、扇贝、牡蛎、贻贝、海胆的养殖，图 4-6 为浅海筏式养殖海带）、网箱养殖（如各种海水鱼类养殖）、池塘养殖（如对虾、刺参、鱼类、蟹类、贝类的养殖）、滩涂养殖（如贝类的养殖）以及室内工厂化养殖（如牙鲆、大菱鲆、鲍、海参等的养殖）等等。从养殖模式来看，既有单品种养殖，又有数种养殖生物相互组合搭配的混合养殖。如今，从沿海滩涂

图 4-5　网箱养殖

图 4-6　浅海筏式养殖海带

直至水深 40 米的浅海，海水养殖活动都在生机勃勃地开展，已形成了多种模式并举、因地制宜、立体开发利用的海水养殖格局。海水养殖业逐渐朝着多品种、多模式、工厂化、集约化的方向发展。"耕海牧鱼""海洋牧场"等的设想正在逐步变为现实。

贝类养殖

贝类养殖在我国具有比较悠久的历史和良好的科研与产业基础，是我国传统的海水养殖项目之一。早期的养殖技术主要是依赖于生产经验的积累，养殖活动的范围大多仅局限于潮间带，如在东南沿海地区采用投石、插竹和插条石等方式养殖近江牡蛎和褶牡蛎，在平整滩涂养殖文蛤、缢蛏、泥蚶等。

自 20 世纪 50 年代起，我国水产科技工作者就对缢蛏的繁殖习性及幼贝变态附着与环境的关系等方面进行了长期的观察与研究，及时发布采苗期预报，指导渔民进行附苗前的生产准备，为缢蛏半人工采苗提供了科学依据。此外，在牡蛎的采苗期预报方面也取得了良好的成果。

20 世纪 70 年代，突破了贻贝生产性育苗技术，并建立了一套完整的人工育苗与养殖技术体系；之后，又解决了贻贝的半人工采苗技术。贻贝养殖曾一度发展成为我国海水养殖的支柱产业之一。

扇贝是继贻贝之后我国重点研究开发的又一个重要贝类养殖种类。20 世纪 70 年代末至 80 年代初，栉孔扇贝、华贵栉孔扇贝人工苗种先后在大连、广东培育成功；我国还从国外引进虾夷扇贝、海湾扇贝等苗种，并突破了一系列技术难题，建立了比较完整的工厂化育苗及全人工养殖技术体系，在全国进行技术推广。扇贝养殖成为我国海水贝类养殖的重要支柱产业之一。我国的栉孔扇贝、海湾扇贝、华贵栉孔扇贝和虾夷扇贝最高年产量接近百万吨。

此外，我国在菲律宾蛤仔、皱纹盘鲍、九孔鲍、牡蛎、蚶、缢蛏等多种经济贝类的人工育苗及增养殖技术研究方面也相继取得突破性进展，并很快产业化，使我国的海水贝类养殖不断迈上一个又一个新台阶。

海水鱼类养殖

我国的海水鱼类养殖技术研究始于 20 世纪 50 年代，到 60 年代初，梭鱼繁殖孵化取得成功。进入 20 世纪 90 年代以来，中国水产科学研究院黄海水产研究所在国内首先突破了红鳍东方鲀工厂化育苗的技术关键，同时还攻克了真鲷工厂化育苗难关。毛兴华等于 1991 年引进美国红鱼，雷霁霖等于 1992 年从英国引进大菱鲆，经过几年的研究和探索，掌握了从亲鱼的促熟、产卵、受精、孵化到幼鱼培育的全套技术。

至今，我国已先后开展了真鲷、黑鲷、黄鳍鲷、黄盖鲽、红鳍东方鲀、假睛东方鲀、牙鲆、石首鱼、带鱼、颌针鱼、斑鳎、青鳞鱼、许氏平鲉、罗非鱼、大黄鱼、黄姑鱼、尖牙鲈、花鲈等多种经济鱼类的人工繁殖及养殖技术研究，取得了大量科学资料，为推动我国海水鱼养殖产业的发展做出了重要贡献。

此外，海水抗风浪网箱技术也取得了长足发展，为海水鱼养殖及深海区开发利用提供了技术支撑，也推动了我国海水鱼养殖产业的发展。

对虾养殖

我国科技工作者早在 20 世纪 50 年代就开展了中国对虾的繁殖和发育的研究。1959 年，在天津塘沽的土池中首次获得了人工培育的虾苗并养殖成功。到 1978 年，我国的对虾养殖业已形成规模。1980 年，国家下达攻关项目"对虾工厂化育苗技术的研究"，经协作攻关，研究出一整套高效、稳定的对虾工厂化全人工育苗技术。我国养虾业由主要依靠天然苗进行小规模半人工养殖进入大规模全人工养殖时期，极大地促进了我国对虾养殖产业的发展。1988～1992 年，我国对虾养殖进入鼎盛时期，年产量稳定在 20 万吨上下，连续几年保持世界领先地位；但是，从 1993 年开始的暴发性流行病从南到北袭击了整个养虾业，养殖虾产量急剧下降。此后，由于日本对虾、凡纳滨对虾大规模养殖成功，对虾年产量逐年恢复，2009 年全国养殖虾产量达 100 万吨左右，绝大部分来自凡纳滨对虾养殖。另外，长毛对虾、墨吉对虾、斑节对虾等种类在我国也有养殖。

我国的对虾养殖大多都采用半精养模式，但近年来高产精养模式的比例稳步增长。除进行对虾单养以外，很多地方还开展了混合养殖，如虾－鱼混养、虾－贝混养、虾－藻混养。我国对虾养殖业的发展方向，逐步从主要追求利润的纯效益型向经济效益、社会效益及生态效益相结合的综合效益型转变。

藻类养殖

我国自20世纪50年代创立发展了海藻产业以来，现已成为全球海藻产业第一大国。目前，我国已形成辽宁、山东、江苏、浙江、福建、广东、海南沿海连线的经济海洋藻类产业带，并形成以山东、江苏和福建为代表的产业中心。近年来，养殖海带、紫菜等海藻的经济效益和生态效益明显提高，沿海群众养殖经济海藻的积极性很高。

养殖种类主要有海带、条斑紫菜、坛紫菜、裙带菜、龙须菜、细基江蓠繁枝变种、麒麟菜、石花菜、红毛菜、羊栖菜、铜藻、鼠尾藻等。我国紫菜干品产量仅次于日本、韩国，成为世界第三生产大国；我国海带养殖年产量可达50万吨（鲜品），占世界海藻产量的二分之一左右。

此外，部分地区的海参、鲍鱼、海胆等海产品的养殖比较热门，增加了渔民的收入。

纵观我国海水养殖发展进程，大致每10年就有一个新的飞跃。此外，海水养殖业的发展还带动了加工、运输、销售以及饮料生产等多种相关产业的发展。养殖业创造的就业机会和产生的经济效益对推动整个沿海地区社会、经济发展起到了极大的作用。科技兴海，科技兴渔，已成为沿海各省市发展经济的共识。

研究性学习建议

1. 走访附近的海水养殖场和水产研究所的工作人员，了解青岛市的水产养殖历史和现状。写出研究报告，与同学交流。

2. 查阅资料，了解海水养殖面临的问题，并针对某一问题提出你的解决思路。

第三节　人类与海洋的关系

问题探讨

海洋（图4-7）是生命的摇篮、资源的宝库和气候的调节器。然而，"在人类的压力之下，海洋生态开始出现了裂缝。如果进一步持续下去，海洋就会过度酸化，温度过高，海平面过高，而且会有更多的风暴"。

图4-7　海洋

讨论

1. 为什么说海洋是资源的宝库？
2. 人类活动给海洋带来哪些问题？

本节聚焦

人类对海洋生物资源的利用方式有哪些？

人类活动对海洋生态系统产生了哪些不利影响？

海洋是人类赖以生存的食物、药物、材料和能源的宝库。海洋面积约为3.6亿平方千米，海洋中有着大量的海洋生物，在生态平衡不被破坏的情况下，海洋每年可提供3×10^9吨水产品。海洋生物资源的开发利用越来越受到重视。近年来，海洋药学有了很大发展，从海洋生物中萃取药物或以海洋生物的化学结构为模式合成药物已实现工业规模生产。海洋药用生物资源正越来越被认为是区别于海洋渔业资源的一种新的海洋生物资源类型。

人类对海洋生物资源的利用

海洋生物资源指海洋中能自行增殖、更新的具有经济价值的生物。其中，数量最多、可被利用并已被利用量最大的是海洋渔业资源。海洋渔业资源或海洋水产资源的主要特点是通过生物个体和种群的繁殖、发育、生长和新老替代,不断更新,种群不断获得补充,具有一定的自我调节能力,数量保持相对稳定。在有利条件下,种群数量能迅速扩大,反之,会急剧下降,资源趋于衰落。

人类对海洋生物资源的利用形式主要有食用、药用或作为工业原料等。

食用

海洋中的鱼类、甲壳动物、软体动物、藻类等具有较高的营养价值(图4-8)。

已知70多种海藻可以供人类食用,其营养价值相当高。它们不仅含有许多蛋白质、脂肪和碳水化合物,而且还含有20多种维生素,是一般植物所没有的。

海洋鱼类资源分布广泛,从两极到赤道海域,从海岸到大洋,从表层到万米左右

图4-8　食物中的海鲜

的深渊都有分布。海水水体中天然的和人工放养的鱼类是人类直接食用的动物性蛋白质的重要来源之一。鱼的营养价值很高。据分析,鱼肉含蛋白质10%～30%,其中包括人体所必需的八种氨基酸,还有易被吸收的脂肪和钙、磷等重要矿物质及主要的B族维生素。鱼肉与其他动物肉相比,更容易被消化和吸收。

近年来,由于人们过量捕捞和近海环境污染,鱼类资源受到破坏。为了保持较高的鱼类捕捞量,世界上不少国家提出并实施"海洋牧场""海洋渔业农牧化"等耕海牧渔计划,发展海洋养殖业。

药用

海洋药物(Marine Drugs)是指以海洋生物为药源,运用现代科学方法和技术研制而成的药物。国内外对药用海洋生物和海洋生物体中的生物活性物质的研究已积累了一定经验和成果,海洋药物的开发利用已逐步引起人们的兴趣和重视。现有的海洋药物多属于天然药物范畴,即直接从海洋生物中提取有效成分,但也有一些海洋生物活性物质是经过人工合成或生物技术转化而获得的。

海藻类的石花菜、石莼、孔石莼、鹧鸪菜、海人草、坛紫菜、麒麟菜、江蓠、海带等,腔肠动物的海蜇和珊瑚,节肢动物的对虾、龙虾、石蟹、逍遥馒

头蟹、三疣梭子蟹、锯缘青蟹、中国鲎等，软体动物的九孔鲍、黑凹螺、瓜螺、毛蚶、贻贝、牡蛎、文蛤、缢蛏等，棘皮动物的紫海胆、海星、海参等，鱼类的大黄鱼、鲐鱼、马面鲀等，其他动物如沙蚕和海绵等都有一定的药用价值。图 4-9 为乌贼内壳制成的中药海螵蛸。

图 4-9　中药海螵蛸

与陆地药物相比，海洋药物具有如下特点：种类多、数量大、药源少、结构奇特。海洋药物是药物研究的新领地。

海洋药物学从广义上说是研究来自海洋的生物或非生物天然药物的种类、性质、药理活性及提取制作方法的学科。它是一门交叉应用学科，它的研究涉及多个学科，如生物、化学、医学、药学、海洋资源学。从狭义上来讲，海洋药物学是指利用海洋生物特有的活性物质，提取对人体有防病治病功能的药物。海洋药物学的基本任务是研究海洋药物的分布、储存、用途、生产和合成新药等。

工业原料

一些海洋生物产品在工业上有重要应用。鱼类的鱼鳞可以制成鱼鳞胶、盐酸、尿素、磷酸钙等，鱼鳞胶是电影胶卷的重要原料。带鱼鳞可制成咖啡因，是多种药品的原料，也可制造鸟嘌呤等多种生物试剂。鱼皮可熬胶，制作木材加工的黏合剂。鱼头、鱼骨及其他废物可加工成鱼粉，用作家畜的饲料和农业肥料，还可制作细菌培养基。鱼油可以制造肥皂和润滑油，并用以鞣制皮革。鱼鳔既可做美味的"鱼肚"，也可炼制鳔胶或制作外科手术的缝合线。鱼肝可以提取鱼肝油，垂体可以提取激素等。

海藻中所含的多种化学物质在化学、纺织、食品加工等多种工业上有着重要的用途。从褐藻提取的海藻酸盐，世界年产量约 3000 吨，用于生产纸张、化妆品等。此外，海洋藻类还可作为饲料或肥料。

硅藻泥的主要原材料是硅藻土。硅藻土主要由古代水生单细胞硅藻及少量放射虫类生物的硅质遗骸组成。纯净干燥的硅藻土呈白色土状；含水和杂质时，常被铁的氧化物或有机质污染而呈灰白色、黄色、灰绿色、黑色等颜色。硅藻土的矿物组成主要是蛋白石（$SiO_2 \cdot nH_2O$），其次是水云母、高岭石等黏土矿物。硅藻泥不仅有很好装饰性，还具有一定的功能性，是替代壁纸和乳胶漆的新一代室内装饰材料。

你用过海藻肥吗？你见过哪些类型的海藻肥？你留意过海藻肥的使用需要注意哪些事项吗？你知道硅藻泥作为装饰材料有哪些优点吗？

人类活动对海洋生态环境的影响

海洋为人类生存提供了丰富的资源，为人类社会经济可持续发展创造了优越的自然条件，然而，人们在向海洋索取的同时，又不同程度上破坏了海洋环境。海洋作为一个巨大的生态系统，正承受着空前的生态和遗传压力，其中许多正改变着海洋生态群落的结构和组成。人类活动对海洋生物多样性在遗传、物种和生态水平上的冲击主要表现在渔业捕捞的影响、海水养殖的影响、污染和富营养化、外来物种入侵、生境的破坏。

随着海洋捕捞能力的增强，一些重要的经济鱼类由于过量捕捞，利用量大大超过资源更新量，使资源渐趋枯竭，无法形成鱼汛。过量捕捞已经改变了一些近海海洋生物的物种组成、丰度和均匀度等生物多样性指标，对这些地区海洋的生态功能产生重大影响，引起生态系统的物质转换和能量流动方向发生改变。

捕捞渔业对海洋生物多样性的间接影响主要是导致非渔获物物种的死亡、渔场环境破坏、对相关物种和生态系统的冲击。当前，浪费性捕捞对许多珍稀海洋生物造成了巨大破坏，底层拖网、毒鱼或炸鱼等方式不仅给鱼类造成浩劫，也给整个生态系统造成极大的破坏，严重影响了海洋生态环境的稳定。

海水养殖业有着悠久的历史。规模宏大、管理完善的海水养殖系统分担了野生物种遭捕捞和猎杀的压力,但同时海水养殖对浅海生态系统也造成了影响,如导致养殖附近海域生物的种群结构、食物链和当地营养输入的改变。

海洋污染物的来源和种类很多,大陆径流、垃圾倾倒、排污、海水养殖、化学品泄漏、海难事故、大气沉降等都可能造成污染。

随着海上石油开发和石油贸易的发展,油轮海难造成的石油溢漏事件和海上石油开发造成的石油泄漏事故时有发生,石油污染直接导致鱼类、海豚、海鸟等海洋生物的大量死亡,图4-10为沾满石油的海洋动物。这使得海洋生态系统遭到严重破坏,而且这种影响将是长期的。

图4-10 沾满石油的海洋动物

污染已经改变了入海口生物多样性和沿海环境,通过潮流作用,还有改变深海生物多样性的潜在可能。人类活动造成的海洋污染对海洋生物和人类自身都构成了极大的威胁,如牡蛎能够富集汞和镉之类的重金属,有些鱼类也能富集重金属元素,这些生物被人类食用后会对人体产生毒害作用。

海洋污染的另一个最为直接、严重的后果就是引起水体富营养化。含有大量生物所需的氮、磷等营养元素的各种污水排入湖泊、河口、海湾等微流水体后,引起藻类及其他浮游生物迅速繁殖,加上死亡生物的分解腐败,不断产生硫化氢等气体，溶解氧含量下降，水质恶化，最终导致赤潮的发生。赤潮生物通过分泌黏液及有害物质，可导致无脊椎动物和鱼类的大面积死亡。

人类对海洋的开发活动，可能有意或无意地引入新的物种。这些物种被称为外来物种，也被称作引入种、迁入种、入侵种。外来物种的定居被称为生物入侵。人类活动是生物入侵现象的主要促进者。

随着远洋轮压舱水的释放，每天有 3000 多种生物被引入新领地，有时，释放压舱水的海湾或入海口的营养结构完全被改变。而且随着交通的全球化、海洋开发的深入，生物入侵的频率和范围还在不断扩大。

海洋是未来人类生活空间的重要组成部分，海洋生物更是人类生存必不可缺的重要资源，在地球生态平衡中扮演着不可替代的角色。生物多样性是人类生存的重要物质基础和实现可持续发展的条件之一，保护海洋生物多样性就是保护人类自身的生存环境。科学开发海洋资源，治理海洋污染，保护海洋生物多样性，刻不容缓。

社会责任

人类对海洋生态环境的影响比我们想象的要严重得多，无论距离海岸有多远，人类的活动常常能影响到海洋。为保护海洋，我们可以做出哪些努力？

研究性学习建议

1. 查阅资料，了解我国和世界海洋生物资源分布及开发利用状况。写出调查报告。

2. 查阅资料，了解我国的四大海区及各自特点。写出调查报告。

第四节　禁渔期宣传活动方案设计

问题探讨

图 4-11 为禁渔期宣传海报，生在、长在大海边，你一定对禁渔期不陌生吧？你知道为什么要设置禁渔期吗？你知道青岛的禁渔期是什么时间吗？

图 4-11　禁渔期宣传海报

本节聚焦

什么是禁渔期？

如何设计一个好的宣传方案？

禁渔期是政府为保护渔业资源而规定禁止或限制捕捞活动的期限。在我国，禁渔期与禁渔区的规定往往并用，即在一定时期内在划定水域内禁止捕捞。其目的是保护水生动物的正常生长繁殖，保证渔业资源得以不断恢复和发展，使重要经济水产动物的产卵场、越冬场、产卵洄游路线、幼体集中分布的水域以及藻类自然繁殖的水域得到养护。规定禁渔期是世界各国普遍实行的渔业资源保护制度。禁渔期是世界各国通常采用的渔业管理、保护水产资源的重要措施之一。实施禁渔期的规定，也是增殖渔业资源的重要措施之一。规定在幼鱼生长阶段的一定时期禁止捕捞，还有利于提高水产品的质量，增加渔业产值。

讨论

你知道哪些海产品是野生的吗？你知道所在地的禁渔期是什么时间吗？你在禁渔期吃到过现捕的野生海产品吗？它们是从哪里来的？禁渔期你见过有人出售现捕野生海产品的吗？你对禁渔期出售现捕野生海产品有什么反应？你周围的人又有什么反应？

禁渔期偷渔现象时有发生。法律之下，利益面前，仍有不少渔民冒险在禁渔期偷捕，禁渔期的偷捕行为削弱了禁渔期应有的作用。然而，"没有买卖就没有杀害"，许多意识淡薄的人热衷于购买偷捕海产品。偷捕行为不仅与渔民有关，也与每一位渔获购买者和食用者有关。

思考

能否通过不同的宣传渠道唤醒更多人的禁渔意识呢？提到宣传，你有哪些印象？生活中有哪些常见的宣传渠道？你听过哪些宣传内容？

宣传是运用各种传播媒介表达一定的观点以影响他人的思想和行为的社会活动。宣传的目的在于改变人们的意见和态度。

宣传有这样几个特点。第一，宣传是由宣传者主动发起的一种社会思想传播活动；第二，事先具有明确的目的；第三，宣传的直接目标就是要影响他人的态度和行为；第四，宣传要通过一定材料的公开传播。

宣传包含有以下七个基本要素。

（1）宣传者。宣传者可以是个人，也可以是集体（一般是一个集体，这一集体的内部成员在宣传活动中承担着不同的任务而协同合作）。宣传者需要具备一些特殊的素质：第一，信念坚定；第二，知识渊博，理解力强；第三，具有使用特定宣传工具的能力；第四，具有一定的宣传知识；第五，要掌握比别人多得多的与宣传内容相关的资料。

（2）宣传意图。典型的宣传是以明确的宣传意图为前提，从影响宣传对象的思想到促使他们进行相关行动。

（3）宣传材料。一般有两类：事实的报道和意见的论证。这两种材料是综合运用的。

（4）宣传渠道。又称宣传媒介，是指宣传工具和宣传手段的总和。凡是能传播信息的手段，只要发挥宣传作用，都可称作宣传渠道，它包括物质形态和符号形态两类，比如广播电视、报纸杂志、黑板演讲稿、招贴画。宣传工具是宣传手段的物质形态和宣传机构的统称，所包括的种类繁多，比如广播电台、报纸、电视、杂志、广播站、宣传栏、标语牌。

（5）宣传对象。任何宣传都需要确定相应范围的受众，这是由宣传的目的和内容决定的。对宣传对象的研究首先可以从分类入手。分类要依据一定的标准，如职业、年龄、性别、文化程度、政治立场和态度。对象的不同常决定了宣传的方法、策略和内容的不同。

（6）宣传方式。宣传方式取决于宣传内容和宣传对象。主要有以情动人的文学手段、以事实感人的新闻手段、以理服人的理论手段等。各种手段应根据不同的宣传主题和对象因地制宜，灵活使用。

（7）宣传效果。指的是宣传在宣传对象的意识和行为方面所引起的实际反应。它构成宣传要素的最后一个成分，宣传是否成功，最终要由客观宣传效应来检验；怎样才能更好地搞好宣传，也应通过对客观效应的总结来决定方案。从后一点上说，宣传效应不仅是一个宣传过程的终点，也是新的宣传过程的起点。对宣传效果问题的不同观点，美国学者施拉姆等概括了七种："枪弹论"、有限效果论、使用和满足论、采用－扩散论、说服论、一致论、信息论。对宣传效果的评价方法，一般采用的有控制实验法、调查观察法、内容分析法。

课后探究

结合宣传的知识，以禁渔期为主题，确定宣传目的。认真研究宣传的要素，在此基础上设计禁渔期主题的宣传活动方案。方案至少包含宣传对象、宣传目的、宣传渠道、宣传方式、宣传内容、效果预测等。完成后在班内展讲交流。

活动前请先阅读禁渔期宣传活动方案设计评价量表（表 4-1）。小组成员协作完成任务，组长评价组员在活动中的表现，评价标准参考表 4-2 成员表现评价量表，展讲时小组间互评，并记录在表 4-3 中。

课后拓展

进一步完善宣传方案，在假期将宣传方案实施出来。通过照片、文字等记录活动过程。写出开展活动的心得体会。

表 4-1 禁渔期宣传活动方案设计评价量表

评价项目	评价等级及得分标准				得分
	A （17~20分）	B （12~16分）	C （6~11分）	D （0~5分）	
宣传渠道的选择	根据本组成员的特长选择恰当的宣传渠道，对宣传渠道的分析描述科学合理	选择了一种宣传渠道，但不适于本组成员发挥特长，对宣传渠道的分析描述科学合理	选择了一种宣传渠道，对宣传渠道没有分析描述	没有选择宣传渠道	
宣传效果的预测	预测的宣传效果与宣传方案之间存在必然的联系，可达成度高	预测的宣传效果超出宣传方案可能达到的程度，存在夸大或低估现象	对于宣传效果预测不明确	不能预测宣传效果	
宣传方案的设计	针对宣传对象合理确定宣传方案，宣传方案包含宣传思路、宣传素材、宣传准备、宣传活动的开展方式、流程等。项目齐全，表述合理	针对宣传对象确定宣传方案，宣传方案包含宣传思路、宣传活动的开展方式、流程等基本项目，表述合理	宣传方案不容易被宣传对象接受，且项目不齐全，表述合理	宣传方案很难被宣传对象接受，且项目较少，表述不合理	
成员分工	小组成员分工明确，能发挥成员的特长，每件事都有人做，每个人都有事做	小组成员有分工，分工不全面，有些事没有人做，有的人没有事做	小组成员有分工，任务集中在个别成员身上，大部分成员是旁观者	小组没有分工，没有具体到谁做哪些事	
展讲表现	声音洪亮，语言简练，逻辑性强，展讲时间限制在2分钟之内	声音洪亮，逻辑性强，展讲超时不超过1分钟	声音较小，逻辑性强，展讲超时不超过1分钟	声音较小，展讲没有逻辑性	
合计					

表 4-2　成员表现评价量表

编号	姓名	在确定宣传渠道初期主动说出自己的特长（5分）	积极参与宣传方案的讨论和确定，提出有价值的建议（5分）	具有团队合作精神（5分）	积极参与展讲或为组员的展讲出谋划策（5分）	总分
1						
2						
3						
4						
5						
6						
7						
8						

评分标准：优，5分；良，4分；中等，3分；差，低于2分。

表 4-3　展讲打分表

评价项目	一组	二组	三组	四组	五组	……
宣传渠道的选择（0～20分）						
宣传效果的预测（0～20分）						
宣传方案的设计（0～20分）						
成员分工（0～20分）						
展讲表现（0～20分）						
合计						

图书在版编目（CIP）数据

海洋生物 / 邵杰主编. — 青岛 : 中国海洋大学出版社, 2019.5
"海洋、科技与学生成长"青岛市精品校本课程系列教材 / 翟召东主编
ISBN 978-7-5670-2092-4

Ⅰ.①海… Ⅱ.①邵… Ⅲ.①海洋生物—高中—教材 Ⅳ.①G634.911

中国版本图书馆CIP数据核字(2019)第021735号

出版发行	中国海洋大学出版社
社　　址	青岛市香港东路23号　　邮政编码　266071
出 版 人	杨立敏
网　　址	http://pub.ouc.edu.cn
订购电话	0532-82032573（传真）
责任编辑	董　超
电子信箱	465407097@qq.com
装帧设计	祝玉华
照　　排	光合时代
电　　话	0532-85902342
印　　制	青岛环海瑞源印刷科技有限公司
版　　次	2021年5月第1版
印　　次	2021年5月第1次印刷
成品尺寸	185 mm × 260 mm
印　　张	10.5
印　　数	1～1000
字　　数	156千
定　　价	260.00元（全五册）

如发现印装质量问题，请致电15866814567，由印刷厂负责调换。

海洋科学
Marine Science

主编：张 雯
编委：贺 莉　孙民慧　童云飞　王秀娟

中国海洋大学出版社
·青岛·

"海洋、科技与学生成长"青岛市精品校本课程系列教材编委会

主编： 翟召东

编委： 郭　俭　张培喜　郑咏梅　韩明镜
　　　　单　珊　邵　杰　张　雯

前言
Preface

　　为更深入地开展海洋科普教育活动，增强学生海洋意识，弘扬科学文化，提高学生的科学素养，激发学生的创新精神，培养学生的实践能力，形成具有海洋教育特色一体化的校园氛围，青岛第六十八中学以开办海洋教育实验班为契机，开设了名为"海洋科学"的校本课程，将海洋文化教育教学渗透到学科教学中。旨在普及海洋科学知识，学习海的品格、精神，提高学生探究海洋的热情，培养学生热爱海洋、保护自然生态、保护人类自身的生存环境的意识。本门课程内容以海洋生物学为主，包括海洋知识发展史及海水的物理性质、化学性质，涵盖了海洋生物学、物理海洋学、化学海洋学的部分内容。本书以促进学校精神文明建设为目的，为"海洋科学"校本课程的教学参考用书。

目录
Contents

第一章 海洋知识发展史 / 001
一、海洋科学 / 003
二、海洋科学的发展阶段 / 003
★思考 / 005
★探究 / 005

第二章 海与洋 / 009
一、海与洋的区别 / 011
二、世界大洋 / 011
三、海的分类 / 012
四、海湾和海峡 / 013
五、海洋环境的划分 / 013
★思考 / 016
★探究 / 016

第三章 海水的物理特性 / 019
一、海水的盐度 / 021
二、海水的热学特性 / 021
三、海水的密度 / 022
四、海水的温度 / 023
五、海水的透明度 / 024
六、海冰 / 024
★思考 / 025
★探究 / 025

第四章 海水的化学组成 / 029
一、主要成分 / 031
二、溶于海水的气体成分 / 032
三、营养元素 / 033
四、微量元素 / 033
五、有机物质 / 034
六、海洋中的化学资源 / 034
★思考 / 035
★探究 / 035

第五章　海洋生态系统 / 039

一、海洋生态系统的概念 / 041

二、海洋生态系统的结构 / 041

三、海洋生态系统的类型及特点 / 043

四、海洋生态系统的海洋生物生产力和能量流动 / 046

五、海洋生态系统的功能 / 047

七、我国海洋生态环境存在的问题 / 048

　　★思考 / 049

　　★探究 / 049

第六章　海洋生物多样性 / 053

一、海洋微生物多样性 / 055

二、海洋植物多样性 / 058

三、海洋动物多样性 / 058

四、保护海洋生物多样性的重要意义 / 058

　　★思考 / 060

　　★探究 / 060

第七章　海洋浮游生物 / 063

一、海洋浮游植物 / 065

二、海洋浮游动物 / 065

三、海洋漂浮生物 / 066

　　★思考 / 067

　　★探究 / 067

第八章　海洋游泳生物及底栖生物 / 071

一、海洋游泳生物 / 073

二、海洋底栖生物 / 074

　　★思考 / 075

　　★探究 / 075

参考文献 / 081

第一章 海洋知识发展史

> 古希腊海洋学者狄米斯托克利预言："谁控制了海洋，谁就控制了一切。"什么是海洋？海洋是地球系统的重要组成部分，海洋科学属于地球科学体系。地球科学就是以地球为研究对象的科学。

一、海洋科学

海洋科学是研究海洋的自然现象、性质及其变化规律，以及与开发和利用海洋有关的知识体系。它的研究对象是世界海洋及与之密切相关联的大气圈、岩石圈、生物圈。

海洋科学体系既有基础性科学研究，也有应用与技术研究，还包括管理与开发研究。属于基础性科学的分支学科包括物理海洋学、化学海洋学、生物海洋学、海洋地质学、环境海洋学、海气相互作用以及区域海洋学等。属于应用与技术研究的分支学科有卫星海洋学、渔场海洋学、军事海洋学、航海海洋学、海洋声学、光学与遥感探测技术、海洋生物技术、海洋环境预报以及工程环境海洋学等。属于管理、开发研究方面的分支学科有海洋资源、海洋环境功能区划、海洋法学、海洋监测与环境评价、海洋污染治理、海域管理等（冯士筰等，1991）。

二、海洋科学的发展阶段

（一）海洋知识的积累

古代人类在生产活动中不断积累有关海洋的知识，不过对海洋有更多的了解，还是在 15 世纪之后。意大利探险家哥伦布 4 次横渡大西洋到达南美洲；葡萄牙人伽马于 1498 年从大西洋绕过好望角经印度洋到印度；葡萄牙航海家麦哲伦完成了人类第一次环球航行；英国的库克先后进行了 4 次海洋探险，率先完成了环南极航行，并进行了科学考察，首次获取了关于大洋深度、表层海水温度、海流及珊瑚礁等的资料。明朝郑若曾在《海防图论》和《筹海图编》中提出了经略海洋的思想。这一时期（19 世纪之前）的许多科技成就，有的直接推动了航海探险，有的则为海洋科学分支的建立奠定了基础。

（二）海洋科学的形成时期

海洋科学的形成时期（19～20 世纪中期），从海洋探险逐渐转向为对海洋的综合考察，其标志是海洋研究的深化和理论体系的形成。例如，1925～1927 年，科研人员乘坐"流星"号对南大西洋进行了调查，此次调查仪器新颖、计划周密、成果丰硕。随后，由于受"流星"号的影响，挪威、荷兰、英国、美国、苏联等国先后进行了环球航行探险调查。这些大规模的海洋调查，不仅积累了大量的资料，而且也观测到许多新的海洋现象，还为观测方法本身的革新创造了条件。

在海洋研究方面，斯韦尔德鲁普、约翰逊和福莱明合著的《海洋》（*The oceans:Their physics,chemistry and general biology*）一书，对此前的海洋科学的发展和研究给出了全面、系统而深入的总结，被视为海洋科学建立的标志。

（三）现代海洋科学时期

第二次世界大战对海洋科学有很大的影响，战后海洋科学才得以恢复和迅速发展，遂进入现代海洋科学的新时期。1994 年 11 月正式生效的《联合国海洋法公约》涵盖了全球海洋的所有方面和问题。

从 20 世纪 60 年代至今，短短几十年的研究成果已超出历史的总和，重要的突破屡见不鲜。板块构造学说被誉为地质学的一次革命；海底热泉的发现，使海洋生物学和海洋地球化学研究获得新的突破;大洋环流理论、海浪谱理论、海洋生态系统、热带大洋和全球大气变化等领域的研究都获得重大的进展与成果。科研论著令人目不暇接,特别是一些多卷集系列著作,如海尔主编的 *The Sea* 堪称代表性著作。

★思考

（1）什么是海洋科学？它的研究对象是什么？
（2）海洋科学的发展包括哪几个阶段？

★探究

查阅资料,分析中国海洋科学发展的前景。

小资料

中国海洋科学的未来

中华人民共和国建立后不到 1 年，1950 年 8 月就在青岛设立了中国科学院海洋生物研究室，1959 年扩建为海洋研究所。1952 年厦门大学海洋系理化部北迁青岛，与山东大学海洋研究所合并成立了山东大学海洋系。1959 年在青岛建立山东海洋学院，1988 年更名为青岛海洋大学。1964 年建立了国家海洋局。此后，特别是 20 世纪 80 年代以来，又陆续建立了一大批海洋科学研究机构，分别隶属于中国科学院、教育部、海洋局等，业已形成强有力的科研技术队伍。目前国内海洋科学的主要研究方向有海洋科学基础理论和应用研究，海洋资源调查、勘探和开发技术研究，海洋仪器设备研制和技术开发研究，海洋工程技术研究，海洋环境科学研究与服务，海水养殖与渔业研究，等等；在物理海洋学、海洋地质学、海洋生物学、海洋化学、海洋工程、海洋环境保护及预报、海洋调查、海洋遥感与卫星海洋学等方面，都取得了巨大的进步，不仅缩短了与发达国家的差距，而且在某些方面已跻身于世界先进之列。

依《联合国海洋法公约》的规定，中国管辖下的海域面积，相当于陆地国土总面积的 1/3。捍卫国家主权，维护海洋权益，是国人的神圣义务。《中国 21 世纪议程》对海洋领域给予高度重视，其后制定的《中国海洋 21 世纪议程》，则更全面地阐述了我国海洋未来可持续发展的战略目标和行动计划。继"七五""八五"计划之后，在"九五"国家科技攻关计划中，也列入了海洋高技术研究开发的项目。国家委以重任，人民寄以热望，发展海洋科学，繁荣海洋经济，保护海洋环境，造福子孙后代，任重而道远，前程似锦。

第二章

海与洋

地球表面分为陆地和海洋，总面积约为 $5.1\times10^8\ \text{km}^2$。如以大地水准面为基准，陆地面积为 $1.49\times10^8\ \text{km}^2$，占地球表面总面积的 29.2%；海洋面积为 $3.61\times10^8\ \text{km}^2$，占总面积的 70.8%。海陆面积之比为 2.5∶1，地球表面大部分为海水所覆盖。

一、海与洋的区别

地球上的海洋是相互连通的，构成统一的世界大洋；而陆地是相互分离的，故没有统一的世界大陆。在地球表面，是海洋包围、分割所有的陆地，而不是陆地分割海洋。

根据海洋要素特点及形态特征，可将其分为主要部分和附属部分。主要部分为洋，附属部分为海、海湾和海峡。洋或称大洋，是海洋的主体部分，一般远离大陆，面积广阔，约占海洋总面积的 90.3%；深度大，一般大于 2000 m；海洋要素如盐度、温度等不受陆地影响，盐度平均为 35，且年变化小；具有独立的潮汐系统和强大的洋流系统。

二、世界大洋

世界大洋通常被分为四大部分，即太平洋、大西洋、印度洋和北冰洋，各大洋的面积、容积和深度如表 2-1 所示。太平洋是面积最大、最深的大洋，其北侧以白令海峡与北冰洋相接，东边以通过南美洲最南端合恩角的经线与大西洋分界，西以经过塔斯马尼亚岛的经线（146°51′E）与印度洋分界。印度洋

表 2-1　世界各大洋的面积、容积、深度及占世界海洋的比例

名称	包括附属海						不包括附属海					
	面积		容积		深度 /m		面积		容积		深度 /m	
	/10^6 km^2	占比 /%	/10^6 km^3	占比 /%	平均	最大	/10^6 km^2	占比 /%	/10^6 km^3	占比 /%	平均	最大
太平洋	179.679	49.8	723.699	52.8	4028	11034	165.246	45.8	707.555	51.6	4282	11034
大西洋	93.363	25.9	337.699	24.6	3627	9218	82.422	22.8	323.613	23.6	3925	9218
印度洋	74.917	20.7	297.945	21.3	3897	7450	73.443	20.3	291.030	21.3	3963	7450
北冰洋	13.100	3.6	16.980	1.3	1296	5449	5.030	1.4	10.970	0.8	2179	5449

资料来源：1. 中国地图出版社编辑部. 世界地图集. 北京：中国地图出版社，1995；2. Reader's Digest Editors. Reader's Digest Atlas of the Word [M]. United states: Reader's Digest Association, 1991。

与大西洋的界线是经过非洲南端厄加勒斯角的经线（20°E）。大西洋与北冰洋的界线是从斯堪的纳维亚半岛的诺尔辰角经冰岛、过丹麦海峡至格陵兰岛南端的连线。北冰洋大致以北极为中心，被亚洲、欧洲和北美洲所环抱，是世界最小、最浅、最寒冷的大洋。

太平洋、大西洋和印度洋靠近南极洲的那一片海域，在海洋学上具有特殊意义。它具有自成体系的环流系统和独特的水团结构，既是世界大洋底层水团的主要形成区，又对大洋环流起着重要作用。因此，从海洋学（而不是从地理学）的角度，一般把三大洋在南极洲附近连成一片的水域称为南大洋或南极海域。联合国教科文组织（UNESCO）下属的政府间海洋学委员会（IOC）在1970年的会议上，将南大洋定义为："从南极大陆到南纬40°为止的海域，或从南极大陆起，到亚热带辐合线明显时的连续海域。"

三、海的分类

海是海洋的边缘部分，其温度和盐度等海洋水文要素受大陆影响很大，并有明显的季节变化。水色低，透明度小，没有独立的潮汐和洋流系统，潮波多由大洋传入，但潮汐涨落往往比大洋显著，海流有自己的环流形式。

按照海所处的位置可将其分为陆间海、内海和边缘海。陆间海是指位于大陆之间的海，面积和深度都较大，如地中海和加勒比海。内海是伸入大陆内部

的海，面积较小，其水文特征受周围大陆的强烈影响，如渤海和波罗的海。陆间海和内海一般只有狭窄的水道与大洋相通，其物理性质和化学成分与大洋有明显差别。边缘海位于大陆边缘，以半岛、岛屿或群岛与大洋分隔，但水流交换通畅，如东海、日本海。

四、海湾和海峡

海湾是洋或海延伸进大陆且深度逐渐减小的水域，一般以入口处海角之间的连线或入口处的等深线作为与洋或海的分界。海湾中的海水可以与毗邻海洋自由沟通，故其海洋状况与邻接海洋很相似，但在海湾中常出现最大潮差，如我国杭州湾最大潮差可达 8.9 m。

需要指出的是，由于历史上形成的习惯叫法，有些海和海湾的名称被混淆了。有的海叫成了湾，如波斯湾、墨西哥湾；有的湾则被称作海，如阿拉伯海。世界上最大的海是位于太平洋的珊瑚海，面积为 $4.79 \times 10^6 \, km^2$。最小的海是马尔马拉海，为土耳其内海，面积为 $1.1 \times 10^4 \, km^2$。

海峡是两端连接海洋的狭窄水道。海峡最主要的特征是流急，特别是潮流速度大。海流有的上、下分层流入、流出，如直布罗陀海峡；有的分左、右侧流入或流出，如渤海海峡。海峡往往受不同海区水团和环流的影响，故其海水状况通常比较复杂。

五、海洋环境的划分

（一）海洋三大环境梯度

1. 从赤道到两极的纬度梯度

纬度梯度主要表现为赤道向两极的太阳辐射强度逐渐减弱，季节差异逐渐增大,每日光照持续时间不同。光照和温度的变化,影响着海洋生物的生长、发育、分布和栖息。

2. 从海面到深海海底的深度梯度

由于光照只能透入海洋的表层(深度最多不超过 200 m),其下方只有微弱的光或是无光世界。在从海面到深海海底的深度梯度上,温度也有明显的垂直变化,底层温度很低且较恒定,压力也随深度而不断增加,有机食物在深层很稀少。

3. 从沿岸到开阔大洋的水平梯度

从沿海向外延伸到开阔大洋的梯度主要涉及深度、营养物含量的变化,也包括其他环境因素(如温度、盐度)的波动呈现从沿岸向大洋减弱的变化。

(二)海洋环境的划分

海洋环境在垂直方向可划分为水层环境和水底环境。水层环境是指从海水的表层到大洋的最大深度,即覆盖于海底之上的全部海域。水底环境包括所有海底以及高潮时海浪所能冲击到的全部区域。

1. 水层环境

水层环境在水平方向上可划分为近海带和大洋区。

近海带(Neritic zone)又称沿岸区和近岸区。近海带的特点为:

(1)近海带盐度变化幅度较大,一般盐度低于大洋。

(2)近海带环境的理化因素具有季节性和突然性的变化。

(3)近海带由于受大陆径流的影响,营养元素和有机物质丰富。

(4)近海带生物种类多,生物量大,生物多为广温性和广盐性。

(5)近海带是许多经济生物的产卵场、索饵场和栖息地。

大洋区(Oceanic zone):又称远洋区,占世界海洋的大部分。近海带与大洋区在水层垂直方向的界限通常是在 200 m 等深线处。此处一般是大陆架的边缘,同时大体上相当于水层环境中真光带和无光带的界限。大洋区环境的特点为:

（1）空间广阔，垂直幅度大。

（2）透明度大，呈现深蓝色。

（3）化学成分稳定，盐度较高，营养成分较低。

（4）生物种类少，生物密度低。

（5）理化性质在空间和时间上的变化不大。

2. 水底环境

水底环境可划分为：

潮上带（Supratidal zone）：指位于平均高潮线与最大涨潮线之间的区域。

潮间带（Intertidal zone）：指平均最高潮位和最低潮位之间的区域。

潮下带（Sub-tidal zone）：潮间带下限至水深 200 m 的区域。

深海带（Bathyal zone）：水深 200～4000 m 的区域。

深渊带（Abyssal zone）：深海带以下至水深 6000 m 的区域。

超深渊带（Hadal zone）：深渊带以下的区域。

在深海海底，其环境光线极微弱或完全无光；部分海底温度终年很低（−1～5℃），无季节变化，但在热液喷口的海底水温变化急剧；海水很少垂直循环，仅有微弱的水平流动；没有光合作用植物生长，但有化能合成细菌作为生产者来合成有机物，因此生活着不少种类的底栖生物。

★思考

（1）根据海洋要素特点及形态特征，可将海洋分为哪几部分？

（2）世界大洋的划分，如何界定？

（3）什么是海、海湾、海峡？

（4）近海带和水底环境分别具有什么特点？

★探究

实地考察青岛的石老人海水浴场附近的潮间带，其海洋环境有哪些特点？

第三章

海水的物理特性

> 海水是一种溶解有多种无机盐、有机物质和气体以及含有许多悬浮物质的混合液体。海水的物理性质主要包括盐度、热学特性、密度、温度、透明度、海冰等。

一、海水的盐度

海水中的含盐量是海水浓度的标志,海洋中的许多现象和过程都与其分布和变化息息相关。长期以来人们对此进行了广泛的研究和讨论,引进了"盐度"以近似地表示海水的含盐量。

海水的平均盐度是 35,即每千克海水中含盐量为 35 g。海水的盐度主要受纬度、河流、海域轮廓、洋流等因素的影响。

二、海水的热学特性

热容量、蒸发潜能、比热容和热导率都是海水的热学特性。

海水导热性很小,热量向周围扩散很慢,水域温度比较稳定。海洋为其中生物的生存及生命活动提供了一个相对稳定的温度环境条件。海水温度升高 1K(或 1℃)时所吸收的热量称为热容,单位是焦耳每开尔文(J/K)或焦耳每摄氏度(J/℃)。

单位质量海水的热容称为比热容,单位为焦耳每千克每摄氏度,记为 $J·(kg·℃)^{-1}$。在一定压力下测定的比热容称为定压比热容,记为 Cp;在一定体积下测定的比热容称为定容比热容,用 Cv 表示。海洋学中最常使用前者。

定容比热容 Cv 的值略小于定压比热容 Cp。一般而言 Cp/Cv 为 1 ~ 1.02。

海水的比热容约为 3.89×10^3 J·(kg·℃)$^{-1}$，在所有固体和液态物质中是名列前茅的，其密度为 1025 kg/m³；而空气的比热容为 1×10^3 J·(kg·℃)$^{-1}$，密度为 1.29 kg/m³。也就是说，1 m³ 海水温度降低 1℃ 放出的热量可使 3100 m³ 的空气温度升高 1℃。地球表面的近 71% 为海水所覆盖，可见海洋对气候的影响是不可忽视的。也正是因为海水的比热容远大于大气的比热容，所以海水的温度变化缓慢，而大气的温度变化相对比较剧烈。

三、海水的密度

海水的密度是指单位体积内所含海水的质量，其单位为 g/cm³，可用 ρ 来表示。但是习惯上使用的海水密度是指在一个大气压下，海水的密度与水温 3.98℃ 时蒸馏水的密度之比。海水的密度，是决定海流运动的最重要因子之一。

海水的密度与温度、盐度和压力的关系比较复杂。凡是影响海水温度和盐度变化的地理因素，都影响密度变化。虽然各大洋不同季节的海水密度在数值上有所变化，但其分布规律大体是相同的，即大洋表面密度随纬度的增高而增大，等密度线大致与纬线平行。赤道地区温度很高，降水多，盐度较低，因而表面海水的密度很小，约为 1.023 g/m³。亚热带海区盐度虽然很高，但那里的温度也很高，所以海水的密度仍然不大，一般在 1.024 g/m³ 左右。极地海区由于温度很低，降水少，所以海水的密度最大。在南极海区，海水的密度很大，可超过 1.027 g/m³。

在垂直方向上，水深和密度的关系为：在南北纬 20° 之间水深 100 m 的水层内，海水的密度最小，并且在水深 50 m 以浅的密度垂直梯度极小，几乎没有变化；水深 50 ~ 100 m，密度垂直梯度最大，出现密度的突变层（跃层）。从水深约 1500 m 开始，海水的密度垂直梯度很小。水深大于 3000 m，海水的密度几乎不随水深变化而变化。

四、海水的温度

海水主要是靠吸收太阳光的辐射热来增高温度，因此，海水的温度因时、因地而异。但因水的热容量大，可以透光，又有波浪及流动调节温度，所以海陆之间温度的变化和分布有明显的差异。海洋表面温度的变化比陆地温度的变化要小得多，不论日较差或年较差都很小。据观察，海洋表面平均温度日较差一般不超过1℃，年较差则为 1 ~ 17℃。陆地上气温的日较差或年较差却大得多，日较差最大可达 50℃，年较差最大可达 80℃。

海水的温度由低纬度向高纬度降低的趋势要较陆地缓慢得多。据观察，海洋表面最低温度是−2℃，最高温度是 36℃，温度的绝对较差只有 38℃。而在陆地上，温度绝对较差可超过 100 ℃。

世界大洋表面海水的年均温度为 17.4℃，其中太平洋最高，达 19.1℃，印度洋为 17.0℃，大西洋为 16.9℃。

世界大洋表面海水的温度分布具有如下规律：

（1）海水的温度从低纬度向高纬度递减，等温线大体呈带状分布。

（2）北半球海水的温度（平均为 19.2℃）较南半球（平均为 16℃）高。

（3）海水等温线从低纬度向高纬度疏密相间，低纬度、高纬度等温线较疏，纬度 40°~ 50° 地带等温线较密。

（4）大洋东、西两侧，海水的温度分布有明显差异，在低纬度，水温西高东低；在高纬度，海水的温度则东高西低；在纬度 40° ~ 50° 地带，等温线西密东疏。

（5）夏季大洋表面海水的温度普遍高于冬季，而冬季海水的温度水平梯度大于夏季。

世界大洋海水温度的垂直分布规律是：从海面向海底海水温度呈不均匀递减的趋势；在南北纬 40° 之间，海水可分为表层暖水对流层和深层冷水平流层。

五、海水的透明度

海水的透明度，是指海水的能见度，也指海水清澈的程度。它表示水体透光的能力，但不是光线所能达到的绝对深度。它的影响因素有海水的颜色（水色）、光线强度和水中的悬浮物和浮游生物的多少等。水色越高，透明度越大；水色越低，透明度越小。光线强，透明度则大，反之则小。

透明度的测定：用一个直径 30 cm 的白色圆盘，垂直放到海水中，直到肉眼隐约可见圆盘为止，这时的深度，则为这里的海水透明度。世界海洋中以大西洋中部的马尾藻海透明度最大，达 66.5 m。我国南海海水的透明度为 20 ~ 30 m，黄海海水的透明度为 1 ~ 2 m。

六、海冰

淡水的冰点为 0℃，最大密度的温度是 4℃；而海水的冰点和最大密度的温度都随盐度的增大而降低，但冰点降低较缓和。当海水的盐度大于 24.695 时，最大密度的温度低于冰点温度；而盐度小于 24.695 时，最大密度的温度高于冰点温度；只有盐度在 24.695 时，海水的最大密度的温度才与冰点温度相同，为 −1.332℃（图 3-1）（Sverdrup et al., 1942）。

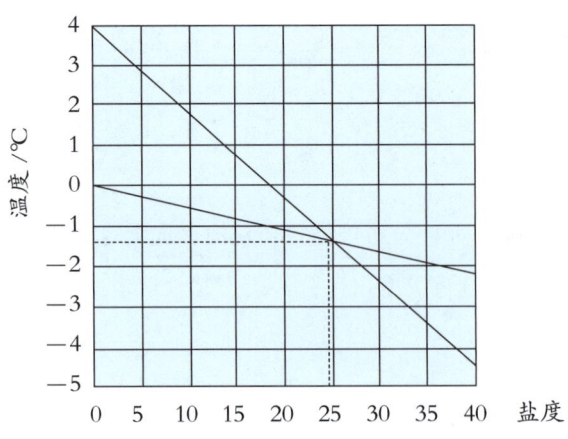

图 3-1　冰点温度、最大密度温度与盐度的关系

海水结冰较淡水困难。大洋表面海水的盐度一般均大于 24.695，故冰点更低；当表面海水的温度达到冰点时，因密度增大形成对流，使下层温度较高的海水上升，所以较难结冰；当整层海水达到冰点，海水结冰时，又要不断地析出盐分，使未结冰的海水的盐度增大，密度也增大，从而加强了对流并降低了冰点，阻碍海冰体积的进一步扩大。

★思考

（1）什么是海水的盐度？

（2）什么是比热容、定压比热容、定容比热容？

（3）世界大洋表面海水温度及垂直海水温度的分布规律是什么？

★探究

淡化的海水可以饮用吗？请搜集资料，整理淡化海水的方法。

小资料

无尽的盐资源

人类生存所需的营养物质中盐是不可缺少的。中国人"煮海为盐"的历史可以追溯到4000余年前的夏代。进入封建社会,盐、铁成为最大的两项官营商品。盐、铁官营,一方面可以保证供应,另一方面,可以作为国家财政的重要来源和调节阀门。进入现代社会,盐又是重要的化工原料,化工行业广泛应用的"两碱一酸"(纯碱、烧碱、盐酸)主要是由氯化钠加工而成。

从海水中制取盐的方法主要有盐田法、电渗析法和冷冻法。其中盐田法历史最悠久,也是最简便和经济有效的方法。将盐田建在海滩边,借用海滩逐渐升高的坡度,开出一片片像扶梯一样的池子。利用涨潮或用风车和泵抽取海水到池内。海水流过几个池子,随着风吹日晒,水分不断蒸发,海水中的盐浓度愈来愈高,最后让浓盐水进入结晶池,继续蒸发,直到析出食盐晶体。

我国是海水晒盐产量最多的国家,也是盐田面积最大的国家。2000年,全国原盐总产量3369万吨,其中海盐区产量2451万吨。我国有盐田37.6万公顷。每年生产的海盐,供应着全国一半人口的食用盐和80%的工业用盐,还有100万吨原盐出口。

海水晒盐,节约燃料。但是,海水晒盐受天气限制,且占用大量平坦土地,劳动条件十分艰苦,生产效率低。目前世界上只有中国、印度和少数气候条件特别适宜的国家大规模海水晒盐。在澳大利亚和墨西哥一些非常干旱的海岸地区,使用自动化机械进行海水晒盐,生产效率非常高,一个盐场工人年产原盐7000 t。而在土地资源相对紧张的日本等国,则采用电渗析法制盐。

第四章 海水的化学组成

> 海洋是地球水圈的主体，是全球水循环的主要起点和归宿，也是各大陆外流区的岩石风化产物最终的聚集场所。海洋的形成可追溯到地壳形成的初期，在漫长的岁月里，由于地壳的变动和广泛的生物活动，改变了海水的某些化学成分。海水中各种元素都以一定的物理和化学形态存在。海水的化学组成可以划分为主要成分、溶于海水的气体成分、营养元素、微量元素、有机物质。

一、主要成分

海水的主要成分（大量元素、常量元素）指海水中浓度大于 1 mg/kg 的成分。属于此类的有阳离子 Na^+、K^+、Ca^{2+}、Mg^{2+} 和 Sr^{2+} 五种，阴离子有 Cl^-、SO_4^{2-}、Br^-、HCO_3^-（CO_3^{2-}）、F^- 五种，还有以分子形式存在的 H_3BO_3，其总和占海水盐分的 99.9%，所以称之为主要成分。

由于这些成分在海水中的含量较大，各成分的浓度比例近似恒定（表4-1），生物活动和总盐度变化对其影响都不大，所以称为保守元素。

表 4-1 海水的主要成分的浓度及比例

主要成分	浓度 / (g·kg^{-1})	占海水中全部盐类的比例 /%
Cl^-	18.98	55.04
Na^+	10.56	30.61
SO_4^{2-}	2.65	7.68
Mg^{2+}	1.27	3.69
Ca^{2+}	0.40	1.16
K^+	0.38	1.10
HCO_3^-	0.14	0.41
Br^-	0.07	0.19
H_3BO_3	0.03	0.07

海水中的 Si 含量有时也大于 1 mg/kg，但是由于其浓度受生物活动影响较大，性质不稳定，属于非保守元素，所以讨论主要成分时不包括 Si。

二、溶于海水的气体成分

溶于海水的气体成分有氧气、氮气及惰性气体等。

溶解在海水中的氧是海洋生命活动不可缺少的物质。海水中的溶解氧有两个主要来源：一是大气，二是植物的光合作用。

表层海水与大气接触，溶解有充足的氧气。在几千米的深海中也不缺乏氧气，是深海环流把表层的富氧水带到深层的结果。

海洋植物在光合作用中产生氧气，而在呼吸作用中消耗氧气。在浮游植物密集的地区，表层海水氧气含量的最大值出现在下午 2~3 点，最小值在凌晨 2~3 点。通过这种变化量的大小可以估计生物生产氧气的量，从而换算成为单位时间、单位面积水体产生有机碳的量，叫作初级生产力。

在近表层光合作用大于呼吸作用，随着海水深度的增加，植物的光合作用减弱，呼吸作用增强。在某一个海水深度下，溶解氧的生产量恰好等于消耗量时，该深度称为溶解氧的补偿深度。

海水中的氧气消耗主要用于有机物的分解。生化需氧量（BOD）和化学耗氧量（COD）是目前水质检测应用中最广泛的间接表示水体中有机物的污染状况的指标。

生化需氧量：在需氧条件下水中有机物由于微生物的作用所消耗氧气的量。

化学耗氧量：向水体中加入一定量的氧化剂（如 KIO_3、$KMnO_4$），把氧化后消耗氧化剂的量换算为氧的毫克数。

三、营养元素

营养元素主要是与海洋植物生长有关的要素,通常是指 N、P 及 Si 等。海水中由 N、P、Si 等元素组成的某些盐类,是海洋植物生长必需的营养盐,通常称为"植物营养盐""微量营养盐"或"生源要素"。此外,海水中的 Fe、Mn、Cu、Zn、Mo、Co、B 等元素,也与生物的生命过程密切相关,称为"痕量营养元素"。

由于各类营养元素在海水中含量很低,在海洋表层常常被海洋浮游植物大量消耗,甚至成为海洋初级生产力的限制因素,所以又称它们为"生物制约元素"。

四、微量元素

微量元素指在海水中含量很低,但又不属于营养元素者。

海水中除了十几种常量元素(Cl、Ca、Mg、K、Br、Sr 等)浓度大于 1×10^6 mg/kg 外,其余元素的浓度均低于此值,因此可以把这些元素称为"微量元素"。当然,这仅是对海水的组分而言,与通常意义的"微量元素"不同。例如,Fe 和 Al 在地壳中的含量很高,而在海水中含量很低,它们是海水中的微量元素。

海水中的微量元素过去研究不多,现在因为它们和环境污染有重要关系,研究日益广泛。海水中的微量元素的循环和平衡过程是极为复杂的。其来源主要有河流的输入、大气沉降、海底热泉等,它们在海水中涉及的平衡有络合、螯合、氧化还原平衡、生物吸收、颗粒物的吸附与解吸附等。微量元素的循环为海洋化学研究提供了新的研究内容。

五、有机物质

海水中的有机物质可分为无氮有机物、含氮有机物、类脂化合物和复杂有机物。它们与海洋中的生物学过程、化学过程、物理过程等有重要关系。例如,影响初级生产力,为海洋生物提供有机营养等;影响海水的颜色和透明度。

海水中的溶解有机物中有一种叫作"海洋腐殖质"的物质,它的性质与土壤中植被分解生成的腐殖酸和富敏酸类似。海洋腐殖质的分子结构还没有完全确定,但是它与金属能形成强络合物。

六、海洋中的化学资源

人类自古以来就一直在利用海洋的资源。除了鱼、虾、贝、藻,航运、能源和矿藏之外,海洋还向人类提供了许多化学资源。

海洋是一个极大的溶解矿物质的储库,但是大多数溶解组分含量如此之低,以至于提取它们几乎没有经济价值。仅有几种含量较丰富的物质可以从海水提取,最常见的就是食盐,食盐已经成为许多化学工业的重要原料。

海水质量的 3.5% 是溶解固体物,其中 NaCl(食盐的主要成分)占 71%。食盐是烹调必需的成分,也是 5000 多年来贸易活动的主要品种。古罗马的士兵用盐作为他们的部分薪水。海水晒干得到的粗盐不纯而且苦涩,含有 Fe、Ca、Mn 化合物等,粗盐再经过加工才得到人们常吃的食盐。目前可以从海水中提取的元素有 Mg 和 Br 等。Mg 在海水中的含量仅次于 O、H、Cl、Na。近年来全球每年生产的 1.8×10^6 t Mg 中,约 18% 来自海水,主要产于美国。Mg 是一种轻金属,在各种建筑结构中有广泛用途。在提取 Mg 过程中用海水与白云岩(一种钙镁碳酸盐)混合,以便从海水中沉淀出 $Mg(OH)_2$。$Mg(OH)_2$ 转化为 $MgCl_2$,通过电解制备金属 Mg。Br 是海水中丰度列第九位的元素,是海水制盐或海水提取 Mg 的副产物,它可用来制得汽油的抗爆化合物,也可用于制药。

U 在海水中的浓度是 Br 的 1/2000,即使如此,许多国家仍在开展海水提取 U 的研究，以期获得 U 的稳定来源。但是，目前以陆源获取 U 的成本低得多，故海水提取 U 尚难以商业化。

★思考

（1）海水包括哪些成分？
（2）海水的常量元素主要有哪些？
（3）举例说明海洋中的化学资源。

★探究

植物中无机物的提取

实验

（1）了解从植物中提取无机物的一般方法。
（2）学习萃取的原理和操作，巩固灼烧、溶解、过滤等操作技能。

实验仪器

烧杯、试管、坩埚、坩埚钳、泥三角、酒精灯、铁架台（带铁圈）、玻璃棒、滤纸、分液漏斗、托盘天平、胶头滴管

实验药品

干海带、3% 过氧化氢溶液、3 mol/L 硫酸或饱和氯水（新制）、CCl_4、1% 淀粉溶液、蒸馏水

实验步骤

实验步骤如表 4-2 所示。

表 4-2　实验步骤

步骤	操作	备注
（1）准备	用布（或刷子）擦掉干海带表面的盐渍和泥沙等杂质	—
（2）称量	称取约 3.0 g 干海带，用剪刀将海带剪碎（便于灼烧）	—
（3）灼烧	把海带放入瓷坩埚中，在铁架台的铁圈上放置泥三角，再将坩埚放在泥三角上。打开酒精灯，加盖煅烧。开始时用酒精灯小火加热，用玻璃棒小心地翻动（搅拌），待水汽蒸干，再集中加热、灼烧，直至无烟且海带全部变成海带灰为止（黑色小颗粒）	碳水化合物的组成
（4）浸泡溶解	待坩埚冷却后，将海带灰转移到烧杯中，加入 10 mL 水，搅拌 1 min，加速碘化物的溶解	—
（5）过滤	将海带灰浸出液过滤，收集滤液。必要时可反复操作	—
（6）检验	在试管中取样，加入 2 滴 1% 的淀粉溶液，逐滴加入氯水，观察到溶液变蓝紫色，继续滴加蓝色又消失，证明提取液中存在碘离子	单质的氧化性
（7）萃取	在试管中取适量滤液，加入适量 CCl_4，再逐滴加入氯水，并不断振荡，观察到滤液分层，上层为水层，下层为紫红色有机层。之后进行分液	相似相溶原理
（8）检验	取上层液体，加入 1 mL 淀粉溶液，振荡、静置。观察现象	特征显色反应

小资料

海洋化学污染物

联合国 1982 年通过的《海洋法公约》中,把"海洋污染"定义为:人类直接或间接把物质或能量引入海洋环境,其中包括河口湾,以致造成或可能造成损害生物资源和海洋生物,危害人类健康,妨碍包括捕鱼和海洋其他正当用途在内的各种海洋活动,损坏海水使用质量和减损环境优美等有害影响。

目前,全球人口已经超过 50 亿,而且还在以较高的速率增长,到 2050 年全球人口可能达到 100 亿。在发达国家,每个人每年产生大约 2 t 废弃物,而在发展中国家每个人每年仅产生 0.25 t 废弃物。但是发展中国家也在迅速发展,在工业发展和物质产品变得丰富的过程中人们产生的废弃物也会增加。这些废弃物中的相当一部分最终会排放到大海,造成海洋污染。

一、废弃物的本质

人类向自然环境丢弃的废弃物中,多数是生活中以及工业生产中产生的大量天然或人造的物质。其中天然物质如淤泥能够在环境中沉积,再如采矿的尾矿、发电厂的飞灰等一些惰性废弃物。还有排放的气体,如 CO_2、SO_2。废弃物的种类繁多,其中有一些不仅对人类有很大的危险性,而且能够破坏人类居住的生态环境。

海洋塑料废弃物污染受到全球的关注,每年有数千万吨塑料倾入海洋,造成成千上万的海洋生物的死亡及其他破坏。这些塑料最终成为塑料微粒,被鱼类等海洋生物吞食后,进入食物链,对人类及海洋造成了极大的危害。

二、废弃物处理的方法

最好的方法是减少废弃物的数量。但是有些废弃物无法减少,如污水的量直接与人口数量成比例。许多废弃物应当而且可能被再生利用,但有些废弃物的再生利用成本太高,不是最佳选择。例如,一些有机物作为能源烧掉比再生利用好得多。对于多氯联苯这类难分解的有机物,焚烧是最好的办法。

第五章 海洋生态系统

> 海洋占地球表面积的 70.8%，整个海洋是一个大生态系统，是地球上综合生产力最大的一个生态系统。海洋生态系统的研究起步较晚，从 20 世纪 70 年代才开始。

一、海洋生态系统的概念

海洋生态系统是海洋中由生物群落及其环境相互作用所构成的自然系统，是具有一定结构和功能的整体。

二、海洋生态系统的结构

海洋生态系统的结构包括生物成分和非生物成分。

（一）生物成分

生物成分中的生态类群是根据生物的生活方式来划分的，不是生物学上的物种分类单元。

1. 浮游生物

浮游生物是在水层中进行浮游生活的生物，包括浮游植物和浮游动物。海洋中常见的浮游生物有硅藻、甲藻、金藻、原生动物、各种水母、小型甲壳类（如桡足类），还有许多动物的幼体和藻类的孢子等。

2. 游泳动物

游泳动物是在水层中生活的运动能力较强的一些动物。它们的个体一般都比较大。海洋中常见的游泳动物有鱼类、爬行动物（如海龟、海蛇）、哺乳动物（如鲸类、鳍足类）、无脊椎动物（如甲壳类、头足类）。游泳动物多以其他动物为食物，也有一些摄食植物。这一类群生物中具有经济价值的种类非常多。

3. 底栖生物

底栖生物是在海洋底部生活的生物，有植物，也有动物。底栖生物的种类很多，生活方式也多种多样，如固着在岩石上的、附着在其他生物身上的、埋在软底质的泥沙中的、钻蚀在硬质底中的、匍匐在水底的等。底栖动物中也有能游泳的种类，但是游泳能力差，只做短距离的移动。底栖生物多以有机碎屑为食物，在海洋生物的食物链中有重要意义。

另外，海鸟类也属于海洋生态系统的生物成分。

（二）非生物成分

海洋生态系统的非生物成分包括太阳辐射能、参加物质循环的无机物，如 C、N、P、CO_2、水，以及水文物理状况（海洋现象）等。

与陆地生态系统的非生物成分最大的不同就是海洋环境中独特的海洋现象，如水的垂直分层现象、海流、海浪、潮汐、海水混合、大洋环流。

1. 海流

海流是具有相对稳定速度的海水的流动。它是海水的运动形式之一，对于海洋水文要素的分布和变化来说，海流是一项极为重要的影响因子。按成因它可分为四类：地转流、风海流、补偿流、潮流。

2. 海浪

海浪是发生在海洋中的一种波动现象，主要包括风浪、涌浪、近岸波三种。

3. 潮汐

潮汐是海水在月球和太阳引力作用下发生的周期运动。它包括海面周期性的垂直涨落和海水周期性的水平流动，习惯上将前者称为潮汐，后者称为潮流。潮汐的涨落现象是因时因地而异的。从涨落周期来说，可以划分为三种类型：正规半日潮、全日潮、混合潮。

4. 海水混合

海洋中存在着的一种普遍的运动形式，就是参与这种运动的海水，带着自己原来的特性，由一个空间向另一个空间运动，从而使相邻海水的性质逐渐趋向均匀，结果形成一种水文要素特性均匀一致的海水。对于这种运动，我们总称为海水混合，其可分为分子混合与湍流混合。

发生在海洋中的现象，基本上都是受太阳作用的结果。太阳直接或间接的作用使海面与大气完成热量的交换、质量的交换、动量的交换。这些交换的过程一方面引起海面热量、盐度状况的分布不匀，另一方面导致海水的运动。这种运动首先从表层开始，然后牵动整个大海的全部水层。海水的运动和海洋的热量、盐度状况又影响着其中的化学、生物、沉积等过程。

三、海洋生态系统的类型及特点

海洋生态系统的系统划分，还没有定论。按海水的深度和形态特点，海洋生态系统可分为河口生态系统、海岸带生态系统、浅海生态系统、深海生态系统、大洋生态系统等。

（一）河口生态系统

河口生态系统是大陆水系进入海洋的特殊生态系统。许多河口是人类海陆交通要地，受人类活动干扰甚多，易出现赤潮等环境问题，因此河口生态学是一个重要的研究领域。一般来说，河口生物种类组成较为复杂，多样性指数较高。

（二）海岸带生态系统

海岸带生态系统是处于浅海与陆地交界区域的生态系统。这一区域的生产者多是固着生长的大型藻类，如紫菜。从自然系统的角度看，海岸带是陆地、海洋、大气间相互作用最活跃的地带。

（三）浅海生态系统

浅海为水深 6～200 m 的大陆架范围。浅海生态系统的能量来源是太阳，浅海区许多海洋现象都具有显著的季节性变化，潮汐、波浪、海流的作用都比较强烈。浅海海水中含有大量的溶解氧和各种营养盐类，所以浅海特别是河口地带是渔业和养殖业的重要场所常形成重要的渔场。

（四）深海生态系统

深海为水深 200 m 以深的海域。环境条件稳定，无光，温度在 0～4℃，海水化学组成比较稳定，底质是软相黏泥，压力很大。因为深海生态系统中没有进行光合作用的植物，只有碎食性和肉食性动物、异养微生物和少量滤食性动物等，在热液喷口等处还有化学合成细菌依靠化能合成有机物。

（五）大洋生态系统

从深海带到开阔大洋，深于日光能透入海水的最深界线。大洋面积很大，但水环境相当一致，唯有水温变化，主要受暖流与寒流影响。

除了上述几种海洋生态系统，还有几种重要的海洋生态系统，如红树林、珊瑚礁、上升流海岸湿地生态系统。

（六）红树林生态系统

红树林生态系统是热带、亚热带海岸淤泥浅滩上富有特色的生态系统。全世界现有红树林 1700 万公顷，其中，中国有 1.5 万多公顷。红树林适于生长在风平浪静、淤泥深厚的海滩、湿地或河口地区。红树林生态系统中消费者主要是鸟类、鱼类、底栖无脊椎动物、爬行动物等。

（七）珊瑚礁生态系统

珊瑚礁广泛分布于热带和暖流经过的亚热带海域。珊瑚礁生态系统是热带海洋中最突出、最具代表性的生态系统，有着非常高的初级生产力。其消费者包括数量惊人的各种鱼类及贝类、藻类、虾类、海参和海龟等，为人类提供了丰富的水产资源，同时，又为栖息于此的大量鸟类提供了充足的食物。在热带、亚热带浅海，由造礁珊瑚骨架和珊瑚碎屑组成的珊瑚礁是具有抗浪性能的海底隆起。

（八）上升流生态系统

海水运动具有连续性和不可压缩性，一个地方的海水流走了，相邻海区的海水会流来补充，这样就产生了补偿流。补偿流有水平和垂直之分，垂直补偿流又分为上升流和下降流。

上升流的现象常在大陆的西海岸特别明显。在摩洛哥、非洲西南海岸、加利福尼亚海岸、秘鲁海岸等都有上升流。在这些海区，强劲的信风把表层海水吹离海岸，上升流则把较冷、高营养盐的下层海水带到海洋表面，从而使这些海区的气候和生物条件发生变化。全世界沿岸上升流区域的总面积仅占海洋总面积的 1%，这些区域却产生了世界总渔获量的一半。

上升流生态系统的食物链较短，生产力却很高。

四、海洋生态系统的海洋生物生产力和能量流动

（一）海洋生物生产力

海洋生物生产力是指海洋中的生物通过同化作用生产有机物的能力，为海洋生态系统的基本功能之一。海洋初级生产力指浮游生物、底栖植物及自养细菌等通过光合作用制造有机物的能力，其大小受光照强度、海水中 N 和 P 的含量等影响。根据浮游植物资源的情况，可以将海洋分为寡营养型和富营养型。寡营养型水域内生物量为 $1\,mg/m^3$ 或更低，富营养型水域的生物量大于 $1\,mg/m^3$。

（二）能量流动

海洋生态系统的能量流动是沿着食物链和食物网完成的。食物链的能量是从一个营养级流动到另一个营养级的。

海洋中有一些极短的食物链是陆地生态系统中少见的，如藻类—鲸的食物链。这种食物链只有很少的几个环节，能量流动中的损失较少。

根据食物链的长度不同，可以将海洋食物链分为以下三类。

1. 深海大洋食物链

深海大洋食物链一般至少有 5 个营养级：

微型浮游植物（甲藻、硅藻等）→小型浮游动物（植食性原生动物等）→大型浮游动物（食肉性甲壳类等）→巨型浮游动物（箭虫、磷虾等）→食浮游动物类（灯笼鱼类等）→食鱼动物（乌贼、金枪鱼、海豚等）

2. 沿海带食物链

沿海带食物链包括 3 ~ 5 个营养级：

大型浮游植物（大型硅藻和甲藻等）→大型浮游动物（植食性甲壳类等）→食浮游生物的鱼（鲱鱼等）→食肉性鱼（鲑鱼、鲨鱼等）

3. 上升流食物链

在有上升流的海区，有一类很短的食物链，平均只有 1.5 个营养级。在这

类食物链中，大量的浮游生物是一些鱼类和哺乳动物的食物来源：

浮游植物→食浮游植物的动物（沙丁鱼和鲸等）

浮游动物→食浮游动物的动物（鲸等）

五、海洋生态系统的功能

地球表面的 70.8% 被海洋覆盖，海洋生态系统对人类有着重要而深远的影响，能够为人类创造巨大的经济、社会、环境效益。

1. 海洋孕育了生命

浩瀚的海洋是全球生命支持系统的一个基本组成部分，为生物提供了广阔的生存空间。海洋是生命的摇篮。

2. 海洋为人类提供了大量的食物

海洋孕育着大量的生物。地球上 80% 的动物生活在海洋中，据估计，全球生物生产力的 32% 来自海洋生态系统。

3. 海洋为人类提供工业原料

海洋中含有丰富的矿产资源，且工业原料品种多、储量大，合理的开发利用将会改善人类的生活。

4. 海洋为人类提供用之不竭的动力资源

海洋中的海浪、潮汐、海流、海水温差蕴藏着巨大的能量，都将成为人类可以开发利用的动力能源。

5. 海洋为人类提供药品

海洋生物资源丰富，能够供人们进行医学研究，使人们获得防病、治病的良药，为人类健康服务。

6. 对海洋科学的研究在军事领域具有指导意义

对海洋科学的研究在国防建设中意义重大。海流与潮流对舰艇、潜水艇、布雷、导弹发射等具有较大影响。例如，人们利用海水的物理性质、海洋底质和海洋生物等科学知识，研制出声呐系统。在第二次世界大战中被击沉的潜水艇中有 60% 是靠声呐系统发现的。

7. 在预测天气、影响气候方面发挥了重要作用

海洋和大气是相互联系的，地球上的气候受海洋状况影响。自然界的风、雨、云、海浪等主要是由海洋和大气层相互作用产生的。人们通过研究进水层大气和海洋间相互作用的机制，研究海洋表面的海流和深层环流状况来预测天气。

海洋与大气中 CO_2 的相互交换起着调节大气中 CO_2 含量的作用，这种动态平衡能够控制气候的转变。目前世界上所排放的 CO_2 一半以上被海洋吸收，这一功能正在因全球变暖而削弱。但可以肯定的是，如果没有海洋，地球生态环境早就不适合人类生存了。

8. 海洋对陆地环境起到净化作用

陆地的河川径流最后要汇入海洋。海洋在接纳河川径流的同时也容纳了径流运送的各种污秽物，加上人类活动造成海洋污染和酸雨增加，等等，海洋对污染物进行降解、转化、转移、沉积，从而一定程度上净化了地球的陆地环境。

七、我国海洋生态环境存在的问题

由于沿海地区人口快速增长，经济发展迅速，海岸带开发利用速度加快，沿海海滩、湿地生态环境受破坏的程度加剧，海域总体污染状况仍未好转，近岸海域污染形势依然严峻。

（1）近岸海域污染问题仍然严重。污染海域主要分布在渤海湾、江苏近岸、长江口、杭州湾、珠江口等附近海域。近岸海域海洋生态系统脆弱，大部分海湾、河口、滨海湿地等生态系统受到破坏。

（2）陆源污染物入海总量高居不下。高污染的电镀、医药、化工、印染、制革等行业在沿海地区大量存在，导致大量工业污染物直接排入近海；农村面源污染未得到有效控制，特别是畜禽养殖污染加剧；城市污水处理能力低，已建成的部分污水处理厂不能正常运转。

（3）缺乏区域性污染防治协调机制和海洋统筹综合治理措施，导致流域

和海域之间、区域之间污染纠纷问题突出，局部海域环境质量难以改善。

（4）海洋生物面临物种减少和生物多样性下降的威胁。典型生境损失严重，沿岸和近岸海域多数传统优质渔业资源日趋枯竭，导致海洋生物资源严重衰退，一些珍稀物种处于濒危状态。局部海域水产养殖密度过大，养殖布局不合理，养殖业自身污染成为新的污染源。赤潮灾害频繁发生，港口淤积、航道萎缩、海岸侵蚀、风暴潮和台风灾害等问题也因生态环境恶化而日趋严重。

★思考

（1）什么是海洋生态系统？
（2）海洋生态系统的结构具体包括哪几部分？
（3）海洋生态系统的类型及特点有哪些？
（4）举例说出几种重要的生态系统。
（5）我国海洋生态环境存在的问题有哪些？

★探究

调查青岛海域海洋生态环境存在哪些问题。

小资料

海洋生态环境的保护

防止海洋污染是海洋生态环境保护工作的首要任务。可从以下方面入手：

（1）严格控制陆源污染物向海洋排放，包括控制河流和大气的污染。

（2）加强科学研究，找出各种污染物在海洋中迁移转化的规律，为根治污染提供理论依据。提高监测污染的技术和手段，做到早发现早治理。

（3）合理规划和发展海水养殖业，避免过度养殖带来海水富营养化。

（4）尽快制定和完善有关的法律法规，并严格执法，制止一切污染海洋环境的行为。

为保持海洋生态平衡必须采取有效措施防止海洋生物多样性继续受到人类活动的损害。

第一，保护海洋生物多样性。要树立资源节约的意识，提倡资源循环利用生产方式，强化对重要渔业水域和资源的监管，加快建设资源节约、环境友好型渔业。普及健康养殖技术，推进生态养殖模式，大力发展优质、高效、生态、安全渔业，促进渔业经济增长方式由数量扩张型向质量效益型转变。具体措施包括：①禁止过度捕捞海产品和使用不合理的捕捞方法，使渔业资源能够持续利用，规定禁渔区、禁渔期和保护区；②禁止不合理的海洋开发活动，避免海洋环境（特别是沿岸环境）继续恶化；③严格控制污染物的入海量，按照海洋自净能力接受陆地各种污染物质；④防止过度养殖，优化养殖水域的生态系统；⑤对引种持谨慎态度，防止无意引种对当地物种的危害；⑥控制养殖种群的扩散，预防物种遗传多样性的丧失；⑦严格按照旅游资源的负载能力，合理发展旅游业。

第二，建立海洋自然保护区。海洋自然保护区是指以保护海洋为目的，在海域、岛屿和海岸带对选择的保护对象，依法划出一定的面积予以特殊保护和管理的区域。建立海洋自然保护区就是一种动态的就地保护措施。通过建立保护区能完整地保存自然环境和自然资源的本来面貌，保护、恢复、发展、引种、繁殖生物资源，保护生物物种的多样性，消除和减少人为的不利影响。

第六章 海洋生物多样性

第六章 海洋生物多样性

> 海洋是生命的发源地,其生物多样性远远超过陆生生物。正是海洋特殊的物理、化学因素的复杂性,造就了生命活动的复杂性,物种资源、基因功能和生态功能上的生物多样性。海洋中的生物资源极为丰富,到目前为止已经发现了 20 多万种海洋生物,并且依然有很多的海洋生物物种不断地被发现,包括海洋微生物、海洋植物、海洋动物等。生物多样性包括生态系统多样性、物种多样性和遗传多样性三个层次。

一、海洋微生物多样性

来自(或分离自)海洋环境,其正常生长需要海水,可在寡营养、低温条件(或高压、高温、高盐等极端环境)下长期存活并能持续繁殖子代的微生物均可称为海洋微生物。生物环境的特异性导致海洋微生物在物种、基因组成和生态功能上的多样性。海洋微生物占全部海洋生物量的 90% 以上,据估计物种达 2 亿~10 亿种,具有陆地微生物所无法比拟的生态群落结构多样性和物种多样性。其中,深海微生物由于采样和培养困难,目前开发较少,所以成为各国研究、开发的热点。

由于海洋微生物的生存环境与陆地微生物迥异,它们处在高盐、低温和高压的环境下,生存竞争特别激烈,所以产生了一些不同于陆地微生物的生理结构和代谢方式,具有很强的防御能力和识别能力,在遗传上表现出特异性。这些遗传特异性使得某些微生物在局部环境中的特定条件下能更好地生存和繁殖。

海洋微生物多样性是指所有海洋微生物在内的种类、遗传信息和它们的生存环境的总称。

（一）海洋微生物的种类

海洋微生物主要包括海洋病毒、海洋细菌、海洋古菌和海洋真核微生物。

1. 海洋病毒

海洋病毒是海洋环境中土著性的、超显微的，仅含有一种类型核酸（DNA或RNA）、专性活细胞内寄生（或游离存在）的一类非细胞形态微生物。海洋病毒是海洋生态系统中个体最小也是丰度最高的成员，具有形态多样性和遗传多样性，能侵染多种海洋生物。50%~60%的海洋异养细菌死亡是由海洋噬菌体裂解引起的。海洋病毒的感染致病给水产养殖业造成了巨大损失。

2. 海洋细菌

海洋细菌是指那些只能在海洋中生长和繁殖的细菌。海洋细菌具有三个基本特征：至少在开始分离和初期培养时要求生长于海水培养基中；生长环境中需要Cl或Br元素存在；需生活于Mg含量较高的环境中。大多数海洋细菌是兼性厌氧细菌，专性好氧细菌和专性厌氧细菌都比较少见。

3. 海洋古菌

海洋古菌细胞较小，对于其他生物来说极其恶劣的生境条件，如盐湖、温泉、极地海域等往往能发现大量的古菌，它们大量存在于海水中，是海洋浮游生物的主要组成类群。古菌的发现有赖于分子生物学技术的发展。迄今所认可的古菌仅有99个属，这是因为它们难以用传统细菌学方法分离培养。海洋古菌主要包括广域古菌门、泉生古菌门、初生古菌门和纳米古菌门四个类群，其中包含多种在极端环境中生存的古菌类群。

4. 海洋真核微生物

海洋真核微生物主要包括海洋原生生物和海洋真菌。

海洋原生生物包括原生动物和原生植物（或称真核微藻）。原生动物是单细胞动物或由其形成的简单（无明确细胞分化）的群体，其自身即是一完整的有机体。原生植物是海洋生态系统中的初级生产者，遍布全球海洋，种类多、数量大、繁殖快，在海洋生态系统的物质循环和能量流动中起极其重要的作用。

海洋真菌是一类具有真核结构、能形成孢子、营腐生或寄生生活的海洋微生物，包括海洋酵母菌和海洋霉菌等，有木生真菌、附生藻类真菌、红树林真菌、海草真菌、寄生动物真菌等几种生态类型。

（二）海洋微生物在海洋生态系统中的作用及资源的利用

海洋中的各种微生物在生物地化循环中起了非常重要的作用。

由于海洋环境的特性、物种间密切的生态关系，所以海洋微生物中普遍地存在某些有特殊作用的生物活性物质，而且其活性一般大大超过陆地微生物。海洋微生物的多样性为人类提供了种类繁多、分子结构新颖、化学组成复杂和生理活性特异的海洋天然产品，海洋微生物是开发药物、保健食品和生物材料的巨大宝库。

现已从采自海洋的各种样品如海水、海底泥、海鱼胃容物、柳珊瑚、表面含有河豚毒素的叉珊藻、毒蟹、毛颚动物等的体内或体表中分离到的细菌、放线菌产生出多种生物活性物质，包括抗氨基糖苷类耐药菌株的新氨基糖苷类抗生素，其对绿脓杆菌和一些耐药性革兰氏阴性菌具有较强的活性，抗菌谱广。微藻中的某些甲藻能形成不寻常结构类型的多醚类抗生素；螺旋藻中蛋白质、维生素、矿物质、必需氨基酸和必需脂肪酸的含量也很丰富，具有降低血液中的胆固醇含量、增强肠道乳酸菌群、降低重金属和药物的毒性等诸多方面的潜在药用价值。除了直接产物外，海洋微生物还产生了具有药理功能的先导生物活性物质。

（三）海洋微生物多样性的研究方法

自利用核酸序列的测序来研究微生物的进化问题以来，对微生物多样性的研究进入了一个崭新的阶段。采用 PCR 技术、16S rRNA 序列同源性比较等方法，使海洋微生物多样性的研究取得了较大的进展。

二、海洋植物多样性

海洋植物是海洋中利用叶绿素进行光合作用生产有机物的自养型生物。海洋植物比陆生植物种类少,但资源量大,从低等的藻类到高等的种子植物等共1万多种。

海洋植物主要包括海藻、海草、盐沼植物和红树林。海藻在海洋中广泛分布,种类繁多,包括褐藻、绿藻等。海草是生活于热带和温带海域浅水区的单子叶植物。盐沼植物是生长在温带海域沼泽地的植物。红树林是生长在热带、亚热带海区的潮间带上部至潮下带泥沙底质沼泽地带的单子叶或双子叶乔木和灌木。

三、海洋动物多样性

地球上动物界的物种多样性远高于植物界。海洋更是动物的世界,具有比陆地或淡水生境更多的生物门类和特有门类。在动物界的34个门类中,海洋中有33个门,其中有15个特有门;陆地有18个门,仅有1个特有门。

全球海洋的水体及其上空,从海上至海底,从海岸至最深的海沟,都有海洋动物。海洋动物门类繁多,有16万~20万种,微小的有单细胞原生动物,大的有体长超30 m、重超过190 t的蓝鲸。海洋动物可分为海洋无脊椎动物、原索动物和脊椎动物三类。原索动物是海洋生物特有的种类,不在陆地分布。各门类的形态结构和生理特点有很大差异,以摄食植物、微生物和其他动物为生。

四、保护海洋生物多样性的重要意义

海洋生物是海洋中的宝贵资源,它们是能自行繁衍和不断更新的且很多具有开发利用价值的生物。但海洋生物需要有良好的生存条件,如今的海洋生态环境遭受破坏，绝大部分是人类行为的干扰破坏所引起的，只有减少对海洋生态环境的破坏，更好、更合理、有序、有度地开发利用海洋生物资源，海洋生物多样性才能得到更好的保护。

（一）保护海洋生物多样性有利于海洋生物的丰富和发展

保护海洋生物的多样性，对海洋生物自身而言其作用主要表现在以下两个方面。

1. 使海洋生物总量得以保持

海洋生物多样性得到有效保护后，有利于海洋生态系统的稳定和平衡。生态系统的平衡有利于生物的繁殖和竞争。合理的竞争关系，有利于控制物种的数量，使其保持平衡，不给环境造成负担。

2. 保护海洋生物的种类

海洋生物多样性减少，则海洋生态系统的平衡会受到影响，海洋生物的种类会相应减少，所以保护海洋生物多样性有利于保护海洋生物的种类。

（二）保护海洋生态系统多样性有利于生态环境的稳定

海洋生物多样性能得到有效的保护，意味着海洋生态系统能够正常地发挥其功能，从而使生态环境能够稳定、平衡。

（三）保护海洋生态多样性有利于人类的生存和发展

1. 为人类提供丰富的自然资源

海藻有重要的经济价值，可食用的藻类有红藻门中的紫菜、石花菜，褐藻门中的海带、裙带菜，蓝藻门中的螺旋藻等；有些藻类可作为工业原料提取琼胶、卡拉胶、褐藻胶等，如红藻门中的石花菜、江篱，褐藻门中的马尾藻等；许多海藻可提取抗癌、治疗心血管疾病等的化学物质，为研究、开发海洋药物开辟了广阔的天地，一些海洋药品已相继开发成功，如施普瑞。

无脊椎动物中的许多种是重要的经济种：如甲壳动物中的虾、蟹，软体动物中的扇贝、鲍鱼，棘皮动物中的海参、海胆等是重要的海产品；一些小型种类如桡足类则是鱼、虾等的天然饵料；从甲壳动物中提取的甲壳素是工业和医药原料。近年来，海洋活性物质的研究开发逐渐加强，尤其是对海绵、珊瑚、海葵、海星、海鞘等动物中的活性物质的筛选研究等非常活跃。海洋无脊椎动物可能是未来重要的海洋药物来源。

海洋生物多样性为人类提供了丰富的自然资源，是人类生存和发展的基础。

2. 有利于人类从中得到研究的启迪

海洋生物也为人类提供了许多有益的启迪，这些价值是无法估量的。海洋动物是科学家研究仿生应用的重要生物之一。例如，风暴来临之前，水母可以听到海浪与空气摩擦产生的 8～13 Hz 的次生波，人耳却无法听到，科技工作者模仿水母的听觉器官，成功研制了水母耳风暴预测仪；根据鲎的视觉原理，模仿鲎的侧面抑制机制，研制出了新型的电视摄像机。

★ 思考

1. 海洋微生物分为哪几类？
2. 海洋细菌包括哪些类型？并说明其生长环境。
3. 保护海洋生物多样性的意义。

★ 探究

调查青岛石老人海水浴场附近潮间带的生物种类。

第七章 海洋浮游生物

海洋包括海水和海底两部分组成。据估计现生海洋生物约有200万种，根据海洋生物的生活习性、运动能力及所处海洋水层环境和底层环境的不同，可将其分为浮游生物、游泳生物和底栖生物三大类群。海洋浮游生物缺乏发达的运动器官，没有或仅有微弱的游动能力，悬浮在水层中常随水流移动。绝大多数个体很小，在显微镜下才能看清其结构。其种类繁多，数量很大，分布又很广，几乎在世界各海域都有分布。1887年，德国浮游生物学家V.Hensen首先采用"Plankton"一词专指浮游生物，意为漂泊流浪。海洋浮游生物主要包括海洋浮游植物和海洋浮游动物。

一、海洋浮游植物

海洋浮游植物多为单细胞植物，具有叶绿素或其他色素体，能吸收光能（太阳辐射能）和 CO_2 进行光合作用，自行制造有机物（主要是碳水化合物），亦称自养性浮游生物。海洋浮游植物主要包括硅藻、自养甲藻、绿藻、金藻、黄藻等。它们是海洋生态系统中的主要生产者，属于初级生产者。由于需要吸收光能，它们一般分布在海洋的上层或透光带。

二、海洋浮游动物

海洋浮游动物种类繁多，结构复杂，包括无脊椎动物的大部分门类，如原生动物、腔肠动物（包括各类水母）、轮虫类、甲壳动物、腹足动物（包括翼足类和异足类）、毛颚动物、被囊动物（包括浮游有尾类和海樽类）以及各类动物的浮游幼体。

三、海洋漂浮生物

海洋漂浮生物是海洋浮游生物的一个特殊生态类群，特指生活在海气界面和海水表面膜上的生物，又称海洋水表生物。漂浮生物包括水漂生物、表上漂浮生物和表下漂浮生物。

1. 水漂生物

水漂生物生活于海气界面，部分身体露出水面，部分在水中，其分布直接受风力的影响。这类生物的代表有：

（1）褐藻类的马尾藻。这类藻类原为底栖固着生活，当离开固着基质以后，由于马尾藻的叶状体有浮囊，可漂浮于海水表面，虽不能生殖，但能继续生长。在马尾藻海，与漂浮马尾藻一起生活的其他藻类和动物有50多种，有人称之为马尾藻群落。

（2）腔肠动物的帆水母、银币水母、僧帽水母和漂浮海葵等。这些动物有充满气体的浮囊体。

（3）软体动物的海蜗牛可捕捉气泡；海神鳃能吞入空气在胃中形成气泡；船蛸有轻薄如纸的贝壳，壳内腔可保存气体等；茗荷附着在悬浮物（如木材）或动物体之上。

2. 表上漂浮生物

表上漂浮生物生活于海水表面膜上，主要代表有海蝇（大洋性）和黄蝇（近岸性）。这类动物受海水表面张力的支持，能有效地控制自己在海水表面运动。

3. 表下漂浮生物

表下漂浮生物是一类较重要的类群，主要栖息于海水最表层（深度 $<5\ cm$）。这个类群包括终生生活于海水最表层的生物，如角水蚤、奇异猛水蚤，以及阶段性生活于海水最表层的各类动物的浮性卵和漂浮性幼体。

 ★思考

（1）海洋浮游植物的特点是什么？

（2）水漂生物的代表生物及特点。

 ★探究

海洋浮游生物样品采集与种类鉴定

实验目的

（1）初步掌握浮游生物采集的一般方法。

（2）学会浮游生物标本的固定和鉴定方法。

（3）巩固课堂理论知识，培养独立进行科学研究的能力。

实验仪器

表面水温计、温度计、浮游生物网、采水器、溶氧测定仪、便携式pH计

实验药品

福尔马林

实验步骤

一、海洋浮游生物的采集

（1）清洗浮游生物网，关闭网头开关。

（2）把浮游生物网放在0.5 m水深处按横"8"字来回拖动，注意不要有气泡，转弯处要圆滑，3～5 min后起网。

（3）将网底内的样品收集到贴了标签（表7-1）的样品瓶内，反复冲洗网底多次，以保证样品被全部收集。

（4）在样品瓶内加2～3 mL福尔马林溶液固定，带回实验室。

附：

表 7-1 水样瓶标签

编号	采样点	水深	pH	采样时间	水域名称	水温	气温	溶解氧

二、观察鉴定

将采集的水样置于显微镜下镜检，参照浮游生物图谱等资料进行属种鉴定。对于优势种应该鉴定到种，一般种类可鉴定到属。鉴定结束后应将鉴定的种类列出名录（表 7-2）（教师应结合观测点的浮游生物种类事先向学生讲解它们的形态、结构特征，使学生对各类浮游生物有所了解）。

附：

表 7-2 浮游生物属、种、个体数量记录表

编号	采样点	水深	pH	水域名称	水温	气温	溶解氧	浮游生物名称

小资料

太平洋黄金水母

太平洋黄金水母，生活在东太平洋，从加拿大到墨西哥的深海都有分布，在加利福尼亚州和俄勒冈州沿海最常见，日本海域亦有活动记录。该水母体色为金黄色，伴有红色调，直径为 50～100 cm，24 条栗色触手，长度是 360～460 cm，长有刺细胞，对于人类来说其毒素具有低危险性。太平洋黄金水母为肉食性，主要食物是浮游生物、甲壳类动物、小鱼和其他水母，为无性繁殖。

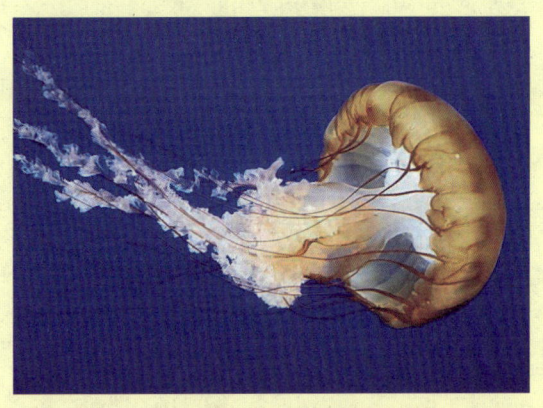

太平洋黄金水母

海蜗牛

海蜗牛这类动物的壳又薄又轻，一般为白色和淡蓝色，陀螺形，表面光滑没有厣。触角分叉，眼几乎退化。这种动物的足部能够分泌出黏液而形成浮囊，它就是借助浮囊过着与众不同的既逍遥自在又充满风险的浮游生活。

海蜗牛

第八章 海洋游泳生物及底栖生物

第八章 海洋游泳生物及底栖生物

> 海洋生物的生态类群除了浮游生物，还有本章要讲的海洋游泳生物及底栖生物。海洋游泳生物包括海洋鱼类、哺乳类、头足类和甲壳类的一些种类以及爬行类。海洋底栖生物是栖息在潮间带、浅海及深海海底的生物。海洋底栖生物是海洋生物中种类最多的一个生态类群，包括了大多数海洋动物门类、大型海藻和海洋种子植物等。

一、海洋游泳生物

海洋游泳生物具有发达的运动器官，在水层中能克服水流阻力，自由游动。根据其生活的不同生境和对水流阻力的不同适应能力，海洋游泳生物可分为以下四个类群。

1. 底栖性游泳生物

底栖性游泳生物主要生活于海洋底层，游泳能力较弱，如灰鲸属、儒艮属、鲽形目的种类及一些深海对虾类。

2. 浮游性游泳生物

浮游性游泳生物运动能力较差，如灯笼鱼科、星光鱼科的种类。

3. 真游泳生物

真游泳生物生活于广阔的海洋水层中，游泳能力强，速度快，如大王乌贼科、鲭亚目、须鲸科的种类。

4. 陆缘游泳生物

陆缘游泳生物常出现于海岸沙滩、岩石、冰层或浅海等处，如海龟科、企鹅目、鳍足目、海牛目的种类。

二、海洋底栖生物

这些生活在海底（底内和底上）的生物，由德国生物学家 E. H. Hachael 于 1891 年首先提出并命名为"底栖生物"。

（一）按照生物属性划分

海洋底栖生物按生物属性可为海洋底栖植物、海洋底栖动物、海洋底栖微生物。其中底栖植物种数较少，底栖动物种类繁多。

1. 海洋底栖植物

海洋底栖植物依靠光合作用制造有机物，为自身提供营养，是生态系统中的生产者，为自养型生物，如海带、石莼、紫菜，以及海草和红树等种子植物。海洋底栖植物大多营定生生活，固着于底层，主要分布在透光的潮间带和潮下带。有些种类，如红藻类的海萝和红树，可以生活在潮上带，退潮后能长时间经受太阳的暴晒。另外，海洋底栖植物还包括浒苔、水云等附着于船底等物体的种类。

2. 海洋底栖动物

海洋底栖动物包括海洋动物的大多数门类，按生态类型可分为底内动物、底上动物和底游动物。埋栖于海底的多种蛤类、蝉蟹等，穴居的美人虾、多毛类、肠鳃类等统称为底内动物。固着或附生于岩礁等坚硬物体和沉积物表面的海绵动物和苔藓动物，腔肠动物的珊瑚虫类和水螅虫类，软体动物的牡蛎、贻贝、扇贝等，以及匍匐爬行于基底表面的海星、寄居蟹等，统称为底上动物。底游动物包括栖息于底层的鱼类和活动能力较强的无脊椎动物。

那些附着生长于船底、浮标、水雷或其水下设施表面的底栖生物，如牡蛎、藤壶、苔虫、水螅、海鞘，称为海洋污着生物或称污损生物。穴居于木材或岩礁内的底栖生物，如船蛆、海笋和甲壳类的蛀木水虱、团水虱，称为海洋钻孔生物。

3. 底栖微生物

底栖微生物通常指个体微小的原核或真核单细胞自养或异养微型生物，主要包括细菌、真菌、原生动物等。

（二）按体型大小划分

底栖生物如根据体型大小的不同，又可分为三类：

（1）大型底栖生物：体长（径）大于 1 mm，如海绵、珊瑚、虾、蟹、多毛类。

（2）小型底栖生物：体长（径）为 0.5 ~ 1 mm，主要有海洋线虫、海洋甲壳动物的猛水蚤类和介形类等。

（3）微型底栖生物：体长（径）小于 0.5 mm，主要有原生动物、真核微藻等。

  ★思考

（1）海洋游泳生物分为哪几个类群？分别有什么特点？

（2）海洋底栖生物的种类有哪些？

  ★探究

蜈蚣藻的 DNA 提取和 PCR 扩增

实验目的

（1）熟练掌握 DNA 提取的一般方法。

（2）掌握 PCR 扩增技术。

（3）巩固课堂理论知识，培养独立进行科学研究的能力。

实验药品

（1）氯仿、琼脂糖、2%CTAB、NaCl、蛋白酶K、10%的CTAB溶液、乙酸钠、沉降CTAB溶液、TE、EB、异戊醇、100%酒精、70%酒精、PCI（异戊醇∶氯仿∶苯酚=1∶24∶25）、1×TAE、β-巯基乙醇

（2）植物DNA提取试剂盒：漂洗液PW、缓冲液GP1、缓冲液GD、缓冲液GP2、洗脱缓冲液TE

（3）2×Taq PCR MasterMix：20 mMol/L的Tris−HCl（pH 8.3）、3 mMol/L的$MgCl_2$；每微升0.1个单位的Taq Polymerase、100 mMol/L的KCl溶液、500 μMol/L的dNTP

实验器材

三用恒温水箱、冷冻离心机、移液枪、全自动高压灭菌锅、研钵、PCR仪、三用紫外分析仪、电泳仪、电子分析天平、显微成像系统、吸附柱CB3、迷你离心机、离心管

实验方法

一、提取DNA

（1）用电子天平称取藻体35～50 mg，用吸水纸将藻体表面的水分吸干，并放入已高温灭菌烘干的研钵中，倒入液氮，充分研磨待用。

（2）将研磨好的藻体粉末放入盛有适量清洗缓冲液的离心管中，充分混匀。将混匀的液体放入离心机中离心，用移液枪取出离心后的上清液。如此反复5～8次，直到离心后的上清液变为无色，停止离心。

（3）在上述上清液中加入UNSET buffer 400 μL，充分混匀，直到产生泡沫为止。

（4）将盛有混匀液体的离心管，放到冰盒中保存35～45 min，其间，要多次取出摇晃，使其中的溶液充分混合。

（5）从冰盒中取出离心管，加入PC I 400 μL，轻轻震荡后放置10 min，将离心机设置为温度4℃、转速为10000 r/min，离心3～5 min

后，取出。

（6）用移液枪分离出离心管中的上清液，转移到一个新的离心管中，靠近下部的部分可舍弃，以免混入杂质。在新的离心管中加入与上清液相同体积的 PCI，反复抽提 2 次。

（7）抽提过后，将上清液转移到一个新离心管中，加入体积比为 1:1 的异戊醇和氯仿，轻轻震荡 5～10 min。在本步骤中，震荡不能太过剧烈，否则会破坏 DNA 的结构。

（8）将离心管放入温度为 4℃、转速为 10000 r/min 的离心机中离心 2～5 min。将离心后的上清液转移到新离心管中，下部的蛋白质和杂质直接丢弃。

（9）将上清液中加入 20 μL 4 mol/L 的 NaCl 溶液、无水乙醇 1000 μL。当加入无水乙醇后，会立刻有絮状物出现。将溶液充分混匀，在冰上放置 5 min。

（10）待其冷却后，将离心管放入温度为 4℃、转速为 12000 r/min 的离心机中离心 2～15 min。这时，离心管的底部会出现沉淀物，将上清液弃掉。

（11）在沉淀物中，加入已冷却的 70% 的酒精，并在温度为 4℃、转速为 12000 r/min 的离心机中离心 2～10 min。反复该步骤 2～3 次，保证沉淀物冲洗干净。

（12）将最后得到的沉淀物干燥 20～30 min，直到酒精完全挥发，并将其保存在 50～100 μL 的蒸馏水中。

二、PCR 反应体系的建立

PCR 反应体系中，包括 1 μL 提取出来的模板 DNA、2×Taq PCR Master Mix 12.5 μL、上游引物 1 μL、下游引物 1 μL、蒸馏水 34.5 μL，总体积为 50 μL。若提取出的 DNA 浓度偏低，则可将其体积增加为 2 μL，为保持反应体系中的总体积不变，蒸馏水的体积应改为 33.5 μL。

三、PCR 反应过程

各反应物加体系后,将反应管放入仪器中,开始设置反应条件。条件设置为:第一步,使其在 93℃下,预热 1 min,目的是使 DNA 解链变性,为进入下一阶段做好准备;第二步,55℃下保持 2 min,使其复性;第三步,在 72℃维持 3 min,目的是使 DNA 链在引物的作用下完成延伸;第四步,设置循环周期为 35 圈;第五步,终止循环,将其降温到 4℃保存。根据实验结果的情况,如果检测得到的条带不明显,可将循环周期设置为 40 或 45 圈。此时循环周期不能过多,否则可能造成拖带或杂质条带过多,影响最终测得的序列。

四、PCR 扩增产物的电泳检测

第一步,用量筒量取 1×TAE 20 mL,电子天平称取琼脂糖 0.2 g,加入 1×TAE 溶液中;若制大胶,可将其加倍,琼脂糖为 0.4 g,1×TAE 为 40 mL。将其在锥形瓶中充分混合均匀,微波炉中火加热 50~60 s 至液体沸腾,且变为透明状为止。将液体静置 10 min,待温度稍下降。

第二步,准备好电泳设备,水平放置电泳板,并插上电泳梳,将液体缓缓倒入,待半小时左右,胶完全冷却,拔去电泳梳,取出电泳板,放入电泳槽内。

第三步,倒入缓冲液,从冰箱中取出反应管,开始点样。点样时,速度不能过快,以免溢出。

第四步,打开电泳仪,运行 25~30 min,当条带到胶的 2/3 部分时,关闭电泳仪,将胶取出。

第五步,将取出的胶放入 EB 中浸泡染色 20 min 左右,取出,在紫外灯下观察,并照相。

小资料

浒苔

浒苔

浒苔，亦称"苔条""苔菜"，隶属于绿藻纲石莼科。藻体鲜绿色，由单层细胞组成，围成管状或粘连为带状。不同种的细胞排列不同，单核，淀粉核1个至多个。色素体片状，1个。单条或分支，管状膜质，丛生，主枝明显，分枝细长，高可达1 m。基部由假根丝组成盘状固着器附着在岩石上，生长在中潮带滩涂的石砾上。无性或有性生殖，配子可营养性生殖，生活史为孢子体和配子体同形世代交替。

浒苔绿潮暴发时，大量浒苔漂浮聚集到岸边，阻塞航道，同时破坏海洋生态系统，严重威胁沿海渔业、旅游业发展。浒苔绿潮的暴发是由全球气候变化、水体富营养化等因素造成的。

镶边海星

镶边海星，体坚实，腕 5 个，狭长，末端渐变细，长可达 50 余毫米；辐径与间辐径的比约为 3.5。反口面遍布小柱体，盘中央和边缘的小柱体小而密集。每个小柱体的顶上有半球形的颗粒 1～20 个，周缘有 7～20 个呈放射状排列的小棘，棘间有膜相连。

上缘板一般为 30 个上下，大而厚，略呈长方形，排列整齐而美观，像镶嵌的边一样。下缘板与上缘板上下相对，数目相等，仅间辐部者比上缘板略宽。上、下缘板的表面都生有玻璃状和容易脱落的细颗粒；各板的边缘有小棘，棘间有膜相连。

侧步带板小，成菱形，在沟缘有 1 行 5～6 个较大的棘；其他三边都生有较小的棘，内有 1 个较大的棘，呈拇指状。口板小而狭长。口面间辐部各有一些大小不等和排列不太规则的腹侧板，好像镶砌的一样。筛板上也生有颗粒和小棘，与邻近小柱体上的同形。

镶边海星

参考文献

［1］冯士筰，李凤岐，李少菁. 海洋科学导论［M］. 北京：高等教育出版社，1999：F8.

［2］Sverdrup H U, Johnson M W, Fleming R H. The oceans: Their physics, chemistry and general biology［M］. Englewood Ciliffs: Prentice-Hall, 1942.

［3］Hill M N. The Sea［M］. New York: Wiley-Interscience, 1963.

［4］刘南成. 自然地理学［M］. 第三版. 北京：科学出版社. 2014.

图书在版编目（CIP）数据

海洋科学 / 张雯主编. —青岛：中国海洋大学出版社，2019.5

"海洋、科技与学生成长"青岛市精品校本课程系列教材 / 翟召东主编

ISBN 978-7-5670-2092-4

Ⅰ.①海… Ⅱ.①张… Ⅲ.①海洋学—高中—教材 Ⅳ.①G634.551

中国版本图书馆CIP数据核字(2019)第021737号

出版发行	中国海洋大学出版社	
社　　址	青岛市香港东路23号	邮政编码　266071
出 版 人	杨立敏	
网　　址	http://pub.ouc.edu.cn	
订购电话	0532-82032573（传真）	
责任编辑	董　超	
电子信箱	465407097@qq.com	
装帧设计	祝玉华	
照　　排	光合时代	
电　　话	0532-85902342	
印　　制	青岛环海瑞源印刷科技有限公司	
版　　次	2021年5月第1版	
印　　次	2021年5月第1次印刷	
成品尺寸	185 mm×260 mm	
印　　张	5.75	
印　　数	1～1000	
字　　数	78千	
定　　价	260.00元（全五册）	

如发现印装质量问题，请致电15866814567，由印刷厂负责调换。

科技创新
与专利申请

Technological innovation and
patent application

主　编：张培喜
副主编：郑咏梅
编　委：于旭臣　管清方　杨　康　宋玲玲
　　　　范冬辉　张海娟　冯　华

中国海洋大学出版社
·青岛·

"海洋、科技与学生成长"青岛市精品校本课程系列教材编委会

主编： 翟召东

编委： 郭 俭　张培喜　郑咏梅　韩明镜
　　　　单 珊　邵 杰　张 雯

前言 Preface

青岛第六十八中学一直重视开展青少年科技创新活动，将科技活动列入了教学日程。组织科技辅导员学习《中共中央国务院关于深化教育改革全面推进素质教育的决定》和《中华人民共和国科学技术普及法》等文件，统一思想，提高认识，依法开展科普活动。同时，学校提出要求：要把科技活动常态化，要把科技活动教学化，要把科技活动课题化；要以学生可持续发展为本，要让每一个学生在创造实践中成长，要培养出21世纪具有综合能力的创造性人才。最终将科技创新教育打造成学校的办学特色。

根据学校发展规划，学校近年来对科技活动投入了大量人力和物力，在实验楼和教学楼内，设置了科技活动室，配置了电脑、简单机械加工工具、科普图书等，以促进学校科技活动的开展。先后订购科技报刊十几种，投入资金约2万元；2018年又新购科普图书近百册，投入资金近5000元。学校在不断加大科技创新工作资金投入的同时，更注重科技创新课程的建设。在这种形势下，结合科学技术发展与新课程改革，我们积极开展新课程建设、研究性学习和综合实践创新活动，推出了"科技创新与专利申请"课程。该课程面向全体学生，为每一个学生的成功创造条件。创造让学生施展才华的时间和空间，构建让学生张扬个性的舞台。使学生既能全面发展,又学有所长。全面发展是基础,学有所长是根本,发挥个性是手段,培养创造才是目的。在弘扬科学精神、传播科学思想和科学方法的同时,将现代科学技术和专利申请知识引入学校教育教学活动中,培养学生"动手、动脑、学会创造"的创新精神和实践动手能力的同时也让学生了解到专利申请的相关知识和申请流程,提高专利意识,全面提高学生的综合素质。

科技辅导员　张培喜

2021 年 1 月

Contents 目录

第一章
创新思维 / 001

第二章
科技创新的一般过程 / 007

第一节　发现与明确问题 / 009
第二节　制定创新方案 / 014
第三节　模型制作 / 015
第四节　测试、评估及优化 / 015

第三章
科技创新的常用技法 / 017

第一节　缺点列举法 / 019
第二节　希望点列举法 / 022
第三节　设问发明法 / 025
第四节　联想发明法 / 029
第五节　组合发明法 / 032
第六节　逆向思考法 / 036
第七节　移植发明法 / 038
第八节　巧妙仿生法 / 042
第九节　废物利用法 / 045
第十节　专利发明法 / 048

第四章
全国青少年科技创新大赛获奖作品精选 / 053

作品一　水、风力活塞式抽水泵（物理学）/ 055
作品二　果品适宜储藏温度简易判定法（植物学）/ 057
作品三　一氧化碳清除器（化学）/ 059
作品四　光感笔的设计与开发（计算机科学）/ 061
作品五　智能饮水机（电子信息学）/ 063

第五章
青岛第六十八中学科技创新获奖作品精选 / 065

作品一　一种躲避风雨的旋转式晾衣架 / 067
作品二　一种船体防撞装置 / 070
作品三　一种适合多种尺寸的手摇式卷线器 / 072

第六章
专利申请 / 075

附件
青岛市青少年科技创新大赛项目材料 / 083

附件 1 / 085
附件 2 / 103
附件 3 / 107
附件 4 / 111

第一章
创新思维

一、创新的重要性

随着社会的发展，创新成为时代的主题。学习、科技、生活、就业、工作、创业，都需要创新，这是一个呼唤创新的时代，特别是科技的飞速发展更为创新提供了广阔的土壤。创新是人类赖以生存和发展的基石，是企业生存和发展的灵魂，是国家和社会发展的源泉和动力。世界要发展，就需要创新！

二、名人说创新

不创新，就灭亡。

——亨利·福特

要么创新，要么死亡。

——托马斯·彼得斯

领袖与跟风者的区别就在于创新。

——史蒂夫·乔布斯

三、创新的定义

创新是指人们为了发展的需要，运用已知的信息，不断突破常规，发现或产生某种新颖、独特的有社会价值或个人价值的新事物、新思想的活动。

创新是以新思维、新发明和新描述为特征的一种概念化过程。它起源于拉丁语，原意有三层含义：第一，更新；第二，创造新的东西；第三，改变。这里所说的创造新的东西即为创造。创造是个体根据一定目的和任务，运用一切已知的条件，产生出新颖、有价值的（精神的、社会的、物质的）成果的认知和行为活动。

创新涵盖的面很广，本书所要介绍的主要是科技创新。科技创新是原创性科学研究和技术创新的总称，是指创造和应用新知识、新技术和新工艺，采用新的生产方式和经营管理模式，开发新产品，提高产品质量，提供新服务的过程。科技创新可以被分成三种类型：知识创新、技术创新和现代科技引领的管理创新。原创性的科学研究或知识创新是提出新观点（包括新概念、新思想、新理论、新方法、新发现和新假设）的科学研究活动，并涵盖开辟新的研究领域、以新的视角来重新认识已知事物等。原创性的知识创新与技术创新结合在一起，使人类知识系统不断丰富和完善，认识能力不断提高，产品不断更新。信息通信技术发展引领的管理创新作为信息时代和知识社会科技创新的主题，是当今时代科技创新的重要组成部分，也是新知识、新艺术的一部分，它自身也是电子信息或新概念、新思想、新理论、新方法、新发现和新假设的集成。

四、创新思维

创新能力是人的能力中最重要、最宝贵、层次最高的一种能力，其核心能力是创新思维能力。人的创新思维活动是人创新实践活动中的"骨髓""基石"，没有思维中的创新就没有实践中的创新。

创新思维是进行全新的构思、联想和创新设计的一种思维方式，是人类在探索未知领域过程中，打破常规，积极向上，寻求获得新成果的思维活动。创新思维是人类思维活动的精髓。

创新思维活动不同于一般的思维活动，它是一种在人的心理活动的最高水平上实现的、多种思维形式协调活动的综合性思维。它不仅存在于想象、灵感及潜意识活动之中，还普遍存在于联想、归纳、分析、抽象、概括、类比等思维形式之中，是一种具有独创性、联动性、多向性、跨越性等特征的综合性思维。

　　创新思维是创造力的源头活水。要培养具有创新精神的人,必须首先培养其创新思维。

第二章 科技创新的一般过程

科技创新是一个有计划的创新活动，它有着科学合理的基本工作程序。

第一节　发现与明确问题

从本质上说，科技创新是一个问题求解的过程。它从问题出发，并围绕问题展开各项活动。因此，科技创新必须从调查需求、分析信息、发现与明确需要解决和值得解决的问题开始，并在此基础上提出设计项目，明确设计要求。

一、发现问题

（一）问题的来源

在生活中，有很多我们不知道而又需要解答的话题，这就是问题。问题形形色色、多种多样，有的是科学方面的问题，有的是社会方面的问题，也有的是技术方面的问题。在技术课程中，我们讨论的主要是技术方面的问题。

从技术角度看，人类进步与发展的过程就是不断地发现问题，不断地进行设计，从而解决问题的过程。那么，问题是如何产生的呢？这不外乎下列三种情况：第一种，人类生存活动中必然会遇到的问题。例如，为了解决人们如何进食的问题，中国人设计出了筷子，而西方人则设计出了刀叉。第二种，由别人给出问题，设计者必须针对问题寻求解决方案。例如，当汽车的时速超过200千米时，空气阻力的问题越来越明显。为了解决这个问题，人们设计了外观呈流线型的汽车。第三种，基于一定的目的由设计者自己主动地发现问题，并试图解决它。

在上述三种情况中,第一种、第二种问题的提出往往比较明确,主要是针对一般的和已有的问题提出的;而第三种问题却是全新的,它需要我们积极主动地思考,需要我们细致入微地分析,需要我们独具慧眼地发现。这类问题的发现,一方面可以挑战和拓展我们的能力,另一方面也有可能更好地满足人们的需要,推进技术的发展和创新。

(二)发现问题的途径与方法

问题存在于世界的每个角落,存在于生活的方方面面。我们不仅应有主动发现问题的意识,而且应掌握一些发现问题的方法。只有这样,才能从根本上发现问题,发现有价值的问题。

1. 观察日常生活

日常生活是问题存在的背景和基础,它往往蕴藏着丰富的问题资源,同时也离我们最近。循环往复的生活内容,偶然遇到的一个事件、一个事物、一个现象,甚至于对日常生活中所遇到的人或物或事的偶然一瞥、偶然一思,都可能引发一个问题。

案例分析

新式纺纱机的诞生

詹姆斯·哈格里沃斯有一次无意中将家中的纺车碰翻了,他看见原来水平放置的纺车变成了竖立的纺锤却仍在不停地转动。

 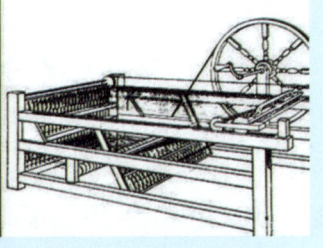

詹姆斯·哈格里沃斯和他发明的新式纺纱机

从这一偶然事件中,他得到启示:既然纺锤竖立时仍能转动,要是并排使用几个竖立的纺锤,不就可以同时纺出好几根纱吗?几经试验,他终于发明了装有八个纺锤的新式纺纱机。

对于日常生活中的问题，我们还可以通过有目的、有计划的观察来加以发现。这样的观察，往往需要根据一定的目的，先制订一个观察计划，然后用自己的感官和辅助工具观察日常生活的某一方面，最后在一定的总结与分析的基础上提出问题。

2. 观察的一般要求

（1）养成观察习惯，形成观察的灵敏性；集中精力、勤奋、全面和多角度地进行观察；观察与思考相结合。

（2）制订好观察计划。因观察计划只供观察者使用，应力求简便，只需列出观察内容、起止时间、观察地点和观察对象即可。为使用方便，还可以制成观察表或卡片。

（3）按计划进行观察，做好详细记录，最后整理、分析、概括观察结果，得出结论。

3. 收集和分析信息

在信息时代，种类繁多、纷至沓来、层出不穷的信息是丰富的问题之源。我们通过对文献信息、网络信息、媒体信息的收集、检索和分析，往往可以发现一些有价值的问题；通过问卷调查、询问访谈等方式进行信息的收集，有时也会有惊人的发现。我们把对已有文献信息进行收集、分析的方法称为文献法；把用问卷的方式进行实际调查获取信息、发现问题的方法称为问卷调查法；把以询问的方式收集和获取信息、发现问题的方法称为询问法。其中，询问法包括：直接询问法、间接询问法；集体询问法、家庭走访询问法、个别询问法等。

4. 技术研究与技术试验

技术研究、技术试验是重要的技术活动，也是发现问题的途径与方法。通过技术研究、技术试验，我们有可能从对已有技术问题的研究中发现与之相联系的问题，从已有的研究结论中发现新的问题，也有可能在技术研究、试验的过程中获得灵感、体悟，进而发现新的问题。

> **案例分析**
>
> 伽利略与体温表
>
> 在一次课上，伽利略与学生一起做技术试验时，看到水温升高后罐内水位就会上升，由此突然想到一个技术问题："能不能利用热胀冷缩的原理制造出体温表呢？"想到这，伽利略顾不得上课，就立刻奔回自己的工作室，投入技术试验之中。试验了很多次，每次均以失败告终，但他仍不气馁。有一次，伽利略用手握住试管底部，让管内空气渐渐变热，然后把试管的上端插入冰水中，松开握着的手，他发现，水慢慢地从试管里上升了一截；再握住试管，水又渐渐从试管里被压了下去。从水的上升与下降已经看出温度的变化了。于是，他就把一个很细的试管装上水，排出里面的空气，密封住并在试管上刻了刻度，这样，最早的可测量人的体温的体温表就研制成功了。
>
>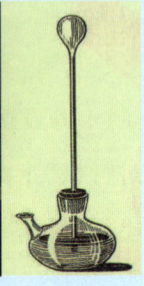
>
> 伽利略及他制造的伽利略体温表

二、明确问题

（一）明确问题的内容与价值

1. 问题是否明确

采用各种方法可以发现很多问题，但这些问题有时可能是模糊不清的，需要我们进一步加以明确。明确问题需从问题表述本身是否明确、提出问题的目的是否明确等方面考虑。

2. 问题的价值

明确了问题的内容之后，还需要确定问题是否有价值。判断一个问题是否有价值，必须从以下问题着手：

（1）所提出的问题是否遵循了基本的科学原理？（如"能否制造一个不需要任何能源的机械装置带动车辆运行"就是一个不科学的问题。）

（2）迄今为止，该问题是否得到充分解决？

（3）在你调查的范围里，该问题是否具有普遍意义？在更广的范围内，这个问题是否有意义？

（4）在多个问题同时发生时，该问题是否是主要问题？

（5）现有的技术条件能否解决这个问题？

（6）解决该问题所需的投入是多少？投入与产出的比例是否理想？

（二）明确解决问题受到的限制及具体的设计任务

在明确问题的内容与价值之后，还应明确解决这一问题所受到的主、客观条件的限制，明确设计受到的限制和所应达到的标准，进而提出设计任务。

无论是一个问题的解决还是一项设计的进行，其限制主要来自两方面：一是设计对象的特点和问题解决的标准，二是设计者的技术能力与条件。

就设计对象而言，一方面，不同的设计对象往往具有不同的特点，其产品的功能、大小、安全、外观、耐用性等方面的设计标准也有所不同。例如，儿童玩具在外观上一定要生动活泼、色彩鲜艳，安全性能可靠；在大小、结构等方面要考虑到儿童的四肢、力量、心理等方面的特点。对于有些产品（如门锁）则在精细程度、可靠性、制作工艺等方面有其具体的标准。另一方面，设计对象还将可能会受到诸如成本、环境等的限制，如一幢建筑物的设计、一项工程的设计往往都有一定的预算，对其设计对象生产的成本、经费等都有一定的限制。

第二节　制定创新方案

在发现问题和明确要求的基础上，我们紧接着要做的就是通过各种渠道，尽可能广泛地收集科技创新所需的信息，通过对各种信息的归纳与分析，挖掘影响科技创新的主要因素，大胆提出各种科技创新想法，并依据一定条件对各种想法进行筛选，确定最终的科技创新方案。这就是制定科技创新方案的过程。

在这个过程中，要大胆突破传统观念的束缚，始终明确：

（1）运用不同的思路、不同的方法可以产生不同的科技创新方案；

（2）任何科技创新方案都有改进的可能性，好方案决不会仅有一个。

具体过程包括以下几个方面。

1. 收集信息

可以通过调查用户、咨询专家、查阅图书资料、收听收看广播电视、浏览互联网等渠道收集有关信息。

2. 设计分析

面对收集到的各种信息，要根据创新设计要求，找出创新需要解决的主要问题，并分析其可能的解决办法。

面对创新设计要求和约束条件之间的矛盾，为了找到最好的解决方法，应该提出尽可能多的设想，以便于权衡利弊，做出选择。

3. 方案构思

方案构思是科技创新过程中最富有挑战性的环节，它要求我们根据科技创新要求，大胆构思，努力挖掘自己的创造潜力，提出解决问题的多个设想。

4. 方案呈现

构思过程中产生的创新想法常常是模糊的，为了使其具体化，我们通常会用草图把它们转化为视觉形象。同时，这些想法又是零散的，从中我们并不能看到一个完整的创新方案，所以我们还要对这些想法进行整合。

5. 方案筛选

当多个创新方案产生以后，我们就要依据一定的原则,对这些方案进行筛选。

第三节　模型制作

完成方案筛选以后，我们就要开始制作模型或原型了。一般地，模型制作包括两个阶段，即绘制图样和制作模型或原型。

对于图样，我们既可以手工绘制，也可以用计算机辅助绘制。

对于小型、简单的产品可以直接依据图样制作产品原型，而对于大型、复杂的产品先制作缩小、简化的模型。

第四节　测试、评估及优化

要明确创新方案是否可行，我们还必须进行各种测试、评估，以优化创新方案、完善产品原型。

1. 测试

在模型或原型制作完成后，一般需要对其进行测试。测试的目的是检验产品在操作、使用过程中，在结构和技术性能等方面能否达到预定的创新要求。

2. 评估

在测试的基础上，我们还要对创新方案和产品进行较为全面的评估。这种评估，在创新过程中需要反复进行。

3. 优化

为了优化创新方案，我们既要分析测试和评估的具体记录，也要重视对公众意见的调查，以明确改进的方向。一般说来，我们可以对三种典型人群，即专家（销售者、制造者）、用户（正在使用的人）和潜在客户（可能会用的人）进行调查，征集优化的具体意见。

创新实际上是一个动态发展的过程。在一项具体科技创新中，有些阶段或步骤可能会发生变化，有些阶段或步骤之间则可能出现一定的循环。因此，我们不能将科技创新的过程简单化、模式化，而应根据科技创新的需要进行灵活安排。

第三章 科技创新的常用技法

大家知道，要想干好一件事，就要了解这件事发生、发展的过程和规律，就要掌握干好这件事的方法。对于科技创新或者创造发明来说，也有其相应的规律、技巧和方法，即科技创新技法，下文简称为"技法"。有了巧妙的发明方法和技能，还怕创造发明不成功吗？

第一节　缺点列举法

日本美津浓有限公司原是生产体育用品的一家小厂，为了产品畅销世界各国，厂里的研发人员到市场上去调查。在调查中，他们发现，初学网球者在打球时不是打不到球，就是打一个"触框球"，把球碰偏了，十分头疼。很多人都想，要是球拍大一点，兴许不会出现上述问题。国际网联规定，球拍面积必须小于710平方厘米。美津浓有限公司就专门做了一些比标准大30%的初学者球拍。这种球拍一上市果然畅销。后来他们又了解到初学者打网球时，容易出现"网球腕"，发生的原因是因为腕力弱的人在运动前没有佩戴护腕，在打球时发生腕震而造成的。于是，该公司又发明了减震球拍。他们用发泡聚氨酯作为材料，但是经过试验，发现打起球来软塌塌的，使用者很容易疲劳。于是又重新进行了试验，终于制成了著名的"减震球拍"，产品打进了欧美各国。这里，他们运用了什么技法呢？

这种技法叫作缺点列举法。

从上面的实例中，我们明白，缺点列举法就是通过发现、发掘事物的缺陷，把具体缺点一一列举出来，然后，针对这些缺点，设计改革方案，进行创造发明。缺点列举法是一种行之有效的发明技法。因为任何事物都不是十全十美的，有优点也有缺点。或者，今天看起来没有缺点，但是过了一个较长的时间，它的缺点却暴露出来了。为什么事物总是有缺点呢？

1. 局限性

设计产品时，设计人员往往只考虑产品的主要功能，而忽视其他方面的问题。例如，厨房里使用的炒锅，炒菜很方便，这是它的主要功能。但是，当用它熬汤煮羹，就暴露了它的局限性，因为锅的上口太宽，不便倒入小碗。有人根据这个缺点，设计了"茶壶锅"。这种锅的外形很别致，是把上口宽的锅与倒水方便的茶壶巧妙地结合在一起而制成，似锅似壶，一物多用，尤其适合烧煮面食之用。

2. 时间性

有的产品刚发明时，很好看，很好用，但过些时候，看厌了，不好用了。或者是，随着科学技术的进步，它落后了。如日本商人酒井靠发明玩具小狗而发家。但是，人们看久了，没有新鲜感了，有个个体户便想出一篮双狗的主意。他把两只这样的小狗并排放在塑料小篮中，小狗前肢搭出篮边缘，姿态可爱。这个简单的发明夺了酒井的生意。再如热水瓶，以前总是用锅烧开了水，再把水倒进热水瓶去。随着科技进步，现在已经有专用电热水器可直接对热水瓶里的冷水进行加热、并将其烧开，更方便了。

因此，只要我们处处留神，时时观察，产品的缺点是不难被发现的。

应用缺点列举法进行创造发明，有哪些要领呢？

1. 敢于质疑，发现缺点

人常有一种思维定式，对于正在使用着的东西，看久了，习惯了，就认为理应是这样。比如家用小铁铲，祖祖辈辈已经使用几十年了，人们认为它的结构是合理的，常常看不到它的缺点，即使看到了，也认为"就是这个样子"。山西太原市的中学生王刚，突破人们思维的"框框"，善于发现，敢于质疑，大胆革新。他说："我家有把小铁铲，用来铲垃圾或蜂窝煤等东西。铁铲铲了东西，但不容易端平，于是小铲里的东西常常往下掉。有时，用手或扫帚压住铲里的东西，拿着又很别扭。"铁铲的缺点就这样被王刚发现了，发明点选准了。他便进行设计、实验。他找了一根较粗的、比小铁铲柄长的铁丝，一端按小铁铲铲面的大小，做成环形。环形的下端敲扁向下折成90°角。在环形铁丝边缘装一块薄铁皮，做成勺形。铁丝的另一端绕一圈后，绕在小铁铲把柄的端头。这样，当铁铲铲上东西后，用手捏紧把柄与铁丝，使铲与勺形铁皮合拢，铁铲里的东西就再也掉不下来了。当松开铁丝时，铁丝向上弹起，铲里的东西可以很方便地倒出来。

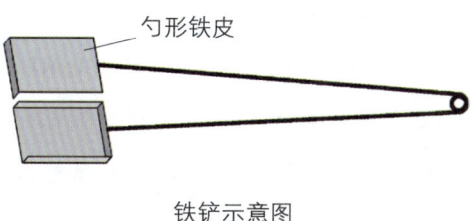

铁铲示意图

2. 调查研究，列举缺点

使用过产品的人，对产品的优点、缺点是最清楚的。因此，我们要到最有发言权的使用者那里听取意见，并亲自体验，了解缺点的症结所在。几十年前，日本有个名叫鬼冢喜八郎的人听他的一位朋友说："今后体育要大发展，运动鞋是不可缺少的。"于是，他决定跨入生产运动鞋这一行业。他想，要在运动鞋制造业中打开局面，一定要做出其他厂家没有的新型运动鞋。同时，他想，任何商品都不会是完美无缺的，如果能抓住哪怕针眼大的小缺点进行改革，也能研制出新产品来。这样，他便选了篮球鞋进行研究。他先拜访了优秀的篮球运动员，听他们说目前篮球鞋的缺点。几乎所有的篮球运动员都说，现在的篮球鞋容易打滑，止步不稳，影响投篮的准确性。他还和运动员一起打球，发现篮球鞋确实存在这一缺点。于是，他围绕打滑这一缺点进行革新。有一天他在吃鱿鱼时，忽然看到鱿鱼的腕足上长着一个个吸盘。他想，如果把篮球鞋底做成吸盘状，不就可以防止打滑了吗？他就把运动鞋原来的平底改成凹底。试验结果表明，这种凹底篮球鞋比平底的在止步时要稳得多。鬼冢喜八郎发明的这种新型的凹底篮球鞋，逐渐排挤了其他厂家生产的平底篮球鞋，成了独树一帜的新产品。

3. 做好记录随时备查

发现缺点，并不代表就能搞出发明，有时要经过很长时间的试验，你才可能做出一个发明。因此，做好记录，随时备查是很重要的。最淡的墨迹胜过最好的记忆，这句话就是说，记录能帮助你记忆。再者，发明者对物品所列举的缺点不可能都是很成熟的观点，都能演绎成发明命题。然而，记录的缺点多了，就增加了发明选题的灵活性,也就使得设计成熟方案的可能性增加了。日本有一位名叫斋藤的卡车司机,习惯于做记录。一天行车途中,他因汽油用完而向过路的汽车司机借汽油。当时,他没有抽汽油的工具,只得对着橡皮管用嘴吸。之后,他便把这件事做了记录。事隔很久,他看到了这条记录,又联想到在橡皮管上安上个泵就可以代替嘴吸了,于是他发明了输送汽油的蛇管泵,并因此获得了发明奖。

请你发明设计

●怎样克服筷子难夹球形物的不足?

筷子是中国常用的饮食工具,经常使用筷子对锻炼小脑有好处。但筷子也有缺点,难夹豆子之类的球形食物。你能否在这个古老的发明上再做出新的改进?

第二节　希望点列举法

达·芬奇是15世纪的意大利人。他曾希望人们能利用自己的力量飞上天。于是,为了实现这个愿望,他设计了一种人力飞机,让人扒在上面,手脚一起用力,使装有羽毛的飞机两翼像鸟一样扇动从而让飞机飞翔起来。尽管他的这个设计没有成功,但他希望用人力来实现飞行的愿望,经过人们几百年的努力,终于实现了。现在的飞机不仅能飞起来,而且能飞到上万米的高空。

达·芬奇的发明技法叫什么呢?

这种技法就称为希望点列举法。希望点列举法就是发明者根据人们提出来的种种希望,经过归纳,沿着所提出的希望达到的目的,进行创造发明的方法。

希望点列举法不同于缺点列举法。后者是围绕现有物品的缺点提出各种改进设想,这种设想不会离开物品的原型,因此,它是一种被动型的创造发明方

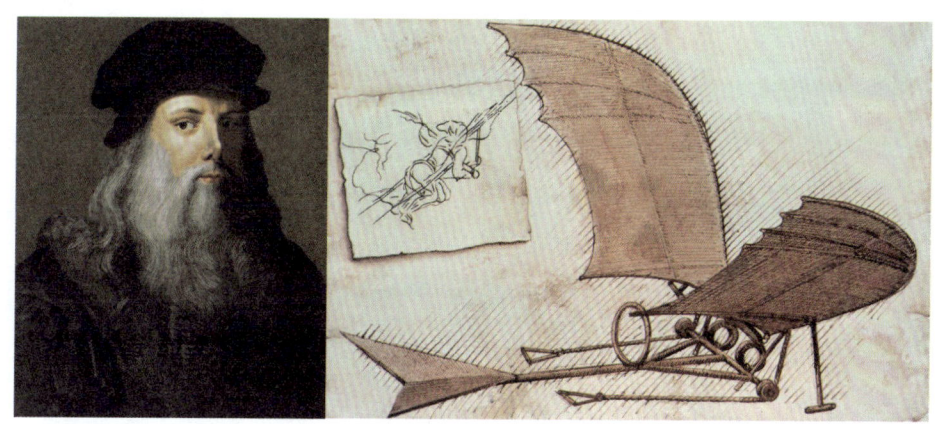

达·芬奇和他发明的飞行器

法；而希望点列举法则是根据发明者的意愿提出各种新的设想，它可以不受原有物品的束缚，因此，它是一种积极、主动型的创造发明方法。现在，市场上许多新产品都是根据人们的"希望"研制出来的。例如，人们希望茶杯在冬天能保温，在夏天能隔热，就发明了一种保温杯。人们希望有一种能在暗处书写的笔，就发明了内装一节五号电池、既可照明又可书写的"光笔"。在研制一种新的服装时，人们提出的希望有：不要纽扣，冬天暖夏天凉，免洗免熨，可变花色，两面都可以穿，重量轻，胖人、瘦人都可以穿，脱下来可作提物袋，等等。现在，这些希望大多数都在日常生活中变成了现实。

应用希望点列举法进行创造发明，有哪些要领呢？

1. 我们的希望是指社会的希望、大众的希望

因此，我们要向社会、大众了解他们的希望是什么。比如，随着社会主义市场经济的发展，人们希望有迅速传递信息的工具诞生。于是，发明家发明了"传呼机"。为了满足不同人的希望，发明了中文显示传呼机，用汉字显示简短电文、预报气象；发明了字符显示传呼机，

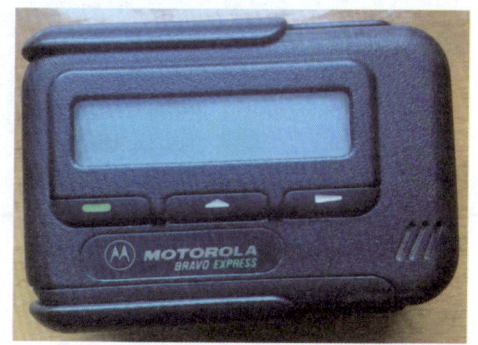

传呼机

以字母显示传呼信息；发明了急救传呼机，供老年心脏病、高血压患者使用，发病时可按键发出求救信号；发明了红外传呼机，常用在餐厅餐桌上，通过发射红外信号告知服务台顾客需要用餐服务……

2. 要随时注意观察周围的事物，处处留心有"希望"

郑州七中一年级的温智红想到小孩子端凉水瓶倒水很不安全，提出了不用倒水便能喝到水的发明课题"自动出水瓶"。他在凉水瓶上装一个软木塞，软木塞上钻两个孔，插入两根玻璃管，一根接近瓶底作为出水管，另一根短的作为进气管。进气管口下面接一根不长的软皮管，从侧面切开一个10毫米长的口子，下面用圆木棒堵死，这是进气阀。再找一个捏捏叫软塑料玩具，上面钻一个小进气孔，去掉玩具自带的圆哨，插在玻璃管上当作打气的球。当要喝水时，用指头按住小孔，来回地挤压该玩具体，向水瓶内打气，

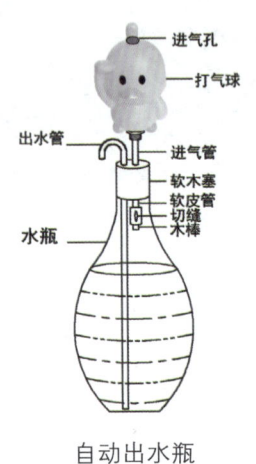

自动出水瓶

瓶内气压增高，水就会从出水口自动流出。这个发明课题就是温智红观察到小孩子倒水不安全而希望能解决这个问题而来的。

在提希望点时要注意它的可能性和科学性，不要脱离现实太远。

1. 可能性

提希望点时要"瞻前顾后"。"瞻前"，是指所想到的希望点是否已有前例。"顾后"，是指所选题目是否与当时的技术水平相适应，自己能否有完成的可能性。著名发明家爱迪生曾运用希望点列举法选定一个崭新课题——"声动马达"。他设想，声音是能量的一种表现形式，

爱迪生

将噪音收集存储起来，通过一个转换系统，将它转变成机械能，使机器运转。这个设想虽然合情合理，但这个课题受到当时技术水平的限制，难以实现。

2. 科学性

提希望点要符合科学。违背科学的任何设想，都是要落空的。自古以来有许多人希望自己长生不死，还有些人以"长生不老药"作为发明的研究课题。在很久以前，有人曾研究发明"永动机"，设想在没有温度差的情况下，在海水里不断吸取热量，再把这些热量转变成机械能，制成一部"永动机"。试想，这些违背科学的"发明"能成功吗？

请你发明设计

● **希望快速画出角平分线**

画角平分线，一般的方法要利用直尺和圆规。在缺少工具的情况下怎么办？有人将画有角的纸对折，让两角边重合，则该折痕就是角平分线。你还能想出更巧妙的办法吗？

● **希望使胶水在瓶中流动得快些**

胶水是一种流动性较差的胶体。当胶水用得所剩不多时，使用时则要倒转瓶子，耐心地等待它慢慢流出，令人着急。在不稀释胶水的条件下，你能使胶水的流动速度快些吗？

第三节 设问发明法

设问发明法也称聪明的办法、检核表法。它享有创造技法之母的称号。

夜光粉是一种用量少且用途不大的发光材料，多用于钟表和仪表。那么，它能有更大的用途吗？依据这个设问，有人将其研制成夜光纸，可以裁剪成任何形状贴在夜间黑暗环境中，指示开关位置所在，既方便，又安全，也可贴在火柴盒上、煤油灯座上、山区公路转弯处、楼梯扶手处等。

设问发明法根据需要解决的问题，或需要创造发明的对象列出有关问题，然后一一核对思考。例如，可以设问现有的发明有无其他用途？能否引入其他创造性设想，或替代，或借用？现有发明可否改动一下？可否缩小，减轻，分割？可否扩大用途，延长寿命？可否更换型号或顺序？可否颠倒过来？有无替代用品？现有的几种发明是否可以组合在一起？……从这些设问中可以获得解决问题的方法和创造发明的设想。

夜光纸

设问发明法在实践中有哪些具体方法呢？

我国的创造学专家根据美国著名的创造学奠基人奥斯本的设问发明法，通过实践和研究，总结出一套具有中国特色的设问发明法，即十二个"聪明的办法"。

1. 加一加

把一件物品加大一点，加长一点，加高一点，或者把功能增多一点，使物品在形态、功能、尺寸上有所变化，有利于更好地使用。

例如，把普遍的印刷铅字加大一点，成为大号字，便于老年人阅览。把普通雨伞加大一点，成为海滨游泳场所的晴雨两用伞。

2. 减一减

把一件物品减小一点，减轻一点，减低一点，使它的形态、功能发生变化。

例如，电子管改成集成块，体积缩小了。钢铁架帆布帐篷改为充气塑料帐篷，重量大大减轻了。近视眼患者戴上眼镜很不方便，发明微型隐形镜片，戴在眼睛内，方便近视眼患者运动。

3. 扩一扩

把一个物品放宽一点，扩大一点，使它的功能产生明显的变化。

例如，放大镜、显微镜、宽银幕电影、投影电视，都是运用"扩一扩"的技法。上珠算课，教师制作一个大算盘，挂在黑板上，向同学们演示怎样拨珠运算，全班同学都看得清清楚楚。

4. 缩一缩

使一个物品的体积缩小一点，缩短一点，给人的使用带来方便，或者改变它的功能。

例如，制造压缩饼干、袖珍收音机、袖珍雨衣，书籍的缩印本、袖珍词典等。

一位医师设想利用气球作为疏通血管的工具。他把气球缩得很小（直径只有几毫米），把它系在一个特制的导管的一端插入病人的动脉血管，当探到被脂肪阻塞的地方时，就给小气球充气，小气球膨胀后，就挤压清除了沉积在那里的脂肪，使血液正常地流通。

5. 变一变

改变物品的形状、尺寸、颜色、味道、音响等，使人们产生新的感觉，使物品更有使用价值，更受消费者欢迎。

例如，服装的面料、款式、颜色、图案的变化。圆形铅笔变为六角形、扁圆形，不易滑手，不易从桌上滚下。圆珠笔从单色变为双色、三色等。

6. 改一改

改进物品原来的形状、性能、结构，使之出现新的形态、新的功能。

例如，对雨伞的改进。为了防止拿错，增加伞布的颜色和图案种类。为了防止风雨时伞布遮住视线，改用透明的塑料做伞布。为了撑伞时拿东西方便，设计成可戴在头上的帽式雨伞。还有带"储水器"的伞、带照明的伞，等等。再如，拨环式电话机改为按键式电话机，单放机改为收音机，单卡改为双卡……使产品朝着自动化、微型化、效率化、轻便化、简单化、省力化方向发展。

7. 拼一拼

把一个物品与另一个物品拼起来。这和"加一加"有相同之处，但又不完全相同。这里指的是一种到多种规律的合并，一种到多种功能的合并。

例如，有的多功能一体刀是把刀、指甲剪、开瓶器合并在一起。有的组合家具，一种组合可以当椅子坐，另一种组合可以当床睡，再一种组合可当作写字台，等等。

8. 学一学

通过学习、模仿别的产品的形状、结构、性能、规格等来实现新的发明。

例如，鲁班被茅草划破了手，他模仿茅草边缘的小齿，发明了锯。有一位小发明家发明了方便的淘米器。平时淘米时，倒水很麻烦，一不小心，米就会流失。他看到米筛的筛孔做得密且不易漏米，学着做个半圆形的铁丝网，罩在淘米桶上，淘米时就不会使米流失了。

9. 代一代

代是指代用，如材料的代用、方法的代用、商品的代用、工具的代用。

例如，以塑料代钢，以喷塑代电镀，以集装代散装。运用"代一代"可以生产出许多新的产品。

10. 搬一搬

把物品的某一部件"搬"动一下，产生一种新的物品。

例如，把电视机上的拉杆天线"搬"到圆珠笔上去，发明了可伸缩的"圆珠笔教棒"。在黑板上用三角板画图形时常常移动不方便，一位同学在三角板的三个顶角各装一个小铁珠，这样，当三角板在黑板上移动时，减小了摩擦。

11. 反一反

把某一事物的形态、性质、功能"反一反"，发明出新的物品。许多新产品往往是上与下、里与外、左与右、前与后、横与竖"反一反"。

例如，皮革里外"反一反"，成为翻毛制品。平时人们穿拖鞋只能朝一个方向穿进去，如果脱拖鞋时把拖鞋放倒了，又需要把它摆正才能穿。能否做到反方向也能穿呢？日本横山康子发明了两面都能穿的拖鞋。这种拖鞋只是把拖鞋的十字搭攀移到中央就行了。

12. 定一定

定指的是规定、约定。为了解决某一问题、改进某一件东西，或为了提高学习、工作效率和防止可能发生的事故或疏漏，需要做出一些规定。

例如，为了使交通有秩序，防止事故发生，发明了信号灯。规定黄灯亮时，车辆停止行驶，已经越过停车线的车辆可以继续行驶；红灯亮时，禁止车辆通行；绿灯亮时，车辆通行。再如，测定温度用温度计，温度计刻度的规定，是

红绿灯　　　　　　　　　　　摄氏温度计

瑞典科学家安德斯·摄尔修斯的一大创举,他规定在一个标准大气压下,水结冰时的温度(冰点)为0℃,沸水的温度(沸点)为100℃,中间分为100等分,每一等分为1℃。这就是摄氏温度计使用的"温标",用符号"C"表示,单位是℃。

请你发明设计

请你观察周围的物品,其中哪些是用以上"聪明的办法"发明的?用了哪一种办法?这种办法对你有什么启发?

●自由发明

观察周围的物品,哪些地方需要改进、革新?为了节省空间,增加灵活性,请运用"缩一缩"的办法,发明一种折叠用具。向同学们介绍一下这种折叠用具的结构,可用画图说明,也可以用纸板制成模型。

第四节　联想发明法

瑞士工程师乔治·德梅斯特拉尔很喜欢打猎。每次打猎回来总发现有一种鬼针草(牛蒡草)种子粘在他的衣服上,粘得很紧,不易摘下。他逐渐对这种长有倒刺的鬼针草种子发生了兴趣。有一次,他摘下一个鬼针草种子放在显微镜下观察,发现种子上长有许多小钩子。原来是这种小钩子紧紧地粘住了布料!

鬼针草种子　　　　　　　　　　尼龙搭扣

由此，他联想到，假如在布上放置一些类似的小钩子，不就能够将两片布牢固地粘连在一起吗？经过反复思索，德梅斯特拉尔认为自己的设想是符合实际的。于是，他采取分析和类比的方法，经过八年的研究实验，终于制造出由两条尼龙带组成的尼龙搭扣。具体结构是：在一条尼龙带上布满小钩，另一条上布满小圈，将二者相对挤压就能牢牢地粘连一起了。这项发明是在1957年完成的，相继在许多国家获得专利权。

这种创造发明技法叫联想发明法，也叫想象法。它是把与发明对象不同领域中的事物与发明联系起来的思考方法。所谓联想，就是把头脑中不相关的事物重新进行组合。

联想发明法有以下两种方式。

1. 随机联想法

随机联想不是出乎意料之中，而是出于意料之外，即人们常说的"踏破铁鞋无觅处，得来全不费功夫"。

北京市铁六中黄建川同学，15岁时发明"爬楼梯车"。有一次，他看到小狗上楼梯十分轻松、灵巧。于是，联想到搬运重物上楼梯十分吃力，能否把小狗上楼梯的动作运用到搬运重物上楼梯呢？经过思考和试验，他发明了"爬楼梯车"。狗和车本来毫不相干，他怎样把它们联想到一块呢？关键在于"爬楼梯"这三个字。狗能爬楼梯，车能不能？狗爬楼梯的动作；车能不能学？这些联想推动着黄建川深入研究，他发明的"爬楼梯车"，运重物上楼时，先把小车前轮推近楼梯，压下扶手，前轮悬空而被橡皮筋拉起，再推进小车，使前轮搭在上面的楼梯上；再提起扶手，后轮悬空而被橡皮筋拉起，稍向前推小车，使后轮搭在上一级楼梯上……就这样一级一级地"爬楼梯"，小车就"爬"上楼去了。

随机联想能很快地促进一种新发明的产生，而且往往是在没有命题的情况下一举构思成功的。但是，不要由此产生一种误解，认为搞发明要靠碰机会，甚至"守株待兔"坐等新发明的到来。俗语说得好："机遇偏爱有准备的头脑。"只有有心人时时思新索奇，处处接收新信息，才能捕捉转瞬即逝的新发现。否则，即使新发现撞到鼻尖上，也不一定能被抓住。

2. 强制联想法

严格来说，强制进行的联想才可称作一种独立的创造发明的构思方法。随机进行的联想只是配合其他发明构思方法的一种辅助手段。因为随机联想不是对准发明目标有目的、有步骤地去联想，而是偶然受到某种表象的刺激突然联想到某一重大问题及其解决方案。

强制联想法是对照发明命题在构思其具体结构时，开动自己的思维机器，捕捉一切与本发明有关的表象和发明目标的要求或特性联系到一起去联想。

我国台湾少年翟梅发明的下雨自动关窗户装置，是通过强制联想法构思成功的。首先，她通过窗户自动关闭这一要求联想到弹簧门，即应有一弹性张紧部件，下雨前窗户是开的，得有一控制部件与弹性张紧部件平衡。该控制部件如遇下雨就变湿，结果失去控制，使得窗户关上。什么东西没遇水时能承受拉力，下雨遇水时就失去拉力？由此，她联想到卫生纸。于是，她设计出这样一种装置：打开的窗户外侧用一束卫生纸系结，内侧用一束橡皮筋张紧，这就解决了下雨自动关窗的问题。

> **请你发明设计**
>
> ●就餐时，怎样防止食物洒在衣物及地面上？
>
> 就餐时使用餐巾可以避免洒落的食物污染衣裤，但由于餐巾较小，常不能防止洒落的食物污染地面（地毯）。国外曾有人发明一种放于胸前的装有手风琴式折叠的围嘴。这种围嘴设计新颖，对儿童十分适用，但给大人使用不美观。你能设法对传统的餐巾进行改进吗？这里能否用上联想发明法？

第五节　组合发明法

橡皮和铅笔是两项不同的技术成果。一位贫穷的画家威廉把它们组合在一起，发明了把橡皮包在铅笔头上的铅笔，并获得了专利。他把这个专利和专利权卖给了拉巴地布铅笔公司，使该公司每年仅专利费一项收入达 50 万美元。有一家音乐工业公司的技术员豪斯菲尔德，

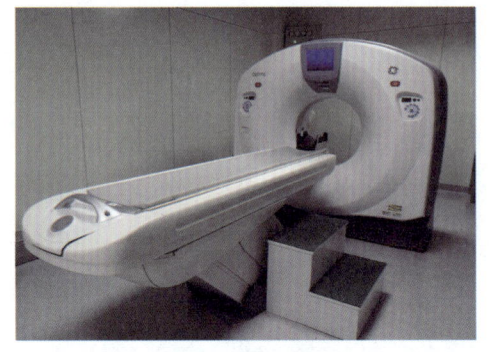

CT 扫描仪器

把超声检查仪与计算机图像识别两项技术组合起来，发明了能够进行人体内探测的 CT 扫描仪器，因此获得了诺贝尔医学奖。

这种发明技法叫组合发明法。它是指在创造发明中，把多种技术成果综合在一起，构思出新颖的外观或独特的功能的方法。

组合发明法是详细构思设想的有效途径。有人对 1900 年以来的 480 项重大成果进行了分析，发现从 1950 年以后，利用组合发明法获得的成果的数量远远超过了利用突破型发明法的数量，成为占主导地位的技术。组合发明法取

得的技术发明使技术更加完善、成熟。

组合发明法也有一定的规律可循。在有了某个创造性设想，或者谋求某种特殊功能的时候，我们可以借助原理的组合、内插式组合、辐集式组合三种组合形式，从不同的角度进行发明设计。

1. 原理的组合

所谓原理的组合，是指以已有的技术原理为基础通过巧妙的组合，获得新的功能或新颖的事物的方法。例如，结石病人多有剧烈疼痛等症状，一般治疗中采取外科手术的方法摘除结石。但结石病在病人手术后仍容易复发。若用药物治疗，可以排除体内小的结石，而较大块的结

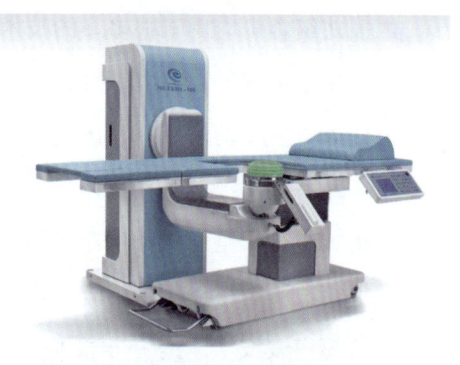

超声波碎石机

石却难以通过服药来化解或排除。医生们一直在寻求着不做手术而排除人体内结石的方法。英国一家医疗研究中心提出了一种不需外科手术而粉碎结石的方法。这种方法是把两个原理巧妙地结合而得到的。一个原理是超声波可以破碎岩石，当然也可以破碎人体内的结石。但如果是把超声波加强到能够破碎人体内的结石时，对人体也会有损害。用什么方法既能破碎结石，又不损害人体呢？他们想到了在椭圆球内一个焦点发出的光线或波会在另一个焦点聚焦的原理。根据这两个原理，他们建了一个水槽，让结石病人躺在其中，使体内结石处于椭圆球内的一个焦点上，在另一焦点发射超声波。经过约一分钟的超声波冲击，体内结石就会化成小碎块，然后通过服用药物便可以排出人体。磁半导体的发明也是霍尔效应与磁阻效应的结合。

2. 内插式组合

内插式组合，是以一项技术措施、方法为主，再插入其他的技术措施、方法达到新功能的组合设计方法。有人说现代技术有两个特点，一是结构变得越来越复杂，二是操作变得越来越简单。电子计算机技术在现代技术中被认为是最重要的技术，是一种复合的技术。计算机最早出现于 1890 年，由霍勒斯里

发明。这台计算机能识别穿了孔的卡片，能计算，后来还能用于数据贮存和检索。但是这台庞大机器的真正普及应用是在电子学发展，特别是晶体管的出现以后才实现的。计算机专家们把晶体管技术插入霍勒里斯的计算机技术中，使计算机更快速化、小型化和功能更多，才使计算机技术变为影响到现代人生活中各个方面的技术。

内插式组合可应用于很多小的技术产品。比如，用于计步鞋，就是将计步器插入鞋底中实现的；将电炉插到水壶中，便产生了电水壶的新产品；将喷水的环节插入电熨斗的使用中，出现了喷雾式电熨斗。

3. 辐集式组合

辐集式组合，是选取一项通用的技术或通用的技术产品，列出它所有可能应用的方面或所有可以与之结合的技术产品，以产生新的发现或发明的方法。

比如超声波技术，是一个通用的技术手段，它现在已发现的用途有：超声波熔化，用于熔化密度不同的金属，能够将密度不同的金属分层熔出。超声波焊接，利用超声波装置放出的超声波，引起铝板表面发生小爆炸，除掉铝板表面的氧化膜，然后进行焊接。超声波烧结，通过发出超声波至烧结物，缩短烧结时间。超声波切削，将切削刀具与超声波巧妙结合，以防止切削刀具与被切割物件之间的黏着。还有我们比较熟悉的超声波搅拌，用于混凝土构件制造。超声波探伤，可用于机器的整机检查。

超声波的这些应用是从一种应用技术和原理辐射出去，产生新的发明设想。你能利用这种辐集式组合，再创造、发明新产品吗？

运用组合发明法要注意些什么问题呢？有哪些要领？

1. 组合要有选择性

世界上的事物千千万万，把它们一样一样不加选择地加以组合是不可能的，应该选择适当的物品进行组合，不能不经思考地随意组合。如国外一家公司曾大力推销一种收听广播、照相两用机，即将收音机、照相机组装在一个外壳里。虽然广告宣传如何便利、实用，但实际上，拍照时收音机毫无用处，而听收音机时照相机又成了累赘，并且没有节省材料。这样的组合是不可取的。

2. 组合要有实用性

通过组合提高效益、增加功能性，使事物相互补充，取长补短，和谐一致。例如，将普通卷笔刀、盛屑盒、橡皮、毛刷、小镜子组合起来的多功能卷笔刀，不仅能削铅笔，还可以盛废屑、擦掉铅笔写错的字、用作镜子，大大增加了卷笔刀的功能性，实用性很强。

多功能卷笔刀

3. 组合应具创造性

通过组合要使产品内部协调，互相补充，相互适应，更加先进。山东青岛市合江路小学五年级刘筱锴同学发明了保健电热烘鞋器。当鞋子湿了，将烘鞋器插入鞋里，可以把鞋烘干。这个烘鞋器用电熨斗芯作热源，用铜管、铜片当散热器，把除臭味的药粉填撒在散热片之间，用尼龙袜套起来。这样的组合的确很有创造性。

> **请你发明设计**
>
> ●观察与思考
>
> 1．列举出五种组合发明的物品，并指出它们是什么物品组合的。
>
> 2．判断小发明的标准是新颖性、创造性和实用性。请依据这个标准判断下列两件发明能否成功，并说明理由。
>
> （1）多功能旅行筷。筷子是空心的，顶上加个帽盖，空筷里可以放些调味品、牙签。
>
> （2）厨房多用刀。旋下刀柄（内装电动旋转盘、插头等），在刀柄上装上附件，可以打蛋、洗碗。刀装上刀柄，可以切菜、刨丝、开瓶盖等。
>
> 3．请你也来发明一种组合用具。向同学们介绍它的构成，可画图说明，也可制成模型或实物。

第六节　逆向思考法

电磁感应现象是科学家法拉第一生中最重要的科学发现。1820年，奥斯特发现了电流的磁作用，当电流在金属丝中流动时，金属丝附近的磁针会偏向一边。不久，安培也发现带电流的导线能像磁铁一样相互作用。法拉第在了解了前人的研究后，用逆向的方法进行了思考。他想：既然电流能产生磁，那么磁能否产生电呢？为了验证这一想法，他和他的助手进行了多次实验。直到1831年，他偶然地把一根磁棒掷到一个线圈中，产生了电流。法拉第发现的这一现象叫作电磁感应现象。他的这一划时代的重要发现，奠定了今天电磁学的基础，同时推进了发电机的发明。

法拉第的这种发明技术法就叫作逆向思考法。当人们按照常规思考问题时，常常受到经验的支配，不能全面地、正确地分析事物。而倒过来想一下，采用全新的观点看事物，却往往有所发现。

用逆向思考法进行发明，有哪些形式和具体方法呢？

1. 方法逆向

很久前，平板玻璃的制造有两种制造方法：普通窗用玻璃制造法和厚玻璃制造法。普通窗用玻璃制造法是采用控制法或垂直向上法，伸展熔融玻璃。这种方法的缺点是玻璃伸展过程中容易产生畸变。厚玻璃制造法是将熔融玻璃铸造成厚板，再进行研磨和抛光。其缺点是质量不易合格。英国的匹尔金顿针对这些缺点，在制造方法上进行逆向思考，应用水平而拉伸的方法，而不采用垂直向上伸展的方法。1952年，他提出了浮法玻璃生产法。这种制造法以液态锡面为平面，当熔融玻璃由炉中流出，让它形成带状漂浮在液态锡面上。液态锡面平整，因而制成的玻璃表面也很平滑。玻璃在锡面上逐渐冷却，并进入退火窑，即成为光洁的玻璃。该法完全省略了机械研磨，保证了玻璃的质量。目前，这种制造法已在全世界广泛应用。

2. 因果逆向

因果逆向即从发明的结果（发明物）进行思考，分析这项发明有什么特点，用什么具体措施实现这些特点，最后再确定该发明的外观和结构。

浙江瑞安中学生洪伟力发明了"新型节水龙头"。他从"停水后，若忘记关闭水龙头，水再来时，水龙头能自动关闭，防止水的浪费"这一结果出发进行思考，设计一个当停水后水再来时能自动切断水龙头水流的装置。他学习并应用了内燃机气缸结构的活塞运动和气缸外冷却水套的工作原理进行设计，当停水后水再来时，水从阀体进入空心活塞内，利用水流动量变化产生冲力推动活塞，实现自动放水。当水槽注满水后，浮球上浮，通过杠杆将力传递到活塞，使它反向运动，堵住阀门口，切断水流。

广西梧州市温煜廉同志发明了变光节电开关。为了解决灯泡的寿命问题，一般人总是想解决灯丝的质量问题，或者改进灯泡的制作工艺。温煜廉从分析原因入手，分析电压与灯光使用时间的关系，发现电压与灯泡使用时间的关系是按指数关系变化的：电压上升5%，耗电量增加11%，灯泡寿命缩短50%。如果降低灯泡两端电压，则可大大提高灯泡寿命。根据这个原因，他研究了降低电压的办法，从而发明了"变光节电开关"，这个开关既能延长灯泡寿命，又能节约用电。

> **请你发明设计**
>
> 观察生活中的因果逆向发明,举出两个实例加以分析。
> ●如何设计一个不影响煮饭烧菜的蒸物器具?
> 利用煮饭烧菜的热气来蒸熟食物,既省时间又省能源。但现有的蒸屉不是搁在蒸架上,就是搁在锅底或锅侧凸沿上,影响了煮饭烧菜。请你思考一下,设计一个不影响煮饭烧菜的蒸物器具。

第七节　移植发明法

广东省南雄南龙中学初中一年级的杜建国同学发明了"折叠玩具箱"。他的发明是把每个箱子装一类衣服和折叠式用具的原理移植来的。他想:家里玩具多,放在一个箱子里,往往为找一件玩具翻箱倒

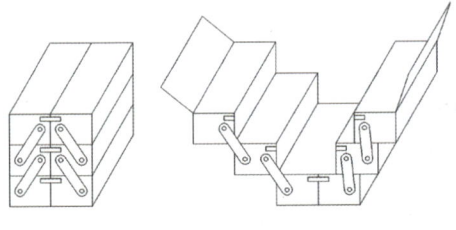

折叠玩具箱

柜。于是他想出了办法,用三合板做了一个折叠玩具箱。它和折扇的折叠原理差不多,每个小盒用铰链连接,既能打开,又能合拢,还挺轻便。他还在每个小盒上贴上标签,写上每个盒子里有什么玩具,这样找起玩具来就方便多了。

这种创造发明技法叫作移植发明法,也称移植法、渗透法。这种技法是将某个学科领域中已经发现的新原理、新技术、新方法移植、应用或渗透到其他学科、技术领域中去,为解决其他学科、技术领域中的疑难问题提供启发或帮助,从而使它得到新进展的一种创造发明方法。

从思维的角度看,移植法可以说是一种侧向思维方法。它通过相似联想、

相似类比,力求从两个表面上看来仿佛是毫不相关的事物或现象之间发现它们的联系。因而,它与类比发明法(简称类比法)、联想发明法(简称联想法)有着密切的关系,在很多情况下还与灵感思维有关。

运用移植发明法有哪些要领呢?

1. 考虑从原理上移植

"考虑从原理上移植"是把某领域的原理移植到另一领域,做出发明,即改变原有技术原理的应用领域,来考虑使用这个原理。例如,巴斯德发表了关于有机物腐败和发酵的研究成果后,一位英国籍医生看后恍然大悟,他想,可以把这个原理移植到外科手术上去。他认为

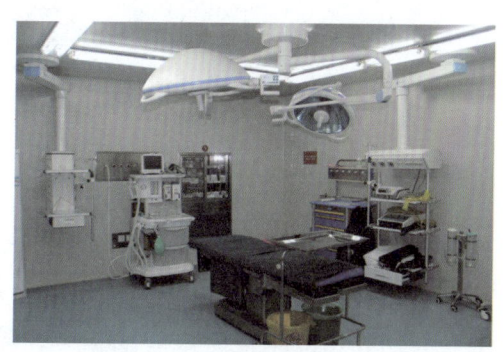

无菌手术室

有机物腐败和发酵是由于外来的细菌感染,而外科手术后病人伤口的化脓和溃烂也是外来细菌感染的结果。于是,他采取苯酚消毒的办法,终于在1865年发明了无菌手术法,这个方法使得外科手术后病人的死亡率从80%以上降低到15%。

2. 灵活多样、讲究实效地从技术手段、方法上移植

拉链的发明曾被誉为影响现代生活的最重要的10项发明之一。这项发明是一位叫卡特逊的人为解除系鞋带的麻烦而想到的。1893年他取得了专利权,并在"哥伦比亚博览会"上展出。这项发明一下子吸引住了一位叫霍克的年轻军官。他决定建一个拉链厂,并雇用了卡特逊。没想到拉链机的组装并非易事,卡特逊畏难而退出。霍克经过19年的周折,装好了拉链机,却没有人想用拉链代替鞋带。这说明运用移植法是不容易的。但是后来,有家服装店的老板,把拉链移植到围腰式钱包上,一下子

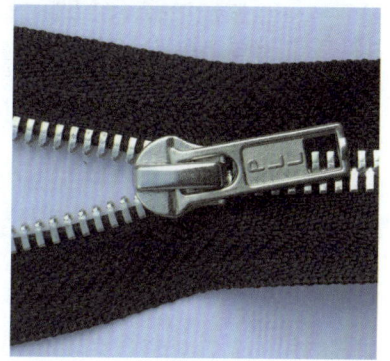

拉链

生意兴隆了许多。他又把拉链用到飞行服上，卖给了空军，很受欢迎。1930年法国经济不景气，很多产品都不好销，而服装设计师夏巴列夫却因将拉链用在女式外套上而使其畅销市场。另一家服装店老板因为将拉链用在裤子上，而使该店经营活跃起来。霍克花了 19 年时间完成的发明，却因没有找到合适的用途而没有销路。而这些服装厂巧妙地把这项技术移植到服装等的某些部位，实现了服装制作的革新，振兴了经济。可见灵活、有效地移植是多么富有价值。

3. 多种移植的结合

上海市五十一中小发明组的连鑫等同学发明了充气太阳灶。他们把充气玩具的技术、日常商品的不干胶贴片，移植到太阳灶上来；把课本上的知识——帕斯卡原理移植到新型太阳灶的设计中去，采用了原理、技术、原料的多种移植方法。在确定课题后，一天他们在儿童玩具店玩，看见了充气玩具——救生圈，它充气后就鼓胀成一个大圆圈。他们想，假如将两片圆形塑料薄膜边缘黏结成气囊，充气后会不会膨胀成一个抛物面呢？如果可以，抛物面的加工量可大大减少，而且重量又轻。实验结果是，气囊充气后在底面贴上真空镀铝涤纶不干胶贴片，结果得到手掌般大小的聚焦斑点，很烫。他们又想到，根据帕斯卡原理，在密闭的容器里，器壁受到的气体压强是均匀的。那么，它形成的抛物面肯定是均匀的，聚焦效果也更好。后来他们又用塑料管和铝合金管加工成框架、支架，无基板充气太阳灶就创造出来了。这个充气太阳灶的核心是气囊，气囊的底面贴有反射膜。利用充气压力使底面形成很好的聚光反射镜，把阳光聚集在锅底上。气囊的上面是一层透明塑料膜，可以防尘、防水，保护反射膜。这种充气太阳灶很轻，只有四千克，用料又省，镜面工艺简单，造价只有相同功率的其他形式太阳灶的 20% 左右。

4. 辐射能力要强，善于从"看来无关"的事物中寻找启示和线索

将二硫化钼用作润滑剂就是善于从"看来无关"的事物中寻找启示和线索的很好的例子。一个人踩到丢弃在路边的香蕉皮滑倒了。香蕉皮为什么滑溜呢？想到这个问题的人也许不多，把它当作一个问题去研究的人，可能更少。有人用显微镜加以观察，发现香蕉皮由几百个薄层构成，层与层间可以滑动。据此，有人推断，如果能找到类似结构，就可由此发现性能优异的润滑剂。在对许许

润滑油

多多的物质进行研究后,人们终于发现二硫化钼和石墨的结构类似于香蕉皮的结构。石墨早已被用作润滑剂,二硫化钼却是通过这种移植方法被发现的。二硫化钼具有极薄的层结构,厚度为 0.1 微米,仅为香蕉皮层厚的 1/2000000,其易滑性相当于香蕉皮的 2000000 倍,它的熔点高达 1800℃。常用润滑剂黄油只能在 150℃以下的条件下使用,二硫化钼在 400℃下使用也不成问题,是一种良好的耐热性润滑剂。可见,留意、探究"日常小事",有时也可引出新发现,这对于我们从事技术开发、产品开发来说,是有启示作用的。

请你发明设计

● 随身钱包如何防盗?

人人都注意保护自己的钱包。有的人将钱包穿在皮带上,有的人在钱包上拴一根绳系在身上,有的人把钱包堂而皇之地系在腰上。这些方法行之有效,但称不上巧妙。于是,有人研制出电子报警钱包。当钱包离开人体一段距离后,人体携带的电子报警器就会报警。然而,这种报警器不是体积过大,就是价格偏高。请你利用移植发明法,发明一种防盗钱包。

第八节　巧妙仿生法

地球上的生物在漫长的进化过程中，通过自然选择，许多器官结构的精巧程度达到了令人难以置信的地步。例如，螳螂能在 0.05 秒的瞬间，计算出眼前小昆虫的速度、方向和距离，并能将其一下子捕获。蝙蝠是靠超声波定位的，其超声波定位器重量只有一克的几分之一，但是它能精确地导向，使得蝙蝠能依靠它迅速捕到昆虫，且上万只蝙蝠在一个山洞里飞却互不碰撞。我们能否把生物体的这些奇特的功能、复杂和精巧结构运用到技术发明上去呢？

有一门叫仿生学的科学，它就是把各种生物系统所具有的功能原理和作用机制作为生物模型进行研究，从而实现新的技术设计并制造出更好的新型仪器、机械等。在实用发明中，仿效生物系统的功能、机制制造出产品的方法，就叫作仿生法。

让我们举几个例子来说明巧妙仿生法在创造发明中的作用。

1. 人造海豚皮的发明

海豚在游泳时常常能轻而易举地超过快速航行的船只，原因是什么呢？科学研究表明，海豚不仅有一个理想的流线形体形，而且还有特殊的皮肤结构。海豚的皮肤分三层：外层薄而富有弹性，其下面是乳头层和刺状层。在乳头层有许多乳头状的突起，这些小乳头在运动中能经受很大的压力。乳头下面有稠

海豚

密的胶原纤维和弹性纤维,其间充满脂肪。海豚皮肤的这种结构可以起到消振器的作用,使水流引起的振动减弱,防止湍流的形成和液流的破坏。

人们依照海豚皮肤的这种功能和结构,研制成一种人造海豚皮,这种人造海豚皮由三层橡胶组成,表皮层平滑,厚约 0.5 毫米,起支持板的作用,它与船上的壳体连接。试验表明,把这种人造海豚皮贴到鱼雷上时,鱼雷在水中的运动阻力至少减小 50%。

2. 联动刃钻头的发明

恐龙早已在地球上灭绝,考古人员发掘出来的恐龙化石表明,有一种吃草的恐龙高数米,体长达 20 多米,估计重量为 40 多吨。这么大的身躯,每天要消耗上吨的植物来维持生命,但是,恐龙的嘴很小,小小的口腔怎样才能将这么多植物嚼碎呢?原来,恐龙的口腔中排列有几排牙齿,每排有几十颗,共计有四五百颗,有的则更多。

按照恐龙的牙齿排列,人们发明了一种由两排刃齿组成的联动刃钻头。这种新型钻头的钻进速度比一般钻头要快一倍。除此之外,许多动物的器官都值得模仿制造。例如,螳螂的捕捉足、壁虎脚上的吸盘、树懒的爪子、鳄鱼的鳞片、袋鼠的尾巴,都和我们日常生活中的某些工具或物品相似。从模仿这些动物的身体结构中人们可以获得某些有益的东西。

应用巧妙仿生法,有哪些方法和要领呢?

1. 仿生物功能

例如,蜻蜓和苍蝇的复眼由许多单眼组成。在每一只呈六角形的单眼中,都有一小块角膜。这种角膜像照相机一样单独成像。在复眼前边,即使只放一

苍蝇复眼　　　　　　　　　　　蜻蜓复眼

个目标物,但通过一块块角膜,蜻蜓和苍蝇可以看到许许多多个相同的影像。人们仿照复眼的这个功能,把许多光学小镜排列组合起来,发明了复眼透镜。用这种复眼透镜制成照相机,一次就可以拍千百张相同的影像。在电视屏幕上,你看到过这样的影像吗?

2. 仿生物结构

纸蜂窝墙板就是仿生物结构的发明。蜜蜂被称为昆虫界中的"建筑师",这是因为它们能在一昼夜中用少量的蜂蜡建造上千间生儿育女的蜂房。据说有一种黄蜂,能用不到半两的蜂蜡,建起数十间整齐的蜂房。而人类建造房屋用的砖,每立方米的重量约有1.8吨之多。看来,蜜蜂和黄蜂采用了"轻型材料"建房。依照蜂窝的结构,人们制成

蜂窝墙板

一种纸蜂窝墙板。纸蜂窝墙板是将厚约2.5毫米的石棉水泥和纱管纸,按一定方法黏结起来的新型建筑材料。目前,这种材料不仅用于建筑业,而且可用来制造家具。用相同原理制成的高强度纸蜂窝墙板还应用于火箭和飞机机翼的制造中。

3. 仿生物语言

动物也有语言,称为"动物通信"。有一次,一位科研人员把动物的声音用录音机录下来,同时仔细观察该动物的相应行为,发现了它们之间有相互的关系。如把一支灵敏度很高的话筒放到人工孵卵器里,会发现一种十分奇特的现象:原来在小鸡出壳前三天,它就已经"吱吱"地"说话"了。起先小鸡发出的声音很低,后来发出的声音若人把耳朵凑到鸡蛋上就能听得到。这些信号似在说"我太热了"或"我冻坏了",孵蛋鸡就根据这些信号翻动鸡蛋,改变孵蛋动作:离开或趴卧在蛋上。据此,人们一旦掌握了动物语言的秘密,就可以干涉动物的某些行动了。例如,有的飞机场、菜园、养鱼场等为了不受鸟的危害,设立"鸟语广播台",播放鸟类遇到危险时发出的惊叫声,以达到吓跑它们的目的。

4. 仿生物钟

每天天刚破晓，公鸡便引吭高歌，准时报晓，公鸡叫三遍，天光大亮；豆类植物幼苗的叶子，白天抬起，晚上下垂。生物学上称这种现象为昼夜节律。生物界的许多活动还跟季节有关，植物的开花结果、候鸟的迁徙、鱼类的洄游，都有一定的规律。人的身体里也有生物钟系统，人的体温、血压、基础代谢、脉搏、细胞分裂和血液成分等，都呈昼夜性变化。人们一旦揭开生物钟的奥妙，将会发明更多东西，从而给人类生产、生活带来不可估量的好处。

请你发明设计

● 驱鼠有什么妙法？

老鼠之患，人人恶之。驱鼠之法也很多，有化学法（药物）和物理法（超声波）两大类。请你应用仿生法，发明一种驱鼠工具。

第九节　废物利用法

江苏昆山小桃园的中学生陈平在 13 岁时设计并做出了"简易显微镜"这件小发明。陈平说："我设计了一台简易显微镜，用的全部是废品。找一支空牙膏壳，剪下颈部以上的那一部分，洗干净。剪一小片透明纸贴在牙膏壳管口上作为载物台。找一只锥子在牙膏壳盖顶正中钻一个小孔。将一只废小电珠轻轻敲碎，取出头部的聚光玻璃球，把它嵌在小孔里，就成了目镜。把需要观察的标本（如蜘蛛脚）放在载物台上，盖上牙膏壳，旋动盖子（调整焦距），直到可以清楚地看见物像为止。"

江苏省靖江斜桥中学初中三年级学生朱力在 14 岁时做出了"简易铅笔刀"这件小发明。他说："我有一把大人刮胡子用的废刀片，削铅笔很快，但是，刀片容易断，真可惜。如果像右图那样，用厚卡纸剪两个等腰三角形，中间挖一个矩形方孔,用三个鞋眼钉起来,把刀片夹在里边,就好用多了。"

这些小发明构思巧妙,少花钱,有实效,废物利用得多好啊!这种发明技法叫作废物利用法。废物利用法应用广泛,大有作为。

近些年来,随着各国工业的发展,环境污染已成为世人所关注的重大问题。由于大气、水源和土壤等环境污染日益加重,人类的健康受到严

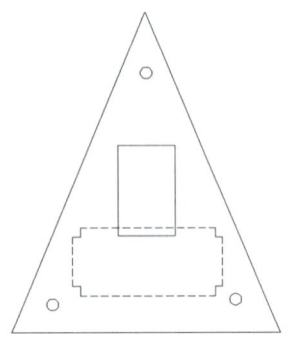

简易铅笔刀示意图

重的威胁,环境污染事件不断发生,生态系统也遭到破坏。为此,许多国家都制定了环境保护法,成立了专门的行政管理机构,同时加强了对环境的监测和治理。

随着人类对环境污染的重视,又涌现出了一门新兴的学科——环境保护科学。环境保护工作包括两个方面的内容:合理地利用资源,防止环境污染;在产生环境污染后,做好治理工作。

随着人们活动范围的扩大,产生的废旧物料也越来越多。由于科学技术的发展,特别是化学、生物学研究的发展,人们发现许多废物旧料都是可以利用的。废物利用法(废旧利用技法)就是在这一过程中发展起来的一种创造发明方法。

回收废物既可在一定程度上减少环境污染又可以激励发明,这是一箭双雕的好方法。一种东西在一种场合下是废物,而在另一种场合下又是有用的物质,就看如何对其发明利用罢了。

废物利用法的关键是分析构成这种废物的物质是什么?这种物质的性质有哪些?再者,要观察废物的外形、结构,研究它可以做成哪些代替物?我们可以从下列的废物利用中得到良好的启发。

(1)在工业生产中,工业废物可以用来生产新产品。例如,煤渣可以变成制造水泥的原料,也可以直接压制成煤渣砖。这就开辟了建筑工业材料的一个新来源。在美国的洛杉矶市,垃圾成灾。于是,人们把垃圾分成可燃性垃圾、不燃性垃圾、厨房垃圾等四类。经过这样的分类收集,每天得到的厨房垃圾成

为大约一万头猪的好饲料；每天多达400万吨的不燃性垃圾转给副产品公司，用磁选机回收出100～1250吨铁屑，残余的废物用于填坑；可燃性垃圾送发电厂燃烧发电。

（2）二氧化硫是污染大气的主要有害物质之一。遭到二氧化硫污染的空气会刺激人的眼睛，损伤呼吸器官，有时还会引起某些疾病，另外还会损伤农作物。空气中二氧化硫的主要来源是含硫矿物的冶炼及燃料的燃烧。

硫黄燃烧后产生二氧化硫污染了大气。从另一方面看，硫黄又是基本的化工原料之一。它除了可以制造硫酸外，也可用来制造黑色火药、杀虫剂及焰火等。因此，设法从冶金和发电等行业中回收二氧化硫，既开发了资源，又减少了大气污染。为了除去燃烧产生的二氧化硫，有人发明了使用石灰的方法：让石灰与二氧化硫反应生成亚硫酸钙，然后加热至60℃～90℃，将空气吹入含亚硫酸钙10%～15%的胶体溶液，从而制出石膏。为了除去硫，还有人提出了细菌噬硫法。

（3）废纸的量也很可观，过去只能付之一炬，既浪费了资源，又污染了大气。从世界范围来说，造纸工业所用的原材料大约90%来自木材，而世界森林的过量采伐已出现非常严重的后果。能不能利用废纸呢？答案是能，废纸可用来做造纸原料。据统计，每回收一吨废纸，可节省纤维原料500～700千克、烧碱100～300千克、电400千瓦时、煤300～400千克、水100～300吨。为了充分利用废纸，人们还进行了其他发明探索：丹麦有人发明了一种机器，可将废纸与其他物质混合，做成"纸砖"。每一块0.5千克的纸砖可燃烧一小时左右。美国把旧纸币加工成细粉，用它作为塑胶碟、柜子、天花板和隔热墙的填充料。德国有人把废纸粉碎后，加入35%的聚乙烯，再挤压成型加工，可制造成人造木材。这种人造木材可以锯成小段，也可以钉上钉子。另外，还有人把废纸经过处理后分解，生成葡萄糖，再使葡萄液发酵，可生产甲醇、乙醇等有机物。

（4）科学研究表明，鸡的消化肠道比较短，食进的饲料还未被充分吸收就排出体外。因此，在鸡的粪便中还含有较多的营养物质，经过适当的处理后，就可以用来喂猪。而猪的粪便可以放进沼气池发酵产生沼气，沼气可以作为燃料。发酵后的沼气液可以用来灌溉农田,既可以杀死寄生卵,肥料效果又比猪粪高。产气后的沼气渣还可以用来培养蘑菇,然后再用来饲养蚯蚓,等等。

只要我们了解了废物利用法的原理,并将其应用在日常生活中,我们就会用许多不起眼的东西创造出惊人的发明来。

请你发明设计

● 如何使废旧日光灯管复亮?

日光灯已进入千家万户。由于日光灯的制造质量和电网电压波动,以及人为安装使用不当等问题,容易造成灯管报废。请你应用废物利用法,使废旧日光灯管重新点亮。

● 自由发明

请观察、分析日常生活中各种废弃的饮料袋(瓶)、一次性注射器等的材料、结构和形状,如可重新利用,请设计发明作品。

第十节 专利发明法

在查阅专利文献的基础上创造发明新产品是一种很好的发明技法。1938年,匈牙利拜罗和他的弟弟申请了圆珠笔的专利,在第二次世界大战期间开始在阿根廷正式生产。美国人雷诺兹从专利文献中得到了这个信息,1945年,他将这样一支圆珠笔带回美国。雷诺兹断定,圆珠笔将有一定的市场前景。为此,他想制造出一种新的圆珠笔,但又不能同拜

圆珠笔

罗的专利相冲突。最后，在专利律师的帮助下，雷诺兹终于试制出一种新型的圆珠笔。这种圆珠笔畅销世界，销售量远远超过了拜罗的圆珠笔。

这种发明技法称为利用专利发明法，简称专利发明法、专利分析法。

任何一项发明首先必须是新颖的，因此发明人总希望自己的研究成果是独创的，而不是重复他人的劳动。为此，就要查阅文献。由于文献数量很大，很多时候不可能都查阅到，按照《国际专利合作条约》规定的最低限度文献范围，可查阅1920年以后的美国、日本、德国、英国、法国等七国以及欧洲专利局、国家专利局等专利组织出版的专利文献和169种非专利科技期刊。

专利文献是指发明人向专利局申请专利时写的专利说明书等。按照专利法的规定，发明人必须在说明书中将发明技术公开。据统计，目前全世界每年发明的新技术中，90%~95%是发表在专利文献上，其余发表在技术刊物中。因此，利用专利文献进行发明创造，是发明的一条重要途径，已引起了越来越多的人的重视。

对于从事发明的人来说，专利文献具有新颖、及时、详细、完整等特点。专利文献的第一个特点是新颖、及时。大多数国家的专利法都规定了先申请制（即专利局向最先提出申请的人授予专利权），因而发明人应尽可能早地提出申请，以免丧失获得专利的机会。据估计，公开的发明专利文献要比其他文献早数年。这对于预测有关科学技术的动向和水平有很大的参考价值。专利文献的第二个特点是详细、完整。这是因为按照专利法的规定，专利说明书及其附图必须清晰、完整和具体，并能使所属技术领域的普通专业人员能够实施为准。从实用性来看，专利文献比其他科技文献更详细、完整。另外，专利文献包含的技术领域广，数量大，从简单的小改革到高、精、尖的发明都有。专利文献是发明创造的重要宝库，不少人采用调查、综合、分析专利文献等方法，使自己的发明获得了成功。

利用专利文献进行发明有哪些具体的方法呢？

1. 查找专利文献发现新课题

查找专利文献可以得到启示，从中发现有待于研究的新课题。另外，在初步定下发明对象后，也可以从专利文献中寻找借鉴，以进一步明确需要解决的任务。以电灯的发明为例，英国有个自学成才的业余科学家叫斯旺，早年曾跟随一药剂师做学徒。1845年，他读过一篇斯塔尔的关于电灯专利的文章后便开始研究如何制造出来这种白炽灯。1860年，他终于制造出世界上第一盏碳化灯丝灯泡，但实用价值不高。不久，爱迪生研制成了有实用价值的白炽灯。爱迪生是在阅读了斯旺发表在美国《科学美国人》杂志上的文章得到启示后，才研制成功的。这种通过调查专利文献，选择发明目标，从中寻求启示，促进发明创造获得成功的例子举不胜举。

2. 综合专利成果进行创造发明

在实际创造发明活动中，有时单凭一篇专利文献，还不能解决创造发明中的问题，还需要综合一定数量的专利文献来进行创造发明。例如，日本的丰田佐吉在为自己的企业寻找出路的时候，订阅了全部类别的专利文献，他综合了几个专利成果，确定了发明自动织布机的研究课题。不久便研制出了优良的自动织布机。当时以纺织工业著称于世的英国对此大吃一惊，并向丰田佐吉购买了自动织布机的专利。

3. 寻找专利空隙进行创造发明

通过对众多专利的研究，不仅可以寻找到许多成功发明的脉络，也可以找到许多失败的技术的脉络，还可以找到潜在的、经过努力有望成功的技术的脉络。通过对这些脉络的调查，可以进一步发现成功与失败的原因在哪里，要使现在专利实用化的关键在哪里。可见，研究发明的脉络是一种有效的发明方法。这种方法，可以说是一种寻找现有专利的知识空隙的发明方法。它的具体步骤如下：

（1）确定初始课题；

（2）专利文献调查；

（3）评价；

（4）找出专利文献的知识空隙（被忽视的现象，未引起人们注意的问题，文献缺乏的新知识等）；

（5）增加新知识；

（6）确定正式课题。

例如，美国的发明家卡尔森看到复写文件要花费大量的劳动，于是就想发明复印机，但是，他的几次实验都以失败而告终。为了保证研究工作的顺利开展，他在三四年的时间里，将大部分业余时间花费在查阅专利文献上。通过对文献进行分析，卡尔森发现，前人的研究都是采用化学方法，并未利用过物理效应。他根据专利文献中存在的这一知识空隙，发明了一种完全干式的复印技术，这种新方法运用了光导电性和静电学相结合的原理。

请你发明设计

● 输液时如何自动停止滴液？

输液时，如护士或家属稍一疏忽，药液滴完而未发觉，空气乘虚进入静脉，往往造成意外事故。为解决这个问题，在专利文献中出现过许多方案。这些方案有一个共同缺点，即不论是从控制药液重量还是控制液面高度，均采用较复杂的电子线路，它们或发出报警讯号，或自动切断输液通路，使输液安全。这种电子线路价格高，在无电源的野外使用也受到限制。你能从分析专利的不足之处中另辟蹊径，想出更好的办法吗？

● 自由发明

通过寻找专利空隙进行创造发明。如我国的专利公告中有这样一则：北京市青年发明家发明的一种安全图钉，在图钉帽下加一金属重物使重心移到针端，当它落地时，图钉针朝地面，不会伤人的脚。请分析一下其利弊，做出新的发明。

第四章 全国青少年科技创新大赛获奖作品精选

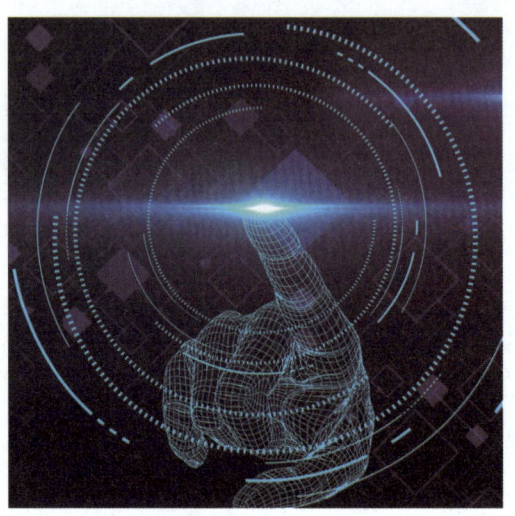

作品一　水、风力活塞式抽水泵（物理学）

作品简介

媒体经常报道我国和许多国家的水资源危机会越来越严重，与此同时又有许多河流、溪水没被很好地利用，便产生了解决这个问题的念头，于是设计了下面的"水、风力活塞式抽水泵"。

一、基本思路

在该项目的研究过程中，首先受到了古老水车的启示，将水的平流直线运动转变为旋转的机械运动，这也是较理想的转化形式。再寻找适合该运动形式和速度的抽水结构，经过调查、走访、查阅资料、请教专家、互相讨论、分析研究、比较选择和设计制图，确立了活塞式抽水泵与旋转水轮的结合理念为最佳方案。然后寻找制作材料进行模型制作，经过反复试验、修改，最后取得了较满意的效果。

二、原理与结构

"水、风力活塞式抽水泵"是利用水或风作为动力推动叶片使叶轮轴转动，进而依次带动链轮、链条、连杆，从而带动活塞做往复运动，使活塞式抽水泵在进水口、出水口的两个单向阀的交替配合作用下进行抽水作业。制作模型进行试验后抽水达 18.7 米高，效果十分显著。

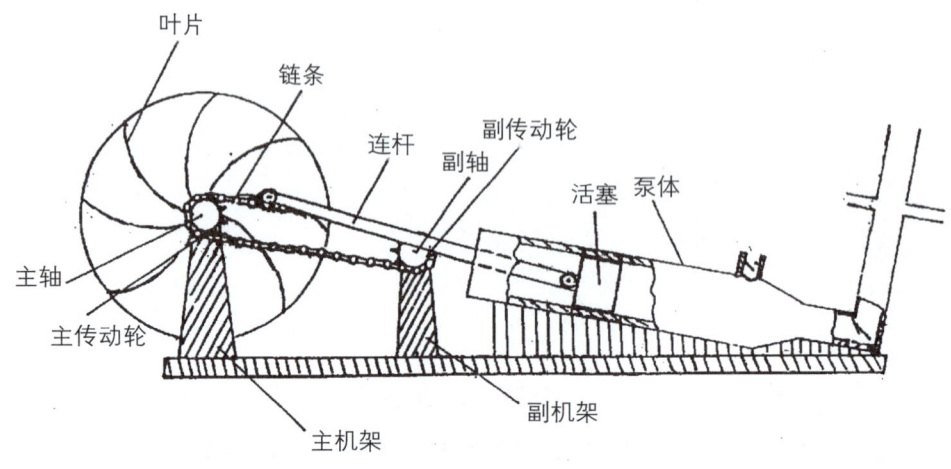

水、风力活塞式抽水泵示意图

三、特点与应用

"水、风力活塞式抽水泵"结构简单紧凑,制造和安装方便,能有效利用水、风力,不需要其他能源就能得到水,适用于缺电但有河流、溪水的地区使用,以解决人畜饮水、建滴灌系统、水产养殖、绿化荒山、防风固沙等用水需求,有着突出的现实意义。它所带来的社会效益和经济效益是巨大的。

作品二　果品适宜储藏温度简易判定法（植物学）

作品简介

低温可以降低果品组织的呼吸速率，减少营养消耗，延长保鲜期。但温度过低，则会造成果品冻伤，不必要的低温还会增加贮藏费用，选择果品的适宜贮藏温度是做好果品贮藏保鲜的重要前提。本项目"果品适宜储藏温度简易判定法"可以很好地确定果品的适宜贮藏温度。

一、基本思路

果品的适宜贮藏温度需要通过测定果品的冰点来确定，果品可溶性固形物含量影响其冰点。同品种在不同环境生长的果品可溶性固形物含量相差很大，导致其适宜贮藏温度不同，所以需要分别测定冰点来确定。

现在测定果品冰点多采用冰盐水浴法，方法是将20%食盐饱和水溶液放入冰箱冷冻5~6小时，成为–16℃~17℃的冰盐水，然后将盛有果汁的试管放入冰盐水中，试管中放入一支温度计，每10~20秒观测一次果汁温度变化，直到冻结为止。以温度为纵坐标，以记录时间为横坐标，画出果品的冰点曲线。此方法靠目测测量温度变化，准确度低，且费时、费力。另外，冰盐水浴法只能测定果品死亡组织的冰点。

本项目采用T型热电偶、数据采集仪和计算机对北方常见14种果品的冰点进行了测定，因其可以自动采集数据、自动读数，所以数据连贯准确，且能测出果品活组织的冰点。

本项目还根据果品可溶性固形物含量与该果品冰点的相关关系，推导出 $y=-0.1809x-0.2195$ 的回归方程。利用普通测糖仪测定果品的可溶性固形物含量，通过此方程就可推算出其冰点，进而确定该果品的适宜贮藏温度。

二、应用

此方法简便、准确，可广泛应用于日常果品贮藏。

作品三　一氧化碳清除器（化学）

作品简介

汽车空调工作时会释放一氧化碳，由于一氧化碳是有毒气体，且有机会倒流进车厢内，对车厢内司机和乘客的生命安全造成威胁。由于一氧化碳具有低沸点，不易被吸收，不能将其吸附而加以去除的特性，要将其从空气中去除是比较困难的。为了降低一氧化碳的浓度及危险性，我们根据氧化锌、氧化铜混合物和一氧化碳结合产生二氧化碳的特性，在冷气槽放置自制的产品，目的是吸收冷气槽释放的一氧化碳，将其转化为二氧化碳，从而减低它对司机和乘客的危险。

一、研究过程

1. 制备一氧化碳

（1）预备一支大试管，将20毫升浓硫酸加入试管内，然后加入40毫升的甲酸。

（2）浓硫酸与甲酸产生脱水反应，释放出一氧化碳。

（3）将玻璃管套入有孔的胶塞内，然后将胶塞塞到试管中，让产生的一氧化碳从玻璃管中释出。

2. 制备氧化铜／氧化锌混合物

（1）把10克二水氯化铜和4克氯化锌溶于300毫升的蒸馏水中。

（2）将混合物加热，期间不停搅拌溶液直到温度升至80℃为止。

（3）当温度到80℃时，将溶液冷却，加入碳酸钠，使溶液pH为6.8~7.0。

（4）把沉淀物过滤，将沉淀物放在锔炉内以200℃锔16小时制成氧化

氧化锌粉末　　　　　　　　氧化铜粉末

一氧化碳清除器中所用原料

铜/氧化锌混合物。

3. 测试氧化铜/氧化锌混合物氧化一氧化碳的能力

（1）将仪器装好后，注入一氧化碳，使仪器各部分内的空气排出，并使各仪器部分均充满一氧化碳。

（2）将一支空试管的一端连接无水氯化钙，另一端则连接玻璃箱。

（3）开启一氧化碳数据收集器，并记录数据。

（4）移走空试管，并用一支有氧化铜/氧化锌混合物的试管代替。

（5）开启一氧化碳数据收集器，并记录数据。

（6）比较用空试管及用氧化铜/氧化锌混合物的试管所得的数据。

二、研究结果

在这个实验中，我们设计了一个能有效地消除一氧化碳的装置。经初步测试，氧化铜/氧化锌粉末对一氧化碳的吸收率为64％。

将氧化铜/氧化锌粉末放进一个透气袋内，然后放置在汽车空调的出风口，可大大减少车厢内的一氧化碳含量，以保障司机及乘客的安全。

作品四 光感笔的设计与开发（计算机科学）

作品简介

你是一个电脑爱好者吗？你对绘画有没有兴趣呢？看到电视上有趣的动画、精彩的 3D、唯美的 CG，是不是想过有一天自己也可以做出如此令人赞叹的作品？如果是的话，你一定尝试过用鼠标来完成吧。目前的制作软件已比较成熟，可是总觉得鼠标用起来对于习惯了用笔涂鸦的我们，没有了线条的手感和质感。可不可以拥有一支在电脑上写字、绘画的笔？于是，设计光感笔的想法便由此产生。

一、原理与结构

光感笔，是一种新的计算机输入设备，它具有压感笔的外形和光电鼠标的内置，它由光学感应器、光学透镜、发光二极管、接口微处理器、轻触式按键、滚轮、滚动球、PS/2 或 USB 接口、外壳等部分组成。

光感笔上有两个键，可替代鼠标的左、右键，和鼠标键单击双击的使用一样简单。绘图的时候按住下面的键即可，在笔头内安装上微型应力片，就可将应变转换为电信号，根据使用者所用力的大小不同而画出粗细不同的线条。

二、特点与应用

光感笔可给人们带来很大的方便，其成本与普通光电鼠标相似，与现有压感笔相比，其压感材料的用量大大减少，使其具有很高的性价比，因光感笔不需要用数字化仪，在使用时可大大节省操作空间。该设计方案可使光感笔具有握笔的真实感,包括用笔力度、笔的倾斜度等握笔的真实感,可模拟出毛笔、木炭、彩色铅笔以及水彩画、油画、水晕等的效果。因此,光感笔具有良好的应用前景和广阔的市场开发空间。

作品五　智能饮水机（电子信息学）

作品简介

目前，一般的饮水机都是靠手动阀门出水的，容易造成病毒交叉感染，还有人们在接水的时候由于忘记关水阀或来不及关水阀易造成浪费水的问题。于是设计了智能饮水机，目的是方便人们的生活，避免交叉感染，减少水的浪费。

一、技术方案

在饮水机的出水处下端各安装一个反射式的光电管，当有人伸手接水时，单片机接收到信号后开启继电器，控制电磁阀门使水流流出，手离开时则关闭。在出水处的下边还安装了一对压力开关，可以把水杯放在托盘上，当水满达到一定重量的时候，就会触动压力开关，使水流停止。

智能饮水机示意图

二、特点与应用

制作智能饮水机所需的工具和一些材料，多数可以在市场上买到，价格也很便宜。如果投入生产的话，比普通饮水机增加的成本应该在五六十元。智能饮水机发展空间也很广阔，它与现在的普通饮水机一样可以随意摆放，而且更加智能，能够更加方便人们的生活，防止病毒的传播和减少水的浪费，尤其适用于医院、学校等公共场所。

第五章

青岛第六十八中学科技创新获奖作品精选

作品一　一种躲避风雨的旋转式晾衣架

项目作者：冯泽钦　2013 级 1 班

一、技术领域

本创新项目设计的是一种躲避风雨的旋转式晾衣架，涉及家庭卫生领域。

二、选题背景

天有不测风云，忽然下雨，身处异地的你也分身乏术，无法及时回家或回宿舍收衣服，这样一来又要花费时间与精力重新将衣服洗一遍，既费事又令人心烦。

三、创新项目介绍

本创新项目提出一种躲避风雨的晾衣架，具体结构包括转动圆筒、塑料半外壳、轴承、湿度感应器、电池、控制销、重力金属块、墙挂座、支撑臂、固定衣架、带有凸轮的步进电机。其具体设置为：在转动圆筒后部设置一墙挂座，上部设置一塑料半外壳，中部设置固定衣架，下部设置重力金属块；在转动圆筒的两侧，对称设置支撑臂，支撑臂与墙挂座连接，支撑臂与转动圆筒之间设置一轴承，在支撑臂顶端设置一湿度传感器；在墙挂座上还设有电池、控制销、电池与湿度传感器、带有凸轮的步进电机及导线。

墙挂座为直角三角形结构，包括一水平杆、一垂直杆、一斜杆，在水平杆与支撑臂之间设置一连杆，连杆与水平杆的后部采用插销连接，在插销的上部设置一挡块，下部设置一通孔，通孔内设置控制销，控制销与垂直杆之间连接一弹簧。

在水平杆中部设置一电池，靠近控制销处设置一带有凸轮的步进电机，步进电机的凸轮与控制销前端面相切，凸轮转动过程中带动控制销前后移动，从而实现弹簧的压缩和复位。

晴天时，塑料半外壳处于转动圆筒的下部，衣服晾晒在固定衣架上。

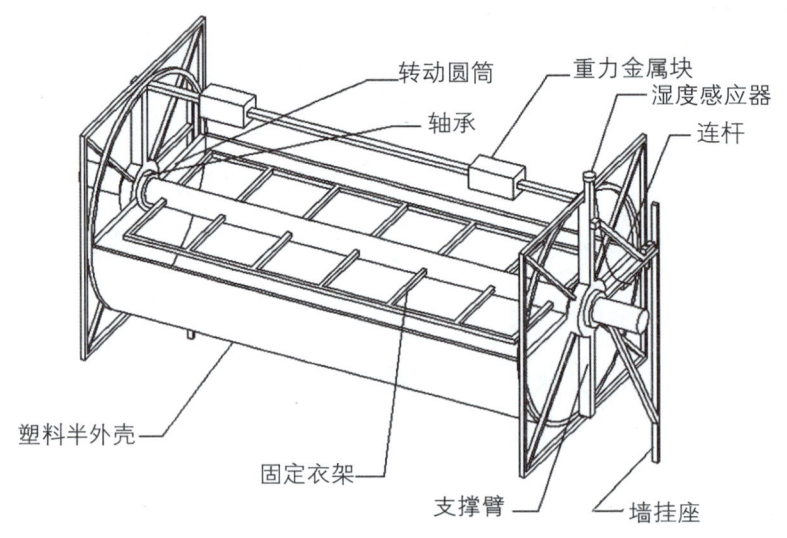

塑料半外壳位于下部时示意图

下雨时，雨水洒落在湿度传感器上，由湿度传感器、电池、带有凸轮的步进电机以及导线组成的电路导通、带有凸轮的步进电机逆时针转动90°，将控制销向后顶出离开插销，弹簧被压缩，控制销对插销的约束解除，在重力金属块的作用下带动转动圆筒逆时针转动,使得塑料半外壳转到转动圆筒的上部，遮住晾晒在固定衣架上的衣服。

雨过天晴，再将连杆手动复位，将控制销放回插销的通孔内。

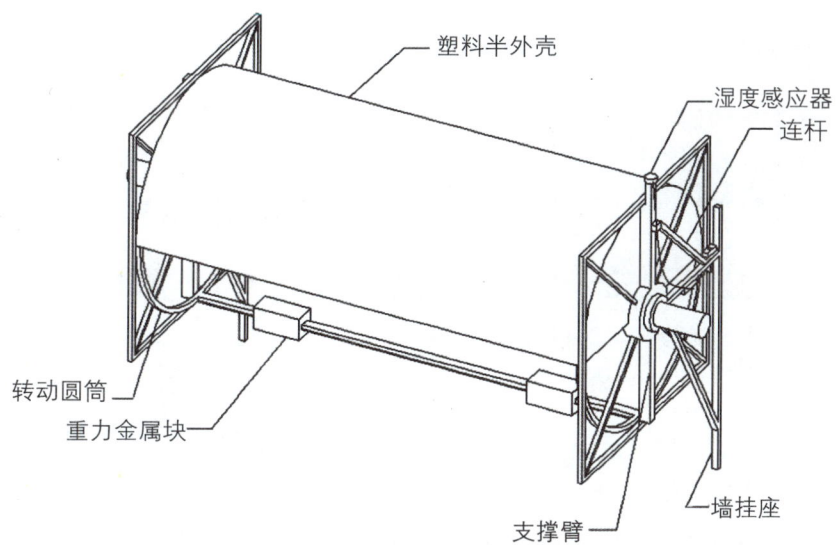

塑料半外壳位于上部时示意图

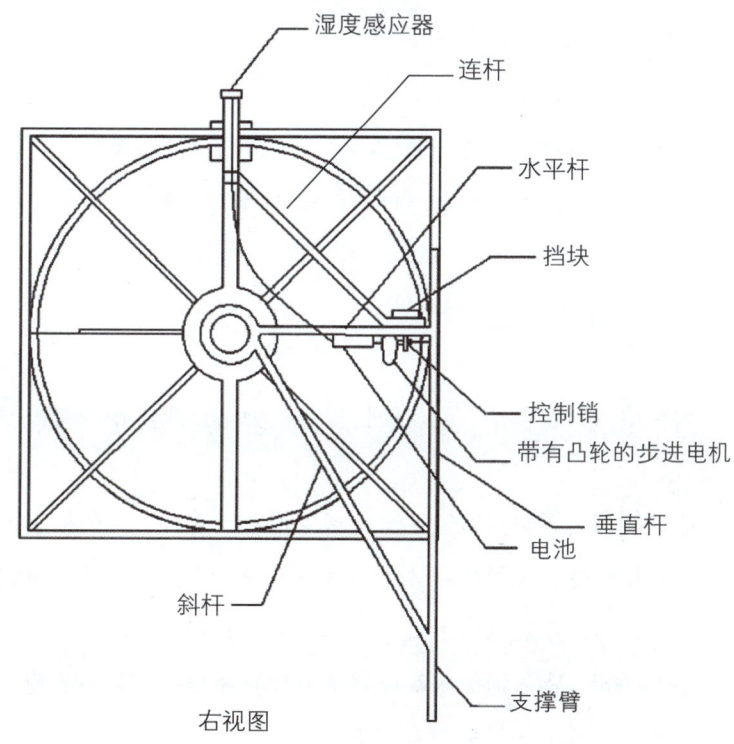

右视图

通过以上设置，本创新项目解决了下雨天来不及收衣服的问题，其设计巧妙，自动化程度高，使用简单。

作品二　一种船体防撞装置

项目作者：高海玉　2014 级 2 班

一、技术领域

本创新项目是一种船体防撞装置，涉及水运领域。

二、选题背景

在港湾或航道上，遇到两船相撞时一般是采取躲避的方法，躲避无效后，基本上就束手无策了，后果严重时可导致船体被撞翻、撞沉。

三、创新项目介绍

为克服以上缺陷，本创新项目提出一种防止船体相撞时被撞翻、撞沉的防撞装置。

船体防撞装置包括轨道、电控指挥台、运动台、护船板、弹力机械臂、滚动手指、钢丝绳、弹射独联体锚。其具体设置为：在船体上设置一轨道，轨道上设置运动台，在运动台上设置一弹力机械臂和一钢丝绳，弹力机械臂的末端设置滚动手指，钢丝绳的末端设置弹射独联体锚；在船体的前部设有一电控指挥台，侧面设置一护船板；电控指挥台控制运动台沿着轨道移动。

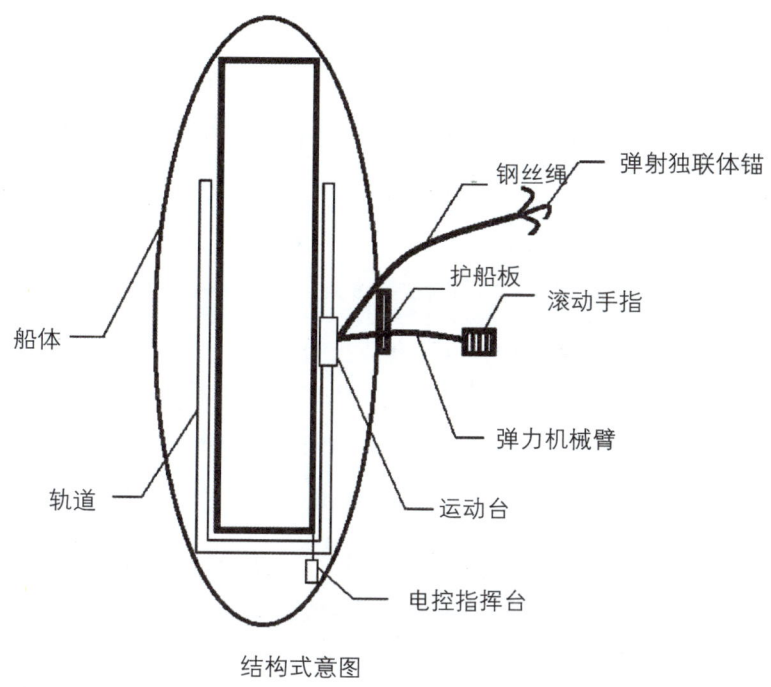

结构式意图

滚动手指主体为一框架，在框架上设置若干根转轴，转轴上设有转轮。

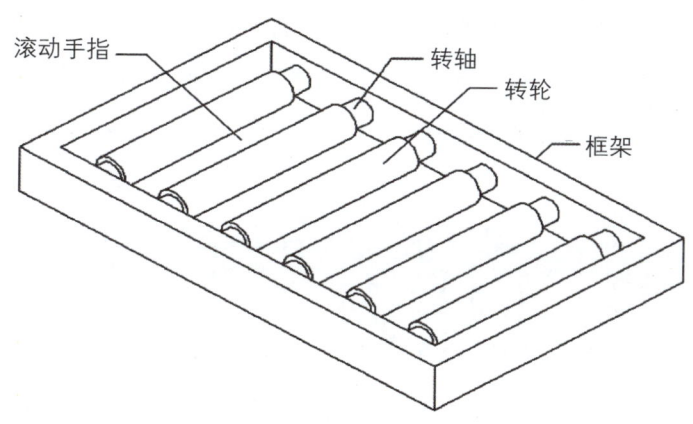

滚动手指结构示意图

通过以上设置，本创新项目的弹射独联体锚和钢丝绳在两船迎面相撞时抛向对方船体，即采取捆绑战术防止翻船；滚动手指可以在两并行船舶相撞时吸附在对方船体上，通过弹力机械臂带动滚动手指转动，有效缓冲；护船板可在船体进入码头发生碰撞时，将船体与码头之间的撞击力有效缓冲。

作品三　一种适合多种尺寸的手摇式卷线器

项目作者：刘一卓　2014 级 2 班

一、技术领域

本创新项目是一种适合多种尺寸的手摇式卷线器，涉及电器领域。

二、选题背景

现在许多人家里都有电脑、电视等多种电器，杂乱的电线常让人头疼。现在市场上的许多卷线器存在费时费力或不能适应粗细不同的电线等问题。

三、创新项目介绍

本创新项目提出一种适合多种尺寸的手摇式卷线器，包括底座、卡线槽、内凹中心柱、转台、手柄、橡胶条、可滑动钮、入线口、线挂、盒盖。其具体设置为：转台设置在底座上，卡线槽设置在转台上表面，橡胶条设置在卡线槽的一侧，可滑动钮设置在转台边沿靠近卡线槽开口处；盒盖扣在底座上，入线口设置在盒盖与卡线槽对应处，内凹中心柱设置在转台的上表面中心，线挂对称设置在内凹中心柱的两侧，手柄设置在内凹中心柱的上表面，手柄能够带动内凹中心柱以及转台转动。

本创新项目的特点是：内凹中心柱上的线挂能卡住电线的滑面，使电线不宜滑出；可以方便地将不同尺寸的电线轻松地卷入卷线盒，不必考虑电线粗细，不必再费力地往内凹中心柱上卷电线。

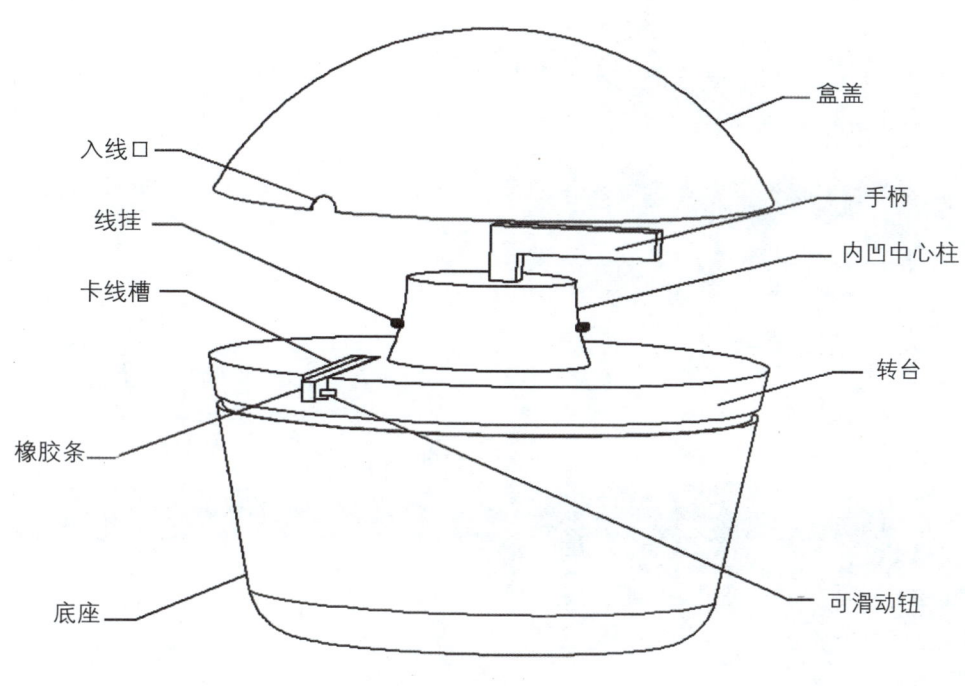

手摇式卷线器分解示意图

第六章 专利申请

一、专利介绍

专利是专利权的简称，是知识产权的一部分，它是指专利申请人就一项发明创造向国务院专利行政部门提出专利申请，经依法审查合格后，国务院专利行政部门向专利申请人授予的在规定时间内对该项发明创造享有的专有权，即一项发明创造的首创者所拥有的受保护的独享权益。

二、专利申请的意义

专利最重要的性质是独占性。正因为专利的独占性，所以专利才能成为企业的核心竞争力。只有及时申请专利，使科技成果受到法律保护，使其变成发明人的权利，才能防止其他人或单位随意使用和模仿，起到占据市场、垄断市场的作用，更有利于参与经济竞争。申请专利最主要的目的是为了占领和垄断市场，更有利于权利人参与经济竞争，同时也激励权利人进一步发明创造，推动科技不断创新。

三、专利申请的流程

依据《专利法》，发明专利申请的审批程序包括受理、初审、公布、实审以及授权五个阶段。实用新型或者外观设计专利申请在审批中不进行公布和实审，只有受理、初审和授权三个阶段。

（一）专利申请文件的填写或撰写

专利申请文件主要包括说明书、说明书附图、说明书摘要、摘要附图、权利要求书、发明专利请求书、外观设计专利请求书、实用新型专利请求书。

专利申请文件的填写或撰写有特定的要求，申请人可以自行填写或撰写，也可以委托专利代理机构代为办理。尽管委托专利代理机构是非强制性的，但是考虑到撰写专利申请文件的重要性以及审批程序的法律严谨性，对经验不多的申请人来说，委托专利代理机构是值得提倡的。

（二）专利申请文件的提交与专利申请的受理

向国家知识产权局申请专利或办理其他手续的，可以将申请文件或其他文件直接递交给国家知识产权局的申请受理窗口或专利局的任何一个专利代办处，也可以邮寄至国家知识产权局专利局受理处或专利局的专利代办处。

专利局受理处或专利局的专利代办处收到专利申请后，对符合受理条件的申请，将确定申请日，给予申请号，发出受理通知书。

除了传统的纸质材料受理形式之外，目前国家知识产权局已经开通了专利电子申请系统。

（三）缴纳申请费

申请费以及其他费用都可以直接向专利局收费处或专利局代办处面交，或通过手机银行、银行柜台或邮局汇付，或者电子申请注册用户可以通过登录中国专利电子申请网使用网上缴费系统缴纳专利费用。银行采用电子划拨，邮局采用电子汇兑方式。缴费人通过邮局或银行缴付专利费用时，应当在汇单上写明正确的申请号或者专利号，缴纳费用的名称使用简称。汇款人应当要求银行或邮局工作人员在汇款附言栏中录入上述缴费信息，通过邮局汇款的，还应当要求邮局工作人员录入完整的通信地址，包括邮政编码，这些信息在以后的程序中是有重要作用的。费用不得寄到专利局受理处或者专利局其他部门或者审查员个人。

（四）办理专利权登记手续

实用新型和外观设计专利申请经初步审查，发明专利申请经实质审查，未发现驳回理由的，专利局将发出授权通知书和办理登记手续通知书。申请人接到授权通知书和办理登记手续通知书以后，应当按照通知的要求在两个月之内办理登记手续并缴纳规定的费用。在期限内办理了登记手续并缴纳了规定费用的，专利局将授予专利权，颁发专利证书，在专利登记簿上记录，并在专利公报上公告，专利权自公告之日起生效。未在规定的期限内按规定办理登记手续的，视为放弃取得专利权的权利。

（五）办理登记手续应缴纳的费用

办理登记手续时，不必再提交任何文件，申请人只需按规定缴纳专利登记费、公告印刷费、授权当年的年费、印花税。

（六）专利权的维持

专利申请被授予专利权后，专利权人应于每一年度期满前一个月预缴下一年度的年费。期满未缴纳或未缴足的，专利局将发出缴费通知书，通知专利权人自应当缴纳年费期满之日起六个月内补缴，同时缴纳滞纳金。滞纳金的金额按照每超过规定的缴费时间一个月，加收当年全额年费的5%计算；期满未缴纳的或者缴纳数额不足的，专利权自应缴纳年费期满之日起终止。

（七）专利权的终止

专利权的终止根据终止的原因可分为以下三种。

（1）期限届满终止：发明专利权自申请日起算维持20年，实用新型或外观设计专利权自申请日起算维持满10年，依法终止；

（2）未缴费终止：专利局发出缴费通知书，通知申请人缴纳年费及滞纳金后，申请人仍未缴纳或缴足年费及滞纳金的，专利权自上一年度期满之日起终止；

（3）因专利权人放弃专利权而终止：授予专利权后，专利权人随时可以通过提交放弃专利权声明来主动要求放弃专利权。

四、电子申请介绍

（一）什么是电子申请

电子申请是指以互联网为传输媒介将专利申请文件以符合规定的电子文件形式向国家知识产权局提出的专利申请。申请人可通过电子申请系统向国家知识产权局提交发明、实用新型和外观设计专利申请和中间文件。

（二）电子申请子系统简介

目前使用的电子申请系统包括电子申请客户端和电子申请业务办理平台。

电子申请客户端

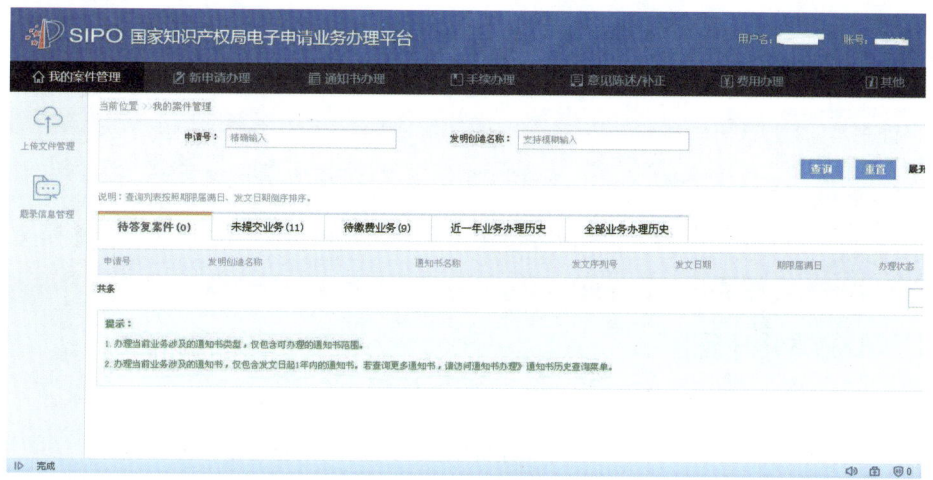

电子申请业务办理平台

（三）申请人如何使用电子申请

1. 访问电子申请网站并申请用户注册

中国专利电子申请网（http://cponline.cnipa.gov.cn/）是电子申请用户进行电子申请的重要平台。注册请求人访问该网站，通过电子申请网站自助注册成为电子申请用户，获得用户代码。

请求人是个人的，应当使用身份证号注册；请求人是法人的，应当使用统一社会信用代码或组织机构代码证号注册；请求人是代理机构的，应当使用代理机构注册号注册。系统将以回执的形式返回注册结果、用户名和密码，不再发出纸质件形式的注册审批通知书。

如使用其他证件号码注册的，只能注册成为临时电子申请用户，还需将相关证明文件（文件上注明临时电子申请用户账号）邮寄到专利局办理正式用户注册手续。

邮寄地址：北京市海淀区蓟门桥西土城路6号国家知识产权局专利局受理处

邮编：100088

2. 下载并安装用户数字证书

电子申请用户使用用户代码和密码登录电子申请网站，下载并安装用户数字证书。

3. 提交电子申请

电子申请用户下载电子申请客户端，安装并升级，使用客户端编辑并提交专利申请；或登录电子申请业务办理平台，在线提交专利申请。

4. 接收电子回执

5. 接收通知书并提交中间文件

电子申请用户接收通知书，针对所提交的电子申请提交中间文件。

附件

青岛市青少年科技创新大赛项目材料

附件 1

青岛市青少年科技创新大赛规则
（2018 年 12 月修订）

第一章 概述

青岛市青少年科技创新大赛（简称创新大赛）是与山东省青少年科技创新大赛相衔接的全市青少年科技创新成果和科学探究项目的综合性科技竞赛，是面向全市中小学生开展的具有示范性和导向性的科技教育活动之一，是目前我市中小学各类科技活动优秀成果集中展示的一种形式。

一、宗旨

举办创新大赛的根本宗旨在于推动青少年科技活动的蓬勃开展，培养青少年的创新精神和实践能力，提高青少年的科技素质，鼓励优秀人才的涌现；提高科技辅导员队伍的科学素质和技能，推进科技教育事业的普及与发展。

二、组织机构

主办单位：青岛市科学技术协会、青岛市教育局、青岛市科学技术局、青岛市体育局、共青团青岛市委员会、青岛市妇女联合会和青岛市关心下一代工作委员会办公室。

组织委员会及组织委员会办公室：创新大赛组织委员会由主办单位组成，创新大赛日常工作由组委会办公室完成，组委会办公室成员由各主办单位推荐产生。

三、举办时间和地点

创新大赛每年举办一届,创新大赛的举办时间和地点由主办单位确定。

四、活动内容

青少年科技创新大赛分为创新项目竞赛和创新作品评比展示。创新项目竞赛包括:青少年科技创新成果竞赛和科技辅导员科技教育创新成果竞赛;创新作品评比展示包括:青少年科技实践活动比赛、少年儿童科学幻想绘画比赛。

五、参赛程序

参赛者要首先参加基层的选拔活动。区(市)级竞赛的部分优胜者,由各区(市)按规定名额和要求推荐参加市级创新大赛。

第二章 创新大赛的组织办法

一、区(市)级竞赛

区(市)级竞赛是全市青少年科技创新大赛的联系赛事,负责向全市竞赛推荐优秀项目参赛。区(市)级竞赛可以参照全市青少年科技创新大赛规则组织实施。

区(市)级竞赛按照分配名额择优推荐项目参加全市比赛。推荐参加全市比赛的项目必须符合全市比赛的要求。

区(市)级比赛组委会在推荐上报参加全市比赛的项目时,应上报当年区(市)级比赛的获奖名单及区(市)级比赛的组织情况。

各区(市)组成代表队,统一组织申报,参加全市比赛。

区（市）级竞赛组织机构要切实加强组织领导，严格规范区（市）级竞赛工作，确保竞赛的公开、公平、公正。

二、名额分配

创新大赛组委会办公室每年随通知公布各区（市）参加全市比赛的名额分配，各区（市）必须按分配名额及有关比例申报，超过分配数量的不予受理。创新大赛组委会将根据各区（市）参赛情况酌情决定各区（市）申报名额。

三、申报

每年下半年创新大赛组委会办公室将在"青岛市科技馆"网站（www.qdstm.cn）上发布下年度青岛市青少年科技创新大赛文件、竞赛规则和申报表格，供区（市）级比赛下载使用。

1. 组委会办公室于发布文件后开始接受申报，逾期视为放弃。申报材料必须提报纸质材料，学校名称要填写全称（学校公章全称）。所有申报材料不退回，请自行做好材料备份工作。不按规则要求上报申报书及相关附件材料的，视为无效申报，不予评审。

2. 各区（市）组织机构应按照主办单位规定项目申报限额排序汇总，填写汇总表并提交内容相同的电子文档，向市组委会办公室推荐申报项目。

3. 创新大赛组委会不接受个人直接申报的项目。

四、区（市）级组织单位的评估与奖惩

每年将对区（市）级组织单位进行评估。依据申报工作的合格率、竞赛组织工作是否公平、公正、严谨、有序，是否维护了参赛者的合法权益等进行评估，并据此酌情增减其下一届全市大赛的申报名额。

五、公示与投诉

市级创新大赛获奖名单于终评结束后在"青岛市科技馆"网站上进行为期半月的公示，接受社会公众的监督，并通报各主办单位。

公示期内，接受对公布获奖情况有异议的实名投诉（质疑投诉者须提供相关证据或明确的线索，组委会对投诉者的姓名、单位予以保密）。对于匿名投诉，原则上不受理，只作备案。各区（市）级组织单位接到市创新大赛组委会办公室要求核实的实名投诉后，要据实调查，妥善处理，及时反馈。

六、违规处理办法

1. 参赛者向主办单位提交作品即表示其完全按照本规则参加青岛市青少年科技创新大赛的活动，其所有的参赛行为都受本规则的约束。参赛青少年、科技辅导员及学校、家长等必须服从评审委员会的决议，否则将取消有关获奖资格。

2. 参赛者所在学校或单位应严格按照创新大赛规则规定对参赛者资格进行审查，并据此填写资格确认，如出现与资格确认不相符的情况，相关学校或单位应承担相应责任，如参赛项目出现抄袭、弄虚作假等现象，经大赛组委会核实，学校和区（市）级组织单位共同承担相应责任，大赛组委会将对学校和区（市）级组织单位给予警告、减少第二年参赛项目名额处罚。

3. 项目推荐学校对参赛项目和学生负推荐责任，如果参赛项目学生、家长及辅导教师出现违反大赛规则、不服从评审委员会决议，无理取闹，并给创新大赛带来恶劣影响的。学校有义务协助组委会进行调查、处理。如处理不及时、不得当，组委会有权对项目推荐学校给予警告、减少第二年参赛项目名额、停赛处罚。

七、知识产权保护

1. 参赛者申报的项目不得侵犯其他任何第三方的专利权、著作权、商标权、名誉权或其他任何合法权益。

2. 参赛者申报的项目所包含的任何文本、图片、图形、音频和/或视频资料均受版权、商标和/或其他财产所有权法律的保护，未经参赛者同意，上述资料均不得在任何媒体直接或间接发布、播放、出于播放或发布目的而改写或再发行，或者被用于其他任何商业目的；但对参赛项目内容摘要汇编和少年儿童科学幻想绘画的出版、发行和参赛项目内容公益宣传的权利属于大赛主办方。

八、免责声明

1. 对于因不可抗力或不能控制的原因影响到全市青少年科技创新大赛，大赛主办方不承担任何责任，但将尽力减少因此而给参赛者造成的损失和影响。

2. 为了维护参赛者的合法权益，大赛主办方建议参赛者在参赛前向有关部门申请知识产权方面的保护；否则，由此给参赛者造成的损失，大赛主办方不承担任何法律责任。

3. 因参加全市青少年科技创新大赛而产生的一切法律后果（包括但不限于侵犯第三人专利权、著作权、商标权、肖像权、名誉权和隐私权等）由其自己承担，大赛主办方对此不承担任何法律责任。

4. 所有参赛作品及相关信息一经提交恕不退还。

5. 本规则由大赛主办方负责制定、修订和解释，并在"青岛市科技馆"网站上发布。

第三章　青少年科技创新成果竞赛规则

一、学科分类

（一）小学生项目

1. 物质科学：研究物质及其运动、变化的规律。

2. 生命科学：研究生命现象、生命活动的本质、特征和发生、发展规律，以及各种生物之间和生物与环境之间相互关系。

3. 地球环境与宇宙科学：研究地球与宇宙中有关现象、事物和规律，人类与地球环境、地球与宇宙的关系等。

4. 技术：技术创新；将科学、技术应用于生产和生活，综合设计或开发制作以解决实际问题。

5. 行为与社会科学：通过观察、实验和调查的方法研究人或动物的行为与反应，人类社会中的个人之间、个人与社会之间的关系。

（二）中学生项目

1. 数学：包括代数、分析、组合数学、博弈论、几何与拓扑、概率与统计等。

2. 物理与天文学：包括力学、磁学、电磁学、光学、热学、计算力学、原子物理、天体物理、凝聚态物理、等离子体物理、核与粒子物理、天文和宇宙学、生物物理、计算物理、材料物理、半导体材料、超导材料、物理演示仪器等。

3. 化学：包括无机化学、有机化学、物理化学、分析化学、材料化学、计算化学、环境化学、化学工程、材料工程等。

4. 动物学：包括动物行为学、生态学、细胞学、发育生物学、遗传学、生理学、营养和生长、分类和进化等。

5. 植物学：包括植物生长和发育、生态学、遗传学（育种）、生理学、病理学、分类和进化、农林科学等。

6. 微生物学：包括应用微生物学、细菌微生物学、环境微生物学、微生物遗传学、病毒学和抗生素等。

7. 生物化学与分子生物学：包括分析生物化学、医药生物化学、结构生物化学、细胞和分子遗传学、分子生物学、免疫学等。

8.生物医学：包括细胞、组织、器官和系统生理学、疾病遗传学、营养学、病理生理学、转化医学等。

9.环境科学与工程：包括大气科学、气候科学、环境对生态系统影响、地球科学、水科学、生物降解、土地开垦、水土保护和改良、水资源管理、污染控制，废物的回收和管理等。

10.计算机科学：包括互联网技术及通信、计算机制图技术、仿真/虚拟现实技术、计算科学、网络安全、数据库、操作系统、编程、物联网等。

11.工程学：包括航天与航空工程、土木工程、汽车工程、船舶工程、机械工程、制热与制冷工程、机器人与智能机械；电子工程、电气工程、电路、微控制器、传感器、控制系统、信号处理等。

12.能源科学：包括替代燃料、燃料电池和电池发展、微生物燃料电池、太阳能材料、水力发电、核能、太阳能、火力发电、风能等。

13.行为和社会科学：包括发展心理学、认知心理学、生理心理学、社会心理学、人类学、教育学等。

二、申报

（一）申报者和申报项目要求

1.申报者在竞赛申报时为国内在校中小学生（包括普通中小学、特殊教育学校、中等职业学校等），每个参赛学生（包括集体项目的学生）在一届大赛上，只能申报一个项目参加科技创新成果竞赛。

2.参加市赛的项目由基层组织机构择优推荐。

3.申报项目必须是从当年7月1日往前推不超过两年时间内完成的。

4.集体项目要求：

（1）集体项目的申报者不得超过三人，并且必须是同一地区（指同一城市或县域）、同一学段（小学、初中、高中或中专）的学生合作项目。

（2）集体项目不能在研究过程及参赛中途加入新成员，每名成员都须全面参与、熟悉项目各项工作，合作、分担研究任务，提交的研究成果应为所有成员共同完成。

（3）每个集体项目应确定一名第一作者，其他为署名作者。在项目申报时，所有成员的信息资料均应在申报表中填写。

（4）多人集体完成的项目不能作为个人项目申报。如该项目可以分为数个子项目，某个子项目确系某一申报人独立完成，可以将该项目作为完成人的个人项目申报。

（5）每所学校集体项目申报数额不超过三项。

5. 连续多年的研究项目，如果曾经参加过以往的创新大赛，再次以同一选题申报参赛时，本次参赛的研究工作需持续一年以上，申报材料必须反映最新的研究工作和研究成果。

6. 每个项目最多只能申报三名辅导教师。

（二）不接受的申报

1. 项目内容和研究过程违反国家法律、法规和社会公德或者妨害公共利益。

2. 涉及有风险的动物、微生物，人体或动物离体组织、器官、血液和其他体液的小学生研究项目。

3. 不符合申报项目要求（参见申报者和申报项目要求）的项目。

（三）申报材料

1. 申报书：完整填写大赛组委会当年发布的申报书。

2. 查新报告：每名申报者须在项目研究开始前和申报参赛前对项目选题和内容分别进行查新检索，并提交查新报告。

3. 项目研究报告及附件：项目研究报告字数应不少于2000字、不超过10000字，附件包括原始实验记录、研究日志、实验数据等。

4. 证明材料：项目涉及下列内容的还须提供有关部门的证明材料。

（1）医疗保健用品，由市级以上相关医疗科研部门开具临床使用鉴定。

（2）动物、植物新品种，由市级以上农科部门开具证明，证明确为培育和发现的新品种。

（3）国家保护的动、植物，由市级以上林业等管理部门开具证明，证明项目在研究过程没有对动、植物造成损害。

（四）申报办法

由市（区）级大赛组织机构统一组织申报，大赛组委会不接收学校或学生个人申报的项目。申报纸质材料包括申报书一式二份，研究论文、查新报告（报告格式为大赛组委会提供）及附件资料（原始实验记录、研究日记、图片、实验数据等）各一份。电子版包括申报书、研究报告、实物作品需提供图片2～3张（格式为jpg，分辨率为300 dpi）。

三、表彰和奖励

青少年科技创新成果奖项设等级奖。入围终评项目等级奖获奖比例分别约为一等奖30%、二等奖30%、三等奖40%，颁发证书，由主办单位进行表彰。

四、评审

（一）评审原则

大赛组委会将组织来自高等院校、科研院所的学科专家组成评委会，按照"三自"和"三性"原则进行评审。

1. 自己选题：选题必须是作者本人提出、选择或发现的。

2. 自己设计和研究：设计中的创造性贡献必须是作者本人构思、完成。主要论点的论据必须是作者通过观察、考察、实验等研究手段亲自获得的。

3. 自己制作和撰写：作者本人必须参与作品的制作。项目研究报告必须是作者本人撰写的。

4. 创新性：指项目内容在解决问题的方法、数据的分析和使用、设备或工具的设计或使用方面的改进和创新，研究工作从新的角度或者以新的方式方法回答或解决了一个科学技术课题。

5. 科学性：指项目选题与成果的科学技术意义，研究方案、研究方法的合理和正确性，依据的科学理论的可靠性等。

6. 实用性：指项目成果可预见的社会效益或经济效益，研究项目的影响范围、应用价值与推广前景。

小学生项目的评审重点考查项目研究过程中对于探究式学习方法的应用。

（二）评审程序

1. 资格审查：大赛组委会根据规则对所有申报项目材料进行资格审查。审查过程中如发现项目申报材料存在问题或缺失，申报者可在组委会规定的修改时间内对项目材料进行修改和补充，符合规则的项目可获得参加初评的资格。

2. 初评：通过参赛资格审查的项目由评委会组织学科专家对申报材料进行评审。项目初评通过率约为90%。通过初评的中学生项目入围参加终评，参评一、二、三等奖；通过初评的小学生项目成绩排序排名前50%项目入围终评，参评一、二等奖，其余项目获得三等奖。

3. 终评：大赛组委会选聘高等院校、科研院所的学科专家组成终评评审委员会，通过现场项目问辩，评选产生大赛各奖项。入围终评的项目须申报者本人参加终评评审活动，如未参加终评的中学生项目将视为自动放弃参赛资格，如未参加终评的小学生项目给予三等奖，由此产生的名额空缺不予递补。

4. 申报和初评阶段，出现对参赛项目的投诉且经调查属实，或经评审专家调查发现参赛项目存在抄袭、研究工作作弊等问题，将取消作者参赛资格。终评阶段，如发现参赛项目存在抄袭、研究工作作弊，将取消作者参赛资格；项目作者答辩情况或研究项目实际水平不符合获奖标准，经评审委员会表决，可不授予竞赛奖项。

五、终评展示和交流活动

1. 参展学生有义务参加大赛终评展示期间组织的公开展示、公众讲解和学生交流等活动。

2. 项目展示按学科分区，由组委会提供项目展区的基本展板、展台、电源和简单工具。

3. 每个项目分配的展示空间由项目作者负责设计和制作相关展示材料，并按照主办单位要求布展。有实物作品的研究项目，必须将实物作品带到现场展示。

4. 每个项目应制作项目展板一块（高 1.2 米、宽 0.9 米）。参展实物宽不超过 1.5 米，高不超过 2 米，重量不超过 100 千克。项目展示材料中不能有易燃、易爆危险品和管制刀具；展品用电电压不得超过 220 伏。

5. 项目的展示材料中不得出现指导教师姓名、专家评价、媒体报道材料、以往获奖情况、正在申请或已获得专利情况等信息，不得出现涉嫌侵犯知识产权和个人隐私权的内容。

6. 项目布展完毕后需要接受组委会的检查，包括展板、展品、展示内容，检查合格才能进入评审程序。

第四章 科技辅导员科技教育创新成果竞赛规则

一、项目分类

科技辅导员科技教育创新成果竞赛项目分为科教制作类和科教方案类。

科教制作类项目是由科技辅导员本人设计或改进的为科技教育教学服务的教具、仪器或设备等。其中，科教制作类按学科分为物理教学类、化学教学类、生物教学类、数学教学类和其他。

科教方案类项目是由科技辅导员本人设计撰写的科技教育活动或教学的预设方案。

二、申报

（一）申报者和申报项目

1. 申报者为中小学校科学教师、科技辅导员，各级教育研究机构、校外科技教育机构和活动场所的科技教育工作者。

2. 每个申报项目只能有一名申报者，不接受集体项目申报。

3. 每名申报者在一届大赛上只能申报一项参赛项目。

4. 申报者所申报的科技辅导员科技教育创新成果项目必须是从当年7月1日往前推不超过两年时间内完成。科教方案类项目须是已经开始实施或实施完成。

5. 连续多年的研究项目，如果曾经参加过以往的创新大赛，再次以同一选题申报参赛时，必须反映最新的研究工作和研究成果。

6. 不接受申报的项目包括以下几类。

（1）违反国家法律、法规和社会公德或者妨害公共利益的项目。

（2）涉及食品技术、药品类的项目。

（3）不符合申报要求的项目。

（二）申报材料

申报者需提交以下纸质申报材料。

1. 申报书：完整填写大赛组委会当年发布的申报书。

2. 项目报告：必须是单独于申报书之外的书面报告。科教制作类的项目报告须包含以下内容的文字介绍，并附实物照片或设计图等。

（1）项目的科学原理。

（2）项目的教学用途与用法。

（3）在现有教具基础上的改进点和创新点。

（4）项目的其他介绍。

科教方案类的项目报告须包含以下内容的文字介绍。

（1）方案的背景（需求分析）与目标。

（2）方案所涉及的对象、人数。

（3）方案的主体部分：

a. 活动内容、过程和步骤。

b. 难点、重点、创新点。

c. 利用的各类科技教育资源（场所、资料、器材等）。

d. 可能出现的问题及解决预案。

e. 预期效果与呈现方式、效果评价标准与方式。

（4）活动已开始实施或实施完成的证明材料。

申报者需提交以下电子版申报材料：

（1）申报书。

（2）项目报告。

（3）实物作品需提供图片 2 ~ 3 张（格式为 jpg，分辨率为 300 dpi）。

三、表彰和奖励

科技辅导员项目按项目类别依照比例分别设一、二、三等奖。

四、评审

（一）评审原则

1. 科教制作类项目评审原则：

（1）自己选题：制作选题必须为本人提出、选择或发现的。

（2）自己设计：实质性的改进部分应由本人设计。

（3）自己制作：本人应参与力所能及的全部制作。

（4）科学性：该项制作克服了现有成品的某些缺陷或不足，比现有成品更趋合理。

（5）先进性：该项制作与现有成品相比，在材料、工艺、手段等方面，有显著的进步。

（6）实用性：该项制作与现有成品相比，在制造、成本、使用效果等方面，有实质性的改进，在对青少年进行科学教育方面，有显著进步。

2. 科教方案类项目评审原则：

（1）科学性：方案所述概念和原理具有可靠性，即不违背自然科学、社会科学、思维科学、数学、技术和工程学等所涵盖的基本规律。

（2）教育性：符合科技教育教学、活动的基本规律；青少年有较大的动脑思考、动手实践的空间，能启迪青少年主动学习，能经历科学探究的完整过程；有利于青少年对科学知识的掌握，有利于青少年对科技发展与人类生活、社会发展相互关系的思考，有利于青少年科学思想、科学精神与方法、创新能力的养成。

（3）创新性：内容、过程或方法的设计有创意；整个教学或活动的构思新颖、巧妙；因人而异，因地制宜。

（4）可行性：符合方案设计对象的知识、能力和认知水平；具备方案实施的必备条件；不会超越当地科技、教育、经济和社会发展水平，便于在科技教育教学活动中实施；不增加青少年的负担。

（5）示范性：具有鲜明的时代特征，体现当代科技发展方向和教育理念；着重解决青少年所面临现实生活中的具体问题；便于推广普及。

（6）完整性：活动过程完整，实施步骤阶段清晰、具体，过程连续且有始有终。

（二）评审程序和办法

1. 资格审查：大赛组委会根据规则对所有申报项目材料进行资格审查。审查合格者将获得参加初评的资格。

2. 初评：由评委会按照项目分类分组，对申报项目进行评审。

第五章　青少年科技实践活动比赛规则

一、学科分类

1. 物质科学：研究物质及其运动和变化规律。

2. 生命科学：研究生命现象、生命活动的本质、特征和发生、发展规律，以及各种生物之间和生物与环境之间相互关系。

3. 地球环境与宇宙科学：研究地球与宇宙中有关现象、事物和规律，人类与地球环境、地球与宇宙的关系等。

4. 技术与工程：技术创新；将科学技术应用于生产和生活，综合设计或开发制作以解决实际问题。

5. 其他：不属于上述四类学科的其他科技内容的实践活动。

二、活动要求

1. 申报的科技实践活动应是青少年以团体（如小组、班级、社团、年级、学校、校外教育机构等）名义，在课外活动、研究性学习或社会实践活动中，围绕某一科技主题开展的具有一定科普教育意义的集体活动。

2. 活动设计与组织实施符合以下原则。

（1）亲历性：学生亲身体验和实践。

（2）自主性：以学生为活动主体。

（3）协同性：广泛的社会合作和参与。

（4）整合性：帮助学生形成对科学、技术和社会的整体认识，发展综合运用知识的能力。

3. 活动目的明确，有完整的活动计划或方案（包括活动目标、器材或材料、活动内容、组织实施方法、总结交流方法等）。

4. 按照活动计划或方案完成了活动并进行了交流总结。

三、申报要求

（一）申报者和申报项目要求

1. 在校中小学生（包括普通中小学、特殊教育学校、中等职业学校等）均可以团体名义将其参与或组织的科技实践活动申报参赛。参加省级比赛的活动由市级竞赛获奖活动中按规定名额择优推荐申请。

2. 对于以学校或校外教育机构名义申报的活动，参加活动的学生应占本校学生总数或本地区学生总数的 30% 以上。

3. 申报团体需提供以下材料。

（1）完整填写的申报书。

（2）活动报告及附件：活动报告应由活动组织者（或主要参与者）撰写，

报告内容包括活动选题、设计、准备、实施、成果、总结反思或建议等，字数不超过 10000 字，可附相关图片、学生活动成果或体会、活动成效的评估报告或新闻报道等。附件大小不超过 5 MB。

4. 每个活动最多只能申报三名辅导教师。

（二）申报材料

1. 纸质材料：

（1）申报书一式二份。

（2）科技实践活动报告一份。

（3）原始材料（活动记录、照片、录像等）和新闻报道材料等作为附件上报，涉及的活动记录、调查问卷等数量较多的，提供几份比较典型的即可，不需全部提交。

2. 电子版：

（1）申报书。

（2）活动报告。

（3）提供能反映活动过程的图片 3～5 张（格式为 jpg，分辨率为 300 dpi）。

四、表彰和奖励

评委会从入围的优秀科技实践活动中按比例评选出一、二、三等奖。

五、评审

（一）评审标准

1. 示范性：活动选题、活动设计理念和组织形式有创新和示范作用，实施过程中有广泛或深入的社会合作和参与。

2. 教育性：活动内容和形式符合参与学生的学习发展需求，发挥学生的自主性，增强学生的社会责任感，有助于提高学生的科学素质和科学兴趣。

3. 完整性：活动报告内容完整、条理清晰，活动成果明确突出并进行了实践成果的交流总结。

（二）评审程序

根据规则进行资格审查，合格的参赛活动可进入评审。组委会组织专家对参赛活动进行评审，确定获奖等级。如发现申报材料弄虚作假、抄袭，则取消参赛资格。

第六章　少年儿童科学幻想绘画比赛规则

一、作品要求

1. 作品内容：科学幻想绘画作品内容应为少年儿童对未来科学发展的畅想和展望，利用绘画形式表现未来人类的生产、生活情景。

2. 作品形式：参赛作品的画种、绘画风格及使用材料不限，作品尺寸规格为四开。

二、申报

（一）申报者和申报项目要求

1. 创新大赛举办当年 7 月 1 日之前，凡年龄为 5～14 周岁的少年儿童独立完成科学幻想绘画作品，均可申报参赛。参赛作品应为个人作者的原创作品。

2. 参加市级比赛的作品由基层组织机构择优推荐。

3. 每个作品最多只能申报一名辅导教师。

（二）不接受的申报

非绘画类的美术品与工艺品；画幅尺寸不符合规定；包含神鬼迷信故事内容等。

（三）申报材料

1. 申报纸质材料：

（1）完整填写的申报书。

（2）绘画作品。

2. 申报材料电子版：

（1）申报书。

（2）绘画作品图片一张（格式为 jpg，分辨率为 300 dpi）。

（四）申报办法

各区（市）根据有关标准和名额分配，按区（市）级评选的排序向创新大赛组委会办公室申报和推荐。申报材料包括：参赛作品和申报书。申报书一式两份，其中一份申报书贴于作品背面左上角。申报书必须使用大赛组委会提供的标准申报书。

三、表彰和奖励

评委会从入围的作品中按比例评选出一、二、三等奖。

四、评审

（一）评审标准

1. 想象力：作品选题的新颖程度和创意所展现的想象力。

2. 科学性：作品主题思想与科学技术相关。

3. 绘画水平：作品创意的画面表现力，包括画面设计、色彩处理和绘画技巧。

（二）评审程序

根据规则进行资格审查，合格作品可进入评审。组委会组织专家评委对作品进行评审，确定获奖等级。如发现作品抄袭，则取消参赛资格。

附件 2

第 34 届青岛市青少年科技创新大赛
中学生科技创新成果竞赛项目申报书

项目名称：_____

申 报 者：_____

所在学校（全称）：_____

辅导教师：_____

辅导机构（全称）：_____

（重要提示：以上五项信息请申报者认真核实，证书以此为准）

项目所属学科：（请在确认的学科上划"√"，只能选择一项）

- ☐ 数学（MA）　　　　　☐ 生物医学（BM）
- ☐ 物理与天文学（PA）　☐ 环境科学与工程（EE）
- ☐ 化学（CH）　　　　　☐ 计算机科学（CS）
- ☐ 动物学（ZO）　　　　☐ 工程学（EN）
- ☐ 植物学（BO）　　　　☐ 能源科学（ES）
- ☐ 微生物学（MI）　　　☐ 行为和社会科学（SO）
- ☐ 生物化学与分子生物学（BC）

项目申报类别：（请分别在以下两大类中选择符合的一项划"√"）

- ☐ 初中项目　　☐ 个人项目
- ☐ 高中项目　　☐ 集体项目

项目分类：（请在确认的类别上划"√"）

- ☐ 发明作品
- ☐ 研究论文

青岛市青少年科技创新大赛组织委员会制

A. 申报者与辅导教师情况

<table>
<tr><td rowspan="5">第一申报者</td><td>姓名</td><td colspan="2"></td><td>性别</td><td></td><td>民族</td><td></td><td>出生年月</td><td></td><td rowspan="5">申报者免冠照片</td></tr>
<tr><td>学校全名</td><td colspan="4"></td><td colspan="2"></td><td>年级</td><td></td></tr>
<tr><td>学校地址</td><td colspan="4"></td><td colspan="2"></td><td>邮编</td><td></td></tr>
<tr><td>家庭住址</td><td colspan="4"></td><td colspan="2"></td><td>电话</td><td></td></tr>
<tr><td>家长姓名</td><td colspan="2"></td><td colspan="2">与申报者关系</td><td colspan="2">工作单位及其职务(或职称)</td><td colspan="2"></td></tr>
<tr><td rowspan="5">署名申报者</td><td>姓名</td><td colspan="2"></td><td>性别</td><td></td><td>民族</td><td></td><td>出生年月</td><td></td><td rowspan="5">申报者免冠照片</td></tr>
<tr><td>学校全名</td><td colspan="4"></td><td colspan="2"></td><td>年级</td><td></td></tr>
<tr><td>学校地址</td><td colspan="4"></td><td colspan="2"></td><td>邮编</td><td></td></tr>
<tr><td>家庭住址</td><td colspan="4"></td><td colspan="2"></td><td>电话</td><td></td></tr>
<tr><td>家长姓名</td><td colspan="2"></td><td colspan="2">与申报者关系</td><td colspan="2">工作单位及其职务(或职称)</td><td colspan="2"></td></tr>
<tr><td rowspan="5">署名申报者</td><td>姓名</td><td colspan="2"></td><td>性别</td><td></td><td>民族</td><td></td><td>出生年月</td><td></td><td rowspan="5">申报者免冠照片</td></tr>
<tr><td>学校全名</td><td colspan="4"></td><td colspan="2"></td><td>年级</td><td></td></tr>
<tr><td>学校地址</td><td colspan="4"></td><td colspan="2"></td><td>邮编</td><td></td></tr>
<tr><td>家庭住址</td><td colspan="4"></td><td colspan="2"></td><td>电话</td><td></td></tr>
<tr><td>家长姓名</td><td colspan="2"></td><td colspan="2">与申报者关系</td><td colspan="2">工作单位及其职务(或职称)</td><td colspan="2"></td></tr>
<tr><td rowspan="4">辅导教师</td><td>姓名</td><td colspan="2">性别</td><td colspan="2">年龄</td><td colspan="2">专业</td><td>所在单位</td><td>职务或职称</td><td>联系电话</td></tr>
<tr><td></td><td colspan="2"></td><td colspan="2"></td><td colspan="2"></td><td></td><td></td><td></td></tr>
<tr><td></td><td colspan="2"></td><td colspan="2"></td><td colspan="2"></td><td></td><td></td><td></td></tr>
<tr><td></td><td colspan="2"></td><td colspan="2"></td><td colspan="2"></td><td></td><td></td><td></td></tr>
</table>

说明：个人项目只填第一申报者情况，集体项目须填写每位申报者情况。

B. 项目情况

项目研究时间	开始时间 ____ 年 __ 月 __ 日；完成时间 ____ 年 __ 月 __ 日
专利申请号及批准号	申请号 _____ 申请人姓名 _____ 申请日期 ____ 年 __ 月 __ 日 批准号 _____ 批准日期 ____ 年 __ 月 __ 日
论文登载报刊和发表日期	论文登载报刊名称 _____ 发表日期 ____ 年 __ 月 __ 日
项目简介	说明：项目简介包括：1.研究目的，2.研究方法，3.实验结果，4.分析、结论（限400字以内）。

C. 项目申报材料

1. 项目申报书 _____ 份

2. 项目研究论文 _____ 页，项目查新报告 _____ 页

3. 附件材料清单（说明：包括项目研究原始资料、研究活动日志和照片等，附件材料均可为复印件，没有的项目可以填"无"。）：

（1）项目研究原始资料（图纸、图表、调查问卷等）_____ 页；

（2）项目研究活动照片 _____ 页；

（3）项目研究活动日志 _____ 页；

（4）数据光盘或软盘 _____ 张，存储项目数据量 _____ MB；

（5）其他（请注明）_____ 页

D. 申报者确认事宜

我（们）确认已认真阅读竞赛规则，并且同意遵守规则。

我（们）确认所有申报资料属实。

我（们）授权主办单位竞赛结束后无偿合理使用相关申报材料（包括公开出版等，不要求退还）。同时本人亦享有公开发表该项目资料的权利。

我（们）完全服从大赛评审委员会的各项决议。

申报者须同意并且遵守以上要求，所有申报者及其监护人须签名确认才能参赛。

申报者签名：　　　　　　　　　　　监护人签名：

　　　　年　　月　　日　　　　　　　　　年　　月　　日

E. 资格确认

1. 上述申报者均为在校中学生（含中等职业学校学生）。

2. 本项目由申报者于本年度 7 月 1 日往前推不超过两年时间内独立（含在辅导教师指导下）完成。

辅导教师（或班主任）签名：　　　　学校学籍管理部门盖章

学校校长（负责人）签名：　　　　　年　　月　　日

附件 3

第 34 届青岛市青少年科技创新大赛
青少年科技实践活动申报书

活动名称：_____

活动申报团体：_____

所在单位（全称）：_____

辅导教师：_____

辅导机构（全称）：_____

（重要提示：以上五项信息请申报者认真核实，证书以此为准）

活动所属学科：（请在确认的学科上划"√"）

　　□物质科学（MS）　　□生命科学（LS）

　　□技术与工程（TE）　　□地球环境与宇宙科学（ES）

　　□其他（OT）

活动申报类别：（请在确认的类别上划"√"）

　　□小学生活动

　　□初中生活动

　　□高中生活动

青岛市青少年科技创新大赛组织委员会制

A. 申报团体情况

活动申报团体			
参加学生年级范围		参加人数	
所在学校		联系电话	
通信地址		邮政编码	
辅导机构 （按重要性排序）	1.		
	2.		
	3.		

辅导教师	姓名	性别	出生年月	工作单位	职务/职称	电话/电子信箱

B. 活动情况

活动开展时间	开始时间 ___ 年 __ 月 __ 日　完成时间 __ 年 __ 月 __ 日
活动简介	（限500字以内）

C. 活动申报材料

1. 活动申报书 _____ 份

2. 活动报告 _____ 页 _____ 字

3. 附件材料清单（说明：包括活动原始资料、活动日志和活动照片等，可附学生活动成果或体会、有关活动成效的评估报告或新闻报道等，附件大小在 5 MB 以内。）

D. 申报团体确认事宜

我（们）确认已认真阅读竞赛规则，并且同意遵守规则。

我（们）确认所有申报资料属实。

我（们）授权主办单位竞赛结束后无偿合理使用相关申报材料（包括公开出版等，不要求退还）。同时本人亦享有公开发表该项目资料的权利。

我（们）完全服从大赛评审委员会的各项决议。

申报团体代表须同意并且遵守以上要求，申报团体代表及辅导老师代表须签名确认才能参赛。

申报团体代表签名：　　　　辅导教师代表签名：

　　　　　年　　月　　日　　　　年　　月　　日

E. 资格确认

☐ 学生团体：申报团体均为本校/本机构内参与科技实践活动的学生团体，而非指导老师个人或指导机构，符合申报条件。

☐ 学校或校外教育机构：参加活动的学生应占本校学生总数或本地区学生总数的 30% 以上。

辅导教师签名：　　　　　　单位公章：

学校校长（负责人）签名：　　　　　　年　　月　　日

附件 4

青岛市青少年科技创新大赛
项目查新报告

项目名称：

项目作者：

查新完成日期：

申报者本人的查新声明（签字）：

青岛市青少年科技创新大赛组织委员会

填写说明

一、查新报告

查新报告是查新者用书面形式就查新情况及其结论所做的正式陈述。

二、查新报告格式说明

本报告采用 A4 纸,每栏的大小,可随内容调整。

三、报告内容

应当打印;签字使用钢笔或者碳素笔。

四、查新点与查新要求

查新点:是指需要查证的内容要点。
查新要求:
①通过查新,证明在所查范围内有无相同或类似研究;
②对查新项目分别或综合进行对比分析;
③对查新项目的新颖性做出判断。

五、文献检索范围及检索策略

应当列出对查新项目进行分析后所确定的手工检索的工具书、主题词、分类号和计算机检索系统、数据库、文档、年限、检索词等。

六、检索结果

检索结果应当反映出通过对所检数据库和工具书命中的相关文献情况及对

相关文献的主要论点进行对比分析的客观情况。

检索结果应当包括下列内容：

①对所检数据库和工具书命中的相关文献情况进行简单描述；

②依据检出文献的相关程度；

③对所列主要相关文献进行简要描述（一般可用原文中的摘要或者利用原文中的摘要进行抽提），对于密切相关文献，可节录部分原文并提供原文的复印件作为附录。

七、查新结论

查新结论应当客观、公正、准确、清晰地反映查新项目的真实情况，不得误导。查新结论应当包括下列内容：

①相关文献检出情况；

②检索结果与查新项目的要点的比较分析；

③对查新项目新颖性的判断结论。

八、申报者本人、所在学校及市级大赛主办单位的查新声明

查新报告应当包括经申报者本人、所在学校及市级创新大赛主办单位签字的查新声明。声明的内容可以参考下面的内容进行撰写。

①报告中陈述的事实是真实和准确的；

②我们按照项目查新规范进行查新、文献分析和审核，并做出上述查新结论。

九、附件

附件主要包括密切相关文献的题目、出处以及原文复制件；一般相关文献的题目、出处以及文摘。

查新项目名称	

（一）查新目的

申报青岛市青少年科技创新大赛

（二）查新项目的创新要点

（要着重说明查新项目的主要特点特征、相关指标、应用范围、申报人自我判断的新颖性等）

（三）查新点

（需要查证的内容要点、创新点）

（四）文献检索范围及检索策略

文献检索范围：

  范例：查新使用的数据库：

    中国学术期刊网（1994～2006）

    万方数据资源系统（1999～2006）

    中国专利信息网（1985～2006）

    维普科技期刊文摘索引（1989～2006）

    PQDD-B 博硕士论文文摘库

  注：条件较差的地区可使用百度、Google 等搜索引擎进行相关检索

检索策略：

检索词：

  范例：以下以"空巢"老人"关爱之星"网络服务平台构建项目为例

   1. 空巢老人   2. 老年人

   3. 老龄化   4. 急救

   5. 紧急救助   6. 平安钟

   7. 网络服务平台 8. 健康

检索式：

  范例：

   1.（空巢老人 or 老年人 or 老龄化）and（急救 or 紧急救助）

   2.（空巢老人 or 老年人 or 老龄化）and 健康 and 网络服务平台

   3.（空巢老人 or 老年人 or 老龄化）and 平安钟

（五）检索结果

按上述检索词，在以上数据库和文献时限内，查到一些与本课题有关的文献，提供附件（　　）份，现对附件摘述如下：

范例：

[题名]人口老龄化问题分析与对策

[作者]顾劲扬，励建安

[来源]南京医科大学学报（社会科学版）

[单位]南京医科大学第一临床医学院，南京医科大学第一临床医学院，江苏南京，210029

[摘要]21世纪是人口老龄化的世纪，逐渐增多的老龄化人口带给人类社会的问题日益凸显。"2000年人人享有健康"赋予了每个人应有的权利，老年人也不例外。作者旨在通过对我国人口老龄化的现状、趋势及其根源的分析，研究老龄化问题对人类社会产生的深刻影响，从而探讨缓解人口老龄化矛盾的对策。

（六）查新结论

经对检索出的相关文献进行分析、对比，结论如下：

范例：

文献1：主要是针对广东省广州市老年人的健康状况与生活状况的调查研究。

文献2~4：主要研究了……

综上所述，我国在人口老龄化问题、空巢老人生活、健康状况以及医疗急救方面已有相关研究报道。但本课题的研究特点是：

1.……

2.……

3.……

检索中未见与本课题相同的报道。

（七）申报者本人、所在学校及区（市）级大赛主办单位签字盖章的查新声明与证明

1. 报告中陈述的事实是真实和准确的。

2. 我们按照大赛查新规范进行查新、文献分析和审核，并做出上述查新结论。

申报者（签字）：　　　　　　申报者所在学校（盖章）：

市级创新大赛主办单位（盖章）：

（八）附件清单

（九）备注

图书在版编目（CIP）数据

科技创新与专利申请 / 张培喜主编. —— 青岛：中国海洋大学出版社，2019.5

"海洋、科技与学生成长"青岛市精品校本课程系列教材 / 翟召东主编

ISBN 978-7-5670-2092-4

Ⅰ.①科… Ⅱ.①张… Ⅲ.①技术革新—高中—教材②专利申请—高中—教材 Ⅳ.①G634.931

中国版本图书馆CIP数据核字(2019)第021724号

出版发行	中国海洋大学出版社
社　　址	青岛市香港东路23号　　邮政编码　266071
出 版 人	杨立敏
网　　址	http://pub.ouc.edu.cn
订购电话	0532-82032573（传真）
责任编辑	董　超
电子信箱	465407097@qq.com
装帧设计	祝玉华
照　　排	光合时代
电　　话	0532-85902342
印　　制	青岛环海瑞源印刷科技有限公司
版　　次	2021年5月第1版
印　　次	2021年5月第1次印刷
成品尺寸	185 mm × 260 mm
印　　张	8
印　　数	1～1000
字　　数	115千
定　　价	260.00元（全五册）

如发现印装质量问题，请致电15866814567，由印刷厂负责调换。

放飞理想

崇尚自由

创造未来

挚爱版画

主编 韩明镜 单 珊

中国海洋大学出版社
·青岛·

"海洋、科技与学生成长"青岛市精品校本课程系列教材编委会

主编： 翟召东

编委： 郭　俭　张培喜　郑咏梅　韩明镜
　　　　单　珊　邵　杰　张　雯

编者的话
Preface

版画是一个古老的、操作性强的艺术画种。它是以版面为媒介所制作出来的绘画艺术。它通过压力,把版面上的痕迹制作转印到纸上后形成艺术作品。这一间接的过程使版画艺术又被称为"间接艺术"。

"版"的多样化使得版画的艺术魅力光芒四射,它用刀或化学药品等在木、石、麻胶、铜、锌等版面上雕刻或蚀刻后在版面上形成一定丰富的痕迹,这些痕迹或抽象或具象,给人们留下一种神秘的肌理美感。它的表现手法和形式多姿多彩,通过千变万化的制版方式,在方寸之间创造了一种独特的视觉经验。

版画之美究竟在哪里?

我想在于视觉信息、作者意念高度浓缩的概括力,在于远甚于手绘画种的心迹袒露,在于擅长将睿智与质朴集于一体的品质。一幅版画原作置于我们面前,它散发出不同于手绘作品的特殊气息,它质朴、清晰、痕迹分明,犹如将自己的心迹表露于前。这种独具的美感让我们观者陶醉其中,欲罢不能。

欢迎您走进版画的世界,感受"无所不印"的印痕趣味。

Contents 目录

Unit 1
第一单元
对比强烈，肌理丰富——雪弗板版画 / 1

第一课　从雪弗板版画出发 / 3
第二课　学生雪弗板版画作品赏析 / 6
第三课　老青岛的"版语"——刘金平版画欣赏 / 8

Unit 2
第二单元
一面质感，一面霸气——双色板版画 / 11

第一课　双色板的自白 / 13
第二课　双色板的蜕变 / 14
第三课　学生双色板版画作品赏析 / 16

Unit 3
第三单元
纤毫毕现，吹影镂尘——针刻板版画 / 19

第一课　平静如水的针刻板版画 / 21
第二课　恋上毫厘的针刻板版画制作技法 / 23
第三课　名家作品赏析 / 26

Unit 4

第四单元

顺滑软糯，轻松驾驭——麻胶板版画 / 29

第一课　性情随和的麻胶板 / 31
第二课　麻胶板版画制作初体验 / 32
第三课　名家作品赏析 / 36

Unit 5

第五单元

森系清新，自在随意——橡皮章 / 39

第一课　说刻就刻的美好——橡皮章 / 41
第二课　方寸之间的"小确幸" / 42
第三课　多彩的橡皮章世界 / 45
第四课　橡皮章的趣味生活 / 47

Unit 6

第六单元

丝丝入扣，一网情深——丝网版画 / 49

第一课　有一种时髦叫丝网版画 / 51
第二课　情系丝丝——丝网版画的制作过程 / 52
第三课　身边的丝网版画 / 58
第四课　名家作品赏析 / 60

Unit 7

第七单元

不"纸"如此，跃然纸上——纸板版画 / 63

第一课　不"纸"如此 / 65

第二课　纸板版画的制作过程 / 67
第三课　纸板版画也可以套色 / 70
第四课　名家作品赏析 / 72

Unit 8
第八单元
造无尽，趣无穷——综合版画 / 75

第一课　什么是综合版画 / 77
第二课　无所不印 / 78
第三课　综合版画——肌理法 / 79
第四课　综合版画——消减法 / 81
第五课　综合版画——遮挡法 / 82
第六课　综合版画——模具法 / 84
第七课　综合版画——叠加法 / 86
第八课　精美的综合版画作品欣赏 / 87
第九课　"街头版画"——用艺术带走城市的记忆 / 90

Excursus
附录 / 95

附录1　版画看的不只是版画 / 97
附录2　多种多样的版画 / 106

Afterword
后记 / 107

Unit 1

第一单元

对比强烈,肌理丰富

——雪弗板版画

第一课　从雪弗板版画出发

雪弗板又称为PVC发泡板和安迪板。它是以聚氯乙烯为主要原料，加入发泡剂、阻燃剂、抗老化剂，采用专用设备挤压成型。常见的颜色为白色和黑色。

雪弗板可与木材相媲美，且可锯、可刨、可钉、可粘，还具有不变形、不开裂、不需刷漆（有多种颜色）等特殊功能；而低发泡板材可以焊接、油墨印刷，也可用锯、钻、铣削等方法进行加工。

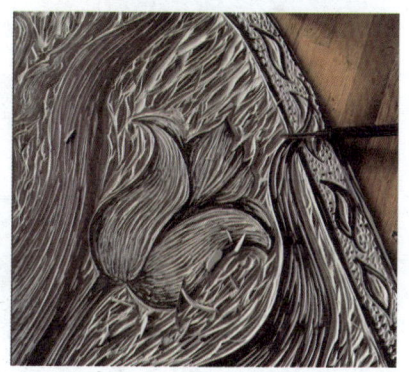

雪弗板及雪弗板版画

无所不印

首先将画稿复制到雪弗板上,也可以直接用铅笔在雪弗板上勾勒出画稿。然后用刻刀将图案刻出。

刻制刀法

不同型号的刻刀可以刻出不同的效果。

用角刀能刻出较为精细的线条。

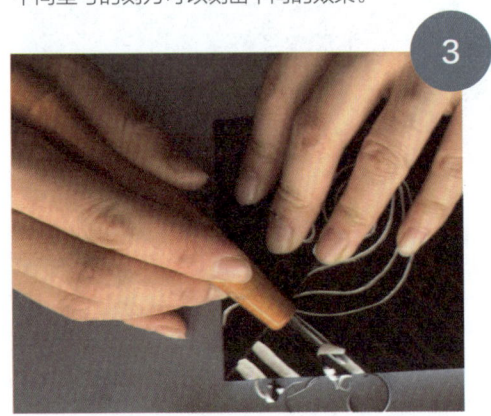

用圆刀能轻易地刻出大面积的块面。

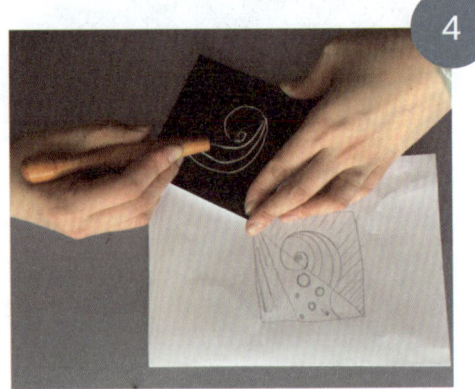

在刻制的时候,可以根据图案的需要,灵活地转动雪弗板,完成富有变化的曲线图案。

/ Unit 1 / 第一单元 / 对比强烈，肌理丰富——雪弗板版画

如果尝试把圆刀转一转，你可以刻出一个阴刻的圆。

作品完成。

思考与实践

雪弗板版画的制作技法你学会了吗？快来构思一个独特的雪弗板版画作品吧。

第二课　学生雪弗板版画作品赏析

学生雪弗板版画作品

/ Unit 1 / 第一单元 / 对比强烈，肌理丰富——雪弗板版画

学生雪弗板版画作品

学生们将生活中常见的景象，通过刀刻的手法进行艺术的加工。强烈的黑白对比图案，质朴、大胆的版画造型语言，简洁、大方的艺术特色，处处体现了学生们对版画艺术的热爱和表现力。

思考与实践

用你掌握的美术语言评价一下同学的版画作品。

第三课　老青岛的"版语"——刘金平版画欣赏

刘金平说:"不论是直刀向木的刻版还是反复的手工印制,在那些繁杂的工序和繁重的劳作过后,其形色明暗的交错在纸张上呈现出特有的味道,总能给我视觉和心智上带来愉悦。"

刘金平

刘金平作品

/ Unit 1 / 第一单元 / 对比强烈，肌理丰富——雪弗板版画

刘金平试着用"绝版套色木刻"的方法来表现他心中的景象。这种用一块木板在一幅版画创作中逐渐刻出造型、增加画面形状和颜色的多次印制，也正是"绝版套色木刻"版画的魅力所在。

刘金平作品

Unit 2

第二单元

一面质感，一面霸气
——双色板版画

第一课　双色板的自白

双色板材料

　　双色板是一种由两层或两层以上颜色复合构成的专用于雕刻的工程塑料板。它易于加工和裁切，易切割、锯、烫印、雕刻、弯曲及粘贴。

　　新买来的双色板上都会有一层保护膜，裱贴严实，易揭开。使用双色板之前要注意先把保护膜撕掉。

其他工具

准备其他工具：

1. 刻刀（可与木版画刻刀兼用）

2. 复写纸（用来转移创作稿）

3. 铅笔、橡皮、长尾夹

第二课　双色板的蜕变

制作过程

用长尾夹将画稿和复写纸固定在双色板上。

复写纸要夹在画稿和双色板中间，注意安排好画稿将要复制到双色板上的位置。

/ Unit 2 / 第二单元 / 一面质感，一面霸气——双色板版画

仔细地沿着画稿的轮廓描一遍，你会发现精彩就在下面。

翻开复写纸，你会看到你的画稿已经转移到双色板上了。

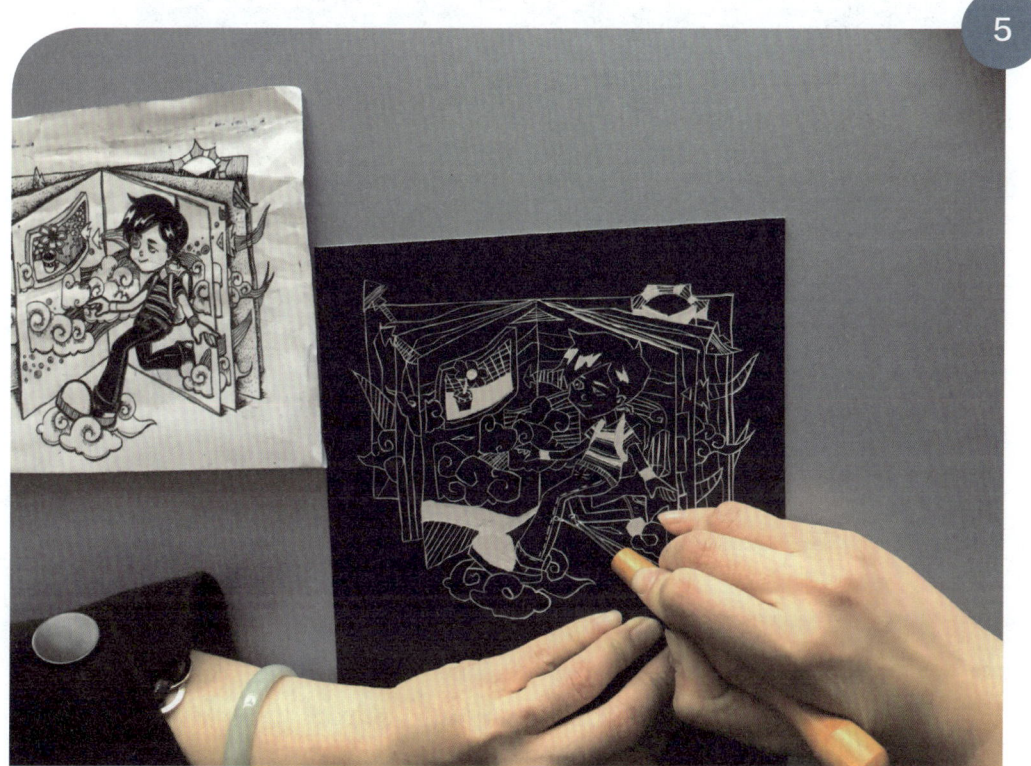

沿着画稿细心地刻制。刻制方法与刻制雪弗板方法相同，但是，双色板比较滑，刻制的时候要小心，可以用左手抵住刀头，缓慢地用力刻制。

小提示

在用复写纸转印完稿子之后，不要急着拿掉长尾夹，请仔细检查画稿是否有漏画的地方，及时补画。

第三课　学生双色板版画作品赏析

　　因双色板板材质地细腻、坚硬，双色板版画作品创作中宜以线为主，线条的粗细、深浅、疏密的变化让画面形成多层次的、调子变化复杂的视觉效果。这几幅学生作品做工精细、立体感强、形象逼真、质感细腻，是初学者作品中的佳作。

段德豪　《摩托车》

陈群　《扬帆远航》

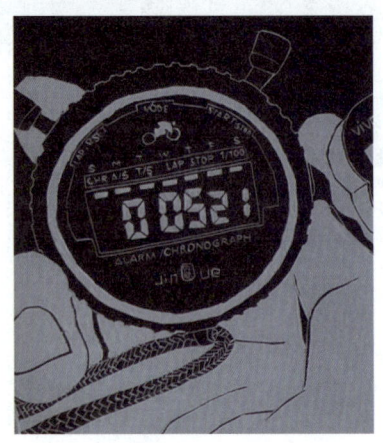

姜元会　《秒表》

/ Unit 2 / 第二单元 / 一面质感，一面霸气——双色板版画

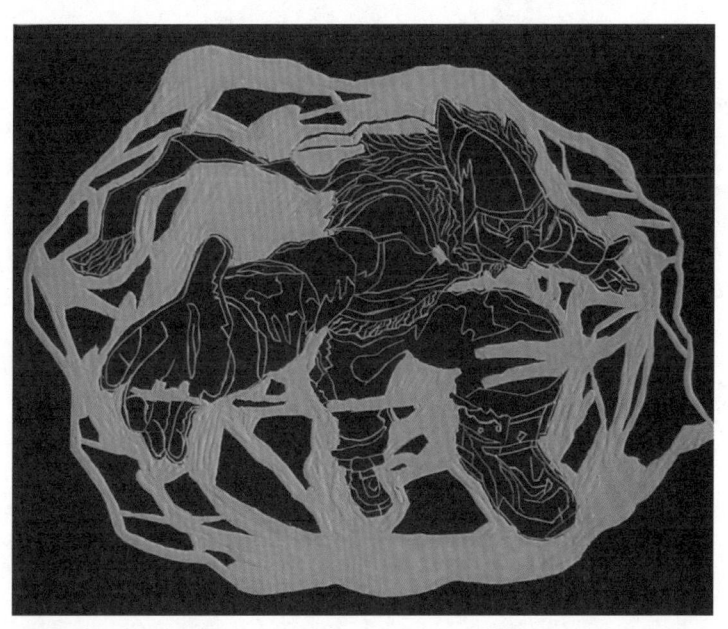

南宇雷 《风神》

张靓 《帆船》

Unit 3

第三单元

纤毫毕现，吹影镂尘
——针刻板版画

第一课　平静如水的针刻板版画

　　针刻板版画是一种古老的凹版雕刻法，即用实心针刻笔在针刻板上刻线。刻出的线明快而锋锐，版面可以雕刻得十分精致。

　　针刻笔通常采用合金钢制作而成，结实耐磨，笔尖锋利，适用于各种精细画面的创作。

针刻板版画

针刻板　　　　　　　　　　　　　　针刻笔

针刻板版画材料

　　凹版印制是一种直接的印刷方法，它将凹版凹坑中所含的油墨直接压印到承印物上，所印画面的浓淡层次是由凹坑的大小及深浅决定的。如果凹坑较深，则含的油墨较多，压印后承印物上留下的墨层就较厚；相反，如果凹坑较浅，则含的油墨量就较少，压印后承印物上留下的墨层就较薄。印制时，油墨被充填到凹坑内，我们将印版表面多余的油墨擦掉，使印版与承印物之间有一定的压力接触，将凹坑内的油墨转移到承印物上，完成印制。

> **思考与实践**
> 　　针刻板版画具备凹版版画的普遍特点，想一想，这种特点适合表现什么形式的画稿？

第二课　恋上毫厘的针刻板版画制作技法

制作过程

将针刻板、复写纸、画稿依次夹好。

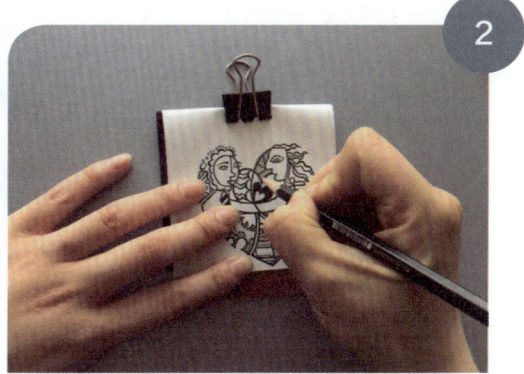
拷贝画稿。

用针刻笔在针刻板上刻制画稿。

打匀油墨，准备上墨。

印刷时全版着墨。

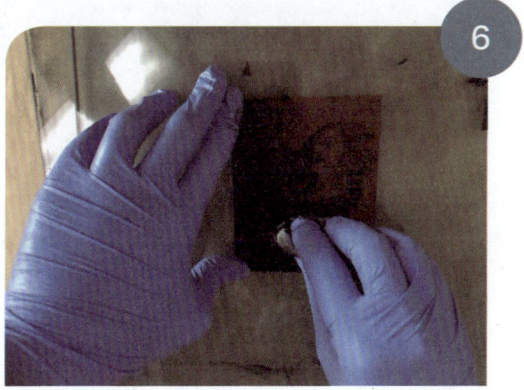
然后擦拭版面。

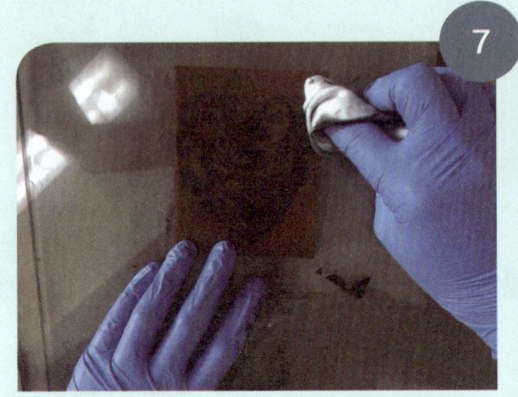
擦净版面的墨迹。

用水把印纸喷湿,待纸张半干时准备印制。

将针刻板和印纸在版画机上放好。

调整版画机的压力,使印纸与针刻板之间有一定的压力接触。

/ Unit 3 / 第三单元 / 纤毫毕现，吹影镂尘——针刻板版画

制作完成。

第三课　名家作品赏析

最数学的版画家——莫里茨·科内利斯·埃舍尔

莫里茨·科内利斯·埃舍尔（Maurits Cornelis Escher）（1898—1972 年），荷兰版画家，因其绘画中的数学性而闻名。他的主要创作方式包括木板版画、铜板版画、石板版画、素描。在他的作品中可以看到对分形、对称、密铺平面、双曲几何和多面体等数学概念的形象表达，他的创作领域还包括早期的风景画、不可能物件、球面镜。

莫里茨·科内利斯·埃舍尔

莫里茨·科内利斯·埃舍尔说："当一个人想替不存在的事物画肖像，那么他就必须违背所有既定绝对的规则！"

《星空》　320 mm × 260 mm　凸版

/ Unit 3 / 第三单元 / 纤毫毕现，吹影镂尘——针刻板版画

《蜥蜴》　385 mm × 334 mm　平版

《版画廊》　317 mm × 319 mm　平版

Unit 4
第四单元

顺滑软糯，轻松驾驭
——麻胶板版画

第一课　性情随和的麻胶板

麻胶板具有质地软糯、刻制顺畅、简单易操作的特性，刻制者无论是否有刻制木版画经验，都可以很顺利地掌握。

麻胶板的另一个优点是能很好地表现细节。木板刻制的技术和刀法都可以在麻胶板上表现出来，尤其是很细的线条（比如头发、胡子），采用中国线条手法制作版画的时候，麻胶板的特点尤为突出。

麻胶板的印刷也非常方便。现在有了水质油墨后就更是简单。麻胶板可以支持任何油墨和油画颜料，手工印制时稍稍用些力气即可。麻胶板可以使用任何常见纸张印制。

麻胶板

思考与实践

艺术就在身边，在生活中寻找可以刻制的材料，用前面学过的技法尝试进行版画创作。把你的创作体验与同学分享。

第二课　麻胶板版画制作初体验

制作过程

刻制麻胶板。

打匀油墨,仔细地给需要印制的部分上油墨。

Unit 4 / 第四单元 / 顺滑软糯，轻松驾驭——麻胶板版画

对准画稿附上一张宣纸，用手铺平，用木蘑菇印制作品。

33

印制一半时可以打开看看印制效果,进行适当调整,然后印制完成。

印制完成。

活跃的思维、细腻的肌理、别致的画面，产生了独特的印痕美。

可以是对潮流的表达，亦可是对经典的致敬，都彰显了麻胶板版画与传统文化艺术的一脉相承。

第三课　名家作品赏析

麻胶板版画里的"花花世界"——亚瑟·佩恩作品

亚瑟·佩恩

亚瑟·佩恩不但是一位版画家，还是作家、设计师、艺术顾问。在他的工作室有一个通向花园的大门，他喜欢养一些奇怪的花草，从自然中发现植物的美感与自我喜欢的表现媒介。

/ Unit 4 / 第四单元 / 顺滑软糯，轻松驾驭——麻胶板版画

亚瑟·佩恩所使用的板材是麻胶板。没有过多的制版过程，转印画稿后直接用刻刀去刻制作品，制版完成后用勺子在纸张的背面印完作品。

也许艺术家在创作时自身没有过多的思考，但作品完成后留下的每一组生动的线条却是其真诚的自我表达与情感转述。

亚瑟·佩恩作品

麻胶板版画制作

Unit 5

第五单元

森系清新,自在随意

——橡皮章

第一课　说刻就刻的美好——橡皮章

橡皮章也叫 DIY 手刻橡皮印章，是使用小型雕刻刀具在专用于刻章的橡皮砖上进行阴刻或阳刻、制作出可反复盖印图案的一种休闲手作形式。

橡皮砖

橡皮砖：

新手通常使用的纯白色橡皮砖，叫作"大白"。操作熟练之后可以使用双色橡皮砖，即砖表层几毫米是各种颜色，底层仍是白色，刻制时便于分辨阴、阳线条，也十分美观。

笔刀

笔刀：

笔刀即笔式美工刀，刀尖有 30 度、58 度等多种型号可选择，是基本的刻章工具。

印台：

按质地分为水性和油性两种。橡皮章刻完后需要试印，然后对照印出的图案调整不到位的地方，完成橡皮章的最终制作。

印台

第二课　方寸之间的"小确幸"

橡皮章制作过程

复制画稿。

转印画稿。

刻制画稿。

画稿刻制完成。

/ Unit 5 / 第五单元 / 森系清新,自在随意——橡皮章

沾匀印油。

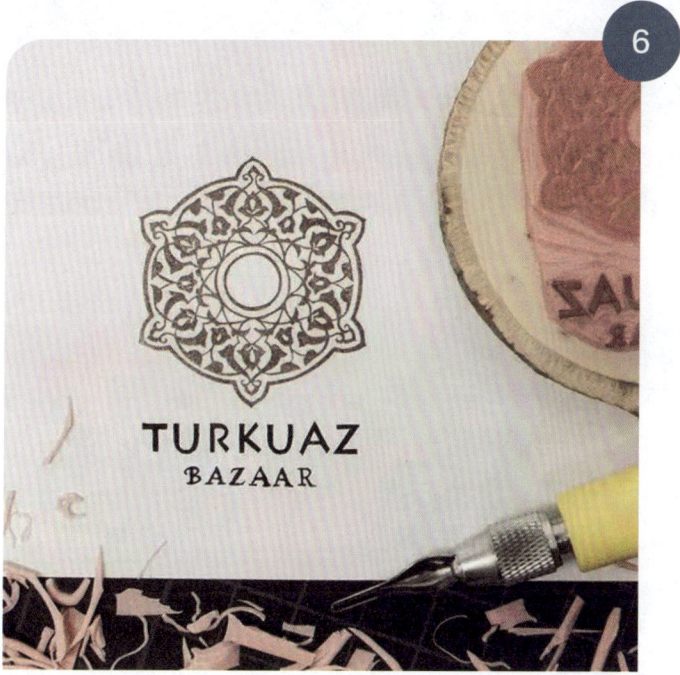

印制。

无所不印

木版画刻刀也可用于橡皮章的刻制。

橡皮章景点作品

思考与实践

用橡皮章的方式记录你去过的景点，并将作品与同学分享。

/ Unit 5 / 第五单元 / 森系清新，自在随意——橡皮章

第三课　多彩的橡皮章世界

橡皮章作品

因材质关系，手刻橡皮章的雕刻时间比石刻、木刻短很多，也不需要复杂的技巧，所以几乎人人可以轻易上手，章的表现内容也极为随意。并且可以有多种配色形式，画面轻松美好，受到各国手工爱好者的广泛欢迎。

无所不印

橡皮章作品

思考与实践
用套色橡皮章的方式制作一套多彩的橡皮章作品。

第四课　橡皮章的趣味生活

简单的一个橡皮章，花一点儿巧思，多一点儿创意，立即变身图案各异的印章，印在卡片、T恤、杯垫、餐具上，生活因附着上这份独有的色彩，而变得乐趣无穷。

橡皮章印制作品

Unit 6

第六单元

丝丝入扣，一网情深

——丝网版画

/ Unit 6 / 第六单元 / 丝丝入扣，一网情深——丝网版画

第一课　有一种时髦叫丝网版画

丝网版画也叫孔版画，它类似工业上的花布印刷方法，对颜色进行刮压，从网孔漏至承印物上，所以也称为丝漏版画。丝网印刷目前在商业上得到大量的运用。它可以用来印刷广告、包装物、路牌、衣饰图案等，可以说随处都能见到丝网印刷的物品，它以制作快捷、经济，大小灵活，便于制作和印刷而受到社会的广泛欢迎。

丝网版

丝网版画工具

丝网版

小型台式丝印机

小型台式丝印机采用微电脑式单片机控制系统，全铸铝机身，小型轻巧，但精密度高。主要适用于各类小型平面产品印刷，适用于任何平面材质印刷，如玻璃、纸张、木材、塑料、PVC等材料。

第二课　情系丝丝——丝网版画的制作过程

丝网版画的制作过程总体上分为制版和印刷两大部分。一般而言，其主要包括底稿制作、制版、印刷、成品晾放等过程。

黑白丝网版画制作过程

选择一张合适的照片。

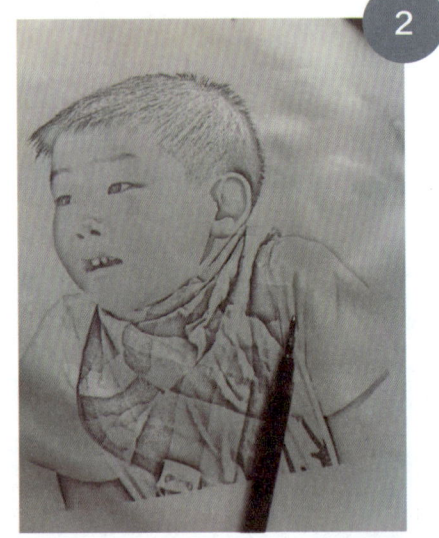

制作版画稿。

将版画稿拷贝到硫酸纸上。

制版完成。

Unit 6 / 第六单元 / 丝丝入扣，一网情深——丝网版画

在网框内注入油墨，用刮板加压，使油墨漏印在承印物上。

打开网框。

丝网版画印制完成。

思考与实践

试着制作一张黑白丝网版画作品。

套色丝网版画制作过程

底稿制作：首先要做好一个手稿，即制作的版画的色彩构图等绘画预想。

制版：将底稿制成版膜，有手绘制版和照相制版两种。这其中有很多方式，表现不同的版画痕迹语言，然后印刷成画。

丝网印刷的原理简单地说就是采用手工或光学的制版方式，在天然纤维或是合成纤维制成的网版上制出版膜，将需要印出图形的网版部分留出来，其他网版部分的网孔封住。

丝网版画底版

印刷的时候,将网版固定在印刷台面上,并且将承印物放置在网面的下面。对正位置,在网框内注入墨料,然后用胶质刮板在丝网印版上加压刮墨,使油墨透过印版上的通孔部分漏印在承印物上,从而完成了丝网印刷的印制过程。

固定承印物。

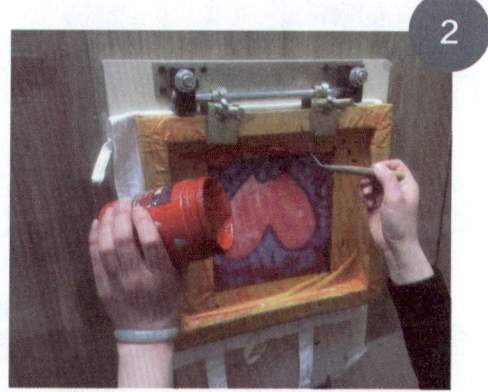

在网框内注入油墨。

用刮板加压,使油墨漏印在承印物上。

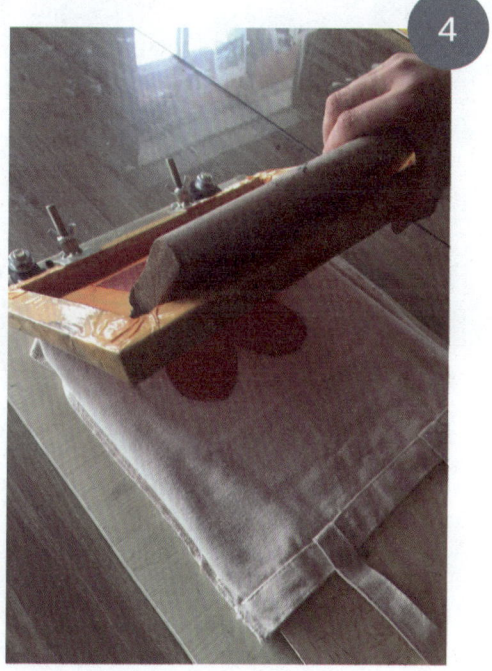

完成彩色稿印制。

换黑白线稿版。

在网框内注入油墨。

均匀用墨使油墨透过网版印到承印物上。

用刮板加压,使油墨漏印在承印物上。

套色丝网版画印制完成。

注意:要先印制彩色稿,最后再印制黑色线稿。

/ Unit 6 / 第六单元 / 丝丝入扣，一网情深——丝网版画

10

你也来试一下吧！

独具特色的丝网印刷包完成了。

第三课　身边的丝网版画

　　丝网印刷，这种印制方式离我们太近了，一些墙纸、广告，甚至某些衣服上的图案都是用丝网印刷的方式印制的。

丝网印刷制品

/ Unit 6 / 第六单元 / 丝丝入扣，一网情深——丝网版画

丝网印刷制品

第四课　名家作品赏析

最具 POP 艺术特色的版画家——安迪·沃霍尔

安迪·沃霍尔

1962年前后，POP 艺术逐渐开始向世人呈现一个成熟的面貌，此时最不得不提的艺术家就是美国艺术家安迪·沃霍尔。他是美国 POP 艺术中最具代表性的画家，在版画上，他不再止于版画本身，最重要的是他把版画的观念运用到作品中，这是一个非常伟大的突破，为版画提供了更广阔的发展前景，使版画艺术在之后的观念艺术中获得新生。

安迪·沃霍尔最初是一个做鞋子广告画的商业画家，在尝试过很多的主题和技术媒介之后，他终于找到了适合他的丝网版画制作。起初，他集中注意力于平常的超市里的商品或者常见商品的商标，他的风格特点是重复，他不断地用丝网版重复在纸上或者布上印刷。可乐、罐头没头没尾地整齐地排满整个画面，琳琅满目，给人一种乏味的商业感。

/ Unit 6 / 第六单元 / 丝丝入扣，一网情深——丝网版画

他看起来索然无味的重复，如广告牌一样醒目的色彩，仿佛很肤浅无意义的作品，却发出耐人寻味的深意，引起人们对版画、对商业社会的一些思考……

安迪·沃霍尔作品

思考与实践

搜集研究安迪·沃霍尔的其他作品，写一篇你对他的版画艺术的个人评价。

Unit 7

第七单元

不"纸"如此,跃然纸上
——纸板版画

/ Unit 7 / 第七单元 / 不"纸"如此，跃然纸上——纸板版画

第一课　不"纸"如此

纸板版画是用各种材质、各种纹理的纸板材料，经过不同的手段加工、制作、印刷的版画。其具有独特的表现形式、造型语言和审美情趣。纸板版画是最为简单、省力、容易制作的一种版画。

纸板版画作品

纸板版画最先出现在日本，现已经传播到世界许多国家，成为学校版画教学的主要创作品种。近年来，纸板版画得到了迅速广泛的发展，由于制版材料经济易得，所以受到广大青少年的喜爱，并在世界许多国家的版画教学中普遍运用，也是我国版画美术教学中的主要版画品种。

纸板版画属于软性板材，可塑性强，易加工制作。纸板版画的制作方法多种多样，可以剪贴、刀刻、手撕、镂空、揉折……能制作凸版、凹版、孔版、综合版。无论黑白、套色、油印、水印、拓印、漏印均可。

纸板版画的艺术表现力非常丰富，具有优美的纸质肌理和自然情趣，可以制作出各种不同形式趣味的版画作品。有些现代版画家经常选用纸板版画的艺术形式进行创作，扩大并丰富了现代版画的表现力和艺术效果。

纸板版画作品

无所不印

纸板版画作品

第二课 纸板版画的制作过程

用稍厚的纸张剪或刻出形象的平面轮廓，之后贴于另一基纸上，形成凸版，上墨或上色后即可拓印。其凸出部分墨色深，可印出形象块面，轮廓边缘呈白色，底板上着墨少，形成中间色。

纸板版画制作工具

制作过程

准备材料。

根据画面需要剪出适合的图形。

将图形粘贴成画。

完成纸板版画底稿。

打匀油墨。

给底板上墨。

反复上墨,将油墨覆盖均匀。

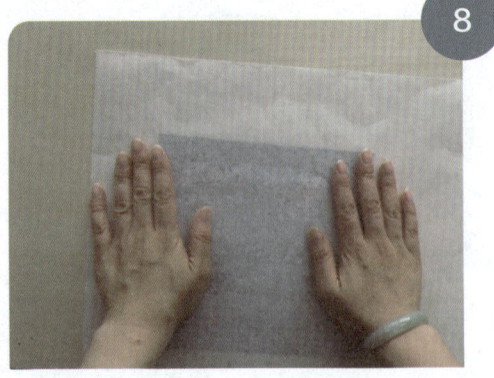
覆盖宣纸。

/ Unit 7 / 第七单元 / 不"纸"如此，跃然纸上——纸板版画

用木蘑菇反复摩擦。

直到宣纸背面的图案油墨均匀即可。

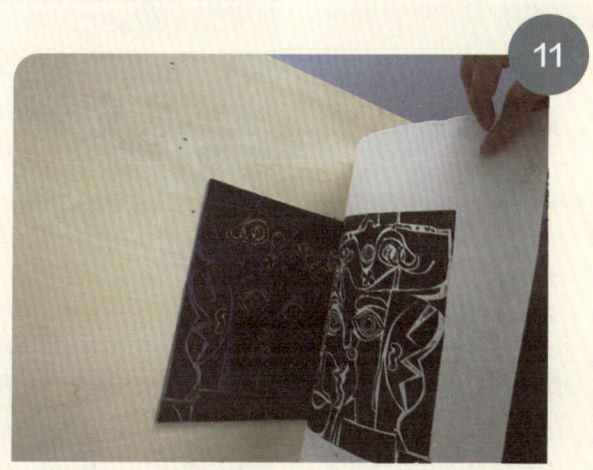
作品完成。

思考与实践

制作一幅生动有趣、富有个性的纸板版画作品。

第三课　纸板版画也可以套色

套色纸板版画制作过程

完成纸板版画稿，剪贴制作。

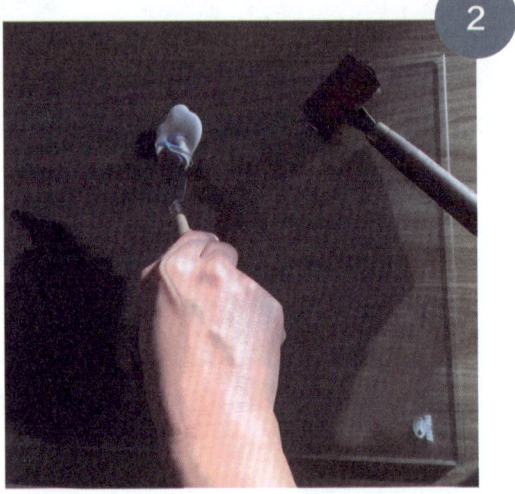

套色纸板版画需要从浅色开始印制。先取白色、蓝色两色油墨，置于调色板合适位置。

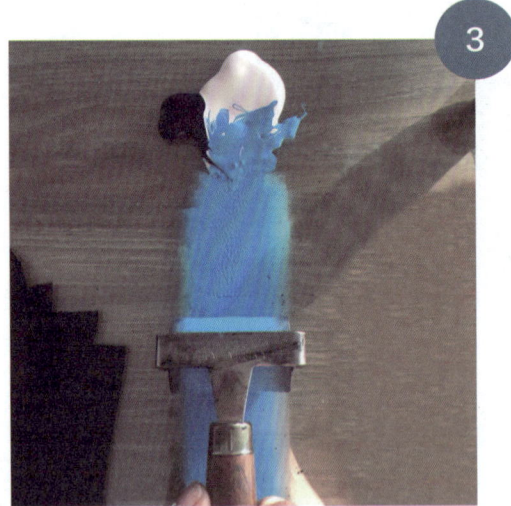

将两色充分调和、打匀。

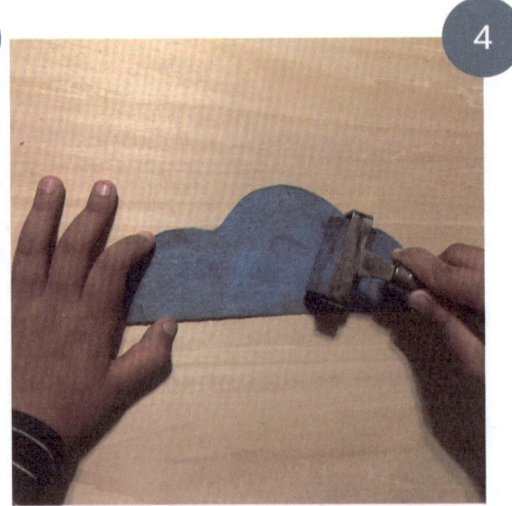

在云朵部分均匀滚上油墨。

/ Unit 7 / 第七单元 / 不"纸"如此，跃然纸上——纸板版画

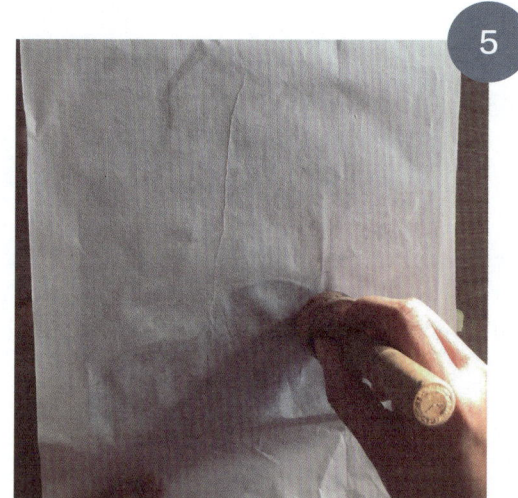
先完成云朵部分单色印刷。

在其他部分滚上油墨。

印制过程中可以揭开检查一下墨色是否均匀。

套色纸板版画完成了。

小提示

纸板版画也可以制作套色。印制方式和套色木版画有异曲同工之处，都要注意先印制彩色的部分，最后再印制黑色部分。

第四课　名家作品赏析

最"立体"的版画家——巴勃罗·毕加索

巴勃罗·毕加索，是立体主义的创始人，然而立体主义只是他艺术的开始。他一生高产而高质，也深深启发和影响着其他流派，始终屹立在20世纪的艺术中心。据统计，他的作品总计近37000件，包括油画1885幅、素描7089幅、版画20000幅，可见版画在其艺术生涯中的地位之重，他是实至名归的版画家。

毕加索的艺术生涯被分为"蓝色时期""玫瑰红时期""立体主义时期""代新古典时期"。他的版画作品也遵循他每个时期的艺术追求，"玫瑰红时期"，他主要做蚀版画，如同他的油画一样，以写实的手法来描绘贫穷地位低下的人们、马戏团的演员等。在"立体主义时期"，他做了很多立体主义的铜版画。他以干针刻版，用线条表现静物，画面看起来就是由许多个小的平面碎块编制起来的，被遮挡的部分用来暗示空间感，为了达到新的空间感，很多时候他们展现出的静物是破碎的，很大程度上表现出立体主义的多角度观察风格。很快，毕加索不再执着于表现静物，转而开始表现具有体积的类似古典主义的人物形象，此时他的版画，蚀线流畅，采用传统的黑白灰明暗关系，人物形象有时稚拙结实，有时优美雅致，他甚至还会选用古典的神话题材，画面既有古典的优雅，又透着现代趣味。

《杂技演员一家与猴子》
1905　彩色纸板版画　104 cm × 75 cm

1937年到1939年，毕加索创作了蚀版画《沃拉德系列》，这个时期被称为他版画创作最重要的时期。这些版画是商人沃拉德订购的合约画，集中体现了毕加索创作遵循灵感的自然迸发，对版画从不会陷入"技术性细节"中，深得版画表现的精髓。

1945年是毕加索石版画创作的高峰期，可能是工作环境的改善，这个时期他激情澎湃，创作了大量的石版画，《女人与睡者》《牧羊神》《长发少女》等作品相继问世，版画创作水平达到另一高度。有时毕加索一天要画六张石版画，强大的热情促使他不知疲倦，后期为了方便表达，他开始改用金属材料，甚至直接用纸转印。麻胶版刻也是毕加索一生重要的版画创作形式，他开始做麻胶版刻时已是77岁高龄，圆口刀的线条有力而准确，蕴含了艺术家毕生的艺术提炼。

直至生命的最后一刻，毕加索始终保持他的艺术热情，仍然保持很高的创作频率，他的版画描绘出了版画史上新的辉煌一页。

《戴发网的女子》
1949　彩色石版画

《戴帽女子胸像》
1962　彩色胶版画　63 cm × 53 cm

《仿小克拉纳赫的女子图》
1958　彩色胶版画　77.5 cm × 57.2 cm

Unit 8
第八单元

造无尽，趣无穷
——综合版画

Unit 8　第八单元　造无尽，趣无穷——综合版画

第一课　什么是综合版画

　　综合版画，产生于近些年，是传统版画发展至今衍生出来的一种版画艺术形式。这种版画艺术形式不是新的版画类型，它是对版画版种艺术趣味的综合应用和重新认识，它不同于其他版种，具有其他版种不可达到的综合性、敏感性。综合版画跟随时代的发展而产生，与当代艺术形式更为接近，为版画发展开辟了新的方向，提供了更宽广的思路。

　　对版画而言，在近现代，版画艺术家也在探索、思考版画的界限，综合版画就是这种探索下的产物。它名字中的"综合"有两种意思，一种是对传统版画艺术技法的综合，另一种就是版画观念和思维的艺术精神的综合。关于什么是综合版画，仍然在探索中，一般认为，综合版画技法中平凹凸漏中的两种或两种以上技法综合运用的版画作品就称为综合版画，但对综合版画而言，它的综合理论是建立在材料属性应用方式之上的，显然它并不以材料和版种的技法展现为终极目标，而是对版画艺术的艺术趣味综合手法的再认识，对版画艺术精神和思维的追求。

各种肌理的材料

　　从材料领域获得艺术语言领域的拓展和延伸，是自身发展的必然趋势，所以要获得版画材料语言更多的探索必然求助于综合版画。

第二课　无所不印 ■■■■■

综合版画的应用一般有两种类型：制版材质、版画承印物质的应用实践。制版材质从制版原理方面比如实物材料、硬质材料、软性材料、多媒体新技术及印制原理方面进行。承印物质主要从纸的不同性能材质方面等进行试验实践。

总之，综合版画应用就是通过版画材料、程序过程的实验，控制材料自然痕迹，发现和利用材料非常态下的物质属性，使之得到最大化的艺术利用。

你可以通过一块"转印板"来实现各种肌理、花纹的制作。

转印板

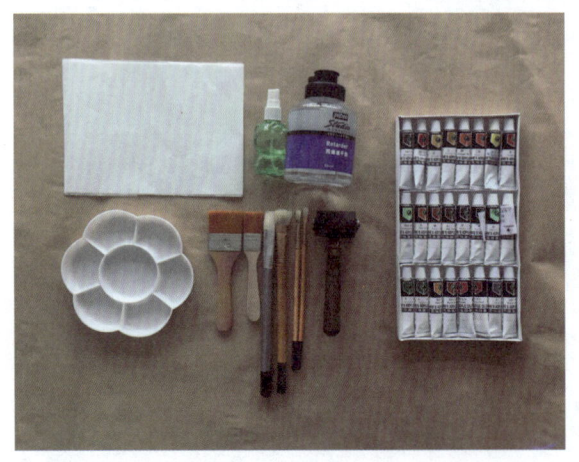

各种工具

在这些材料当中，缓干剂是很重要的材料，它可以延缓普通丙烯颜色的干燥速度，从而给制作者留出更多制作纹理的时间。

各种肌理的材料

第三课　综合版画——肌理法

制作过程

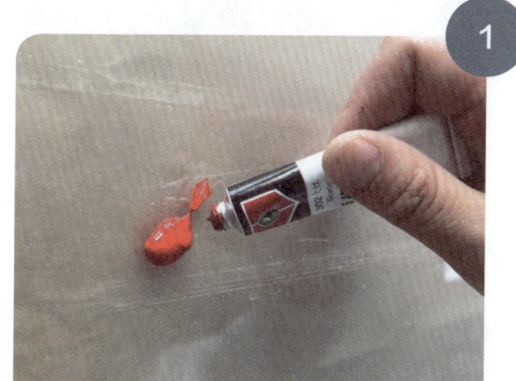
将丙烯颜料挤到转印板上。

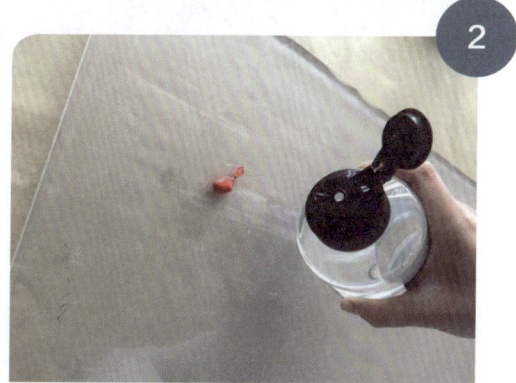
加入缓干剂。

用墨滚将颜料与缓干剂调匀。

将调匀后的颜色打出需要印制的形状。

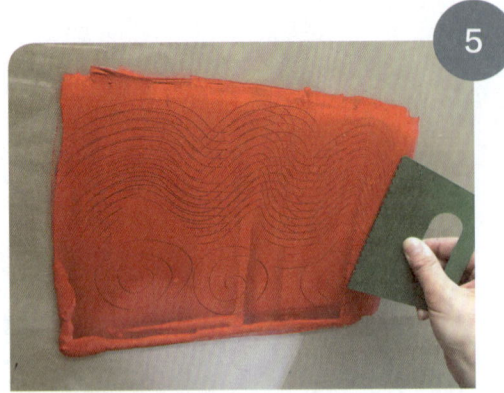

用梳齿板刮出纹样。 用包装棉按压形成丰富的肌理底纹。

将承印纸附在转印板的图案上。

印制完成。

第四课　综合版画——消减法

制作过程

用油墨滚调出渐变色。

用棉签画出图案。

检查画面整体效果。

用颜料盖画出小圆圈。

附上承印纸。

印制完成。

第五课 综合版画——遮挡法

制作过程

将多色油墨渐变打匀。

放置各种形状的遮挡物。

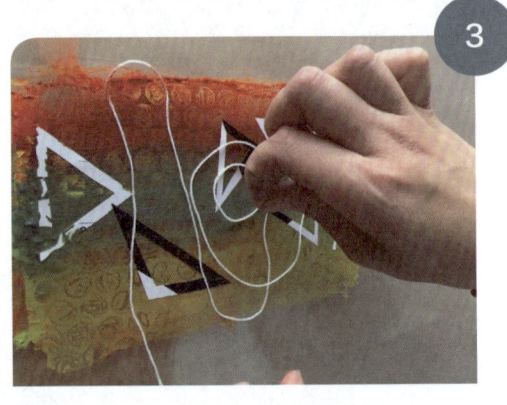

可以加一些线条,使图案更加富有变化。

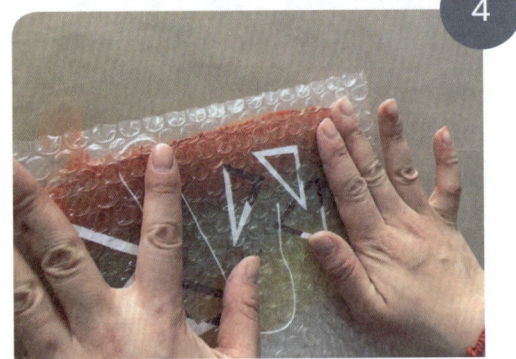

用气泡膜制作肌理。

/ Unit 8 / 第八单元 / 造无尽，趣无穷——综合版画

在处理好的底色上附上宣纸。

适当加压后，轻轻揭开画面。

一张色彩丰富、肌理感强的版画完成了。

第六课　综合版画——模具法

制作过程

在转印板上挤上颜料和缓干剂。

用油墨滚将两种颜色打匀。

用梳齿板在底图上刮出纹路。

附上宣纸。

/ Unit 8 / 第八单元 / 造无尽，趣无穷——综合版画

用毛刷轻扫，使颜色均匀附着于宣纸上。

揭开宣纸，一张色彩变化柔和的版画就完成了。

小提示

你可以用身边的各种材料创造多种的消减工具，在转印板上创作出独特而有趣的图案，图中是手工制作的梳齿。

第七课 综合版画——叠加法

你可以用多种不同的画笔和海绵来创作有趣的标记。

画笔和海绵

制作过程

直接在转印板上涂一层厚厚的颜色,可以将海绵剪成独特、有趣的形状。用不同的海绵做些对比色的标记。

也可以用画笔直接在转印板上画上有趣的图案。

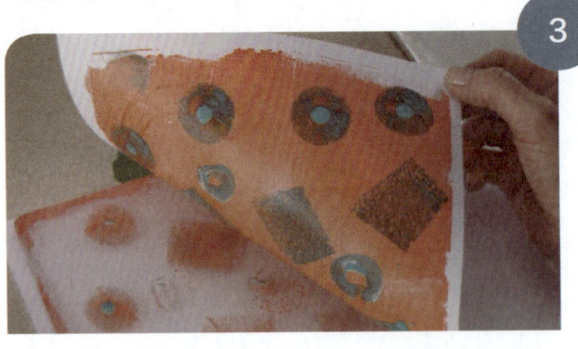

瞧,一副用叠加法制作的图样就完成了。

第八课　精美的综合版画作品欣赏

眼力大考验

猜一猜这些漂亮的图案是用什么材料或者方法印制的?

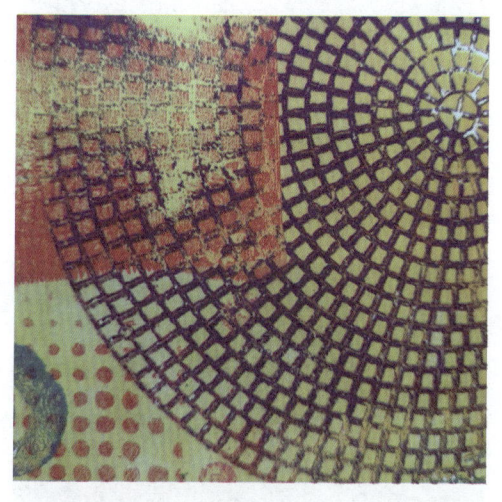

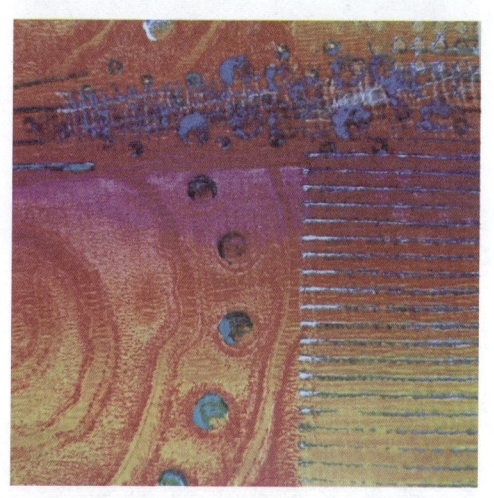

综合版画作品

综合版画肌理效果欣赏

版画肌理效果

/ Unit 8 / 第八单元 / 造无尽，趣无穷——综合版画

版画肌理效果

第九课 "街头版画"——用艺术带走城市的记忆

带着油墨、滚刷跑遍城市的大街小巷进行"创作",无论对于外来游客还是本地艺术爱好者,都很具有吸引力!

街头版画制作

公共标识、地下井盖……这些我们习以为常的城市设计被拓印在T恤衫、帆布包上的时候,具有了一种别样的城市文化风情。

街头版画制作

Unit 8 / 第八单元 / 造无尽，趣无穷——综合版画

街头版画作品

无所不印

　　以学生自己的兴趣作为引导理念，学生们通过发散性思维草图方案选择材料。动手的过程使得创造力得以释放，想象力得以激发，帮助学生一起共同成长。

街头版画制作

青岛的地下井盖也别具特色

青岛的地下井盖

无所不印

青岛的地下井盖

思考与实践

青岛也有许多别具特色的城市印迹,走出去寻找一下并将它们印制下来,与同学分享。

Excursus

附录

附录 1　版画看的不只是版画

要想布置一个有创意、有看点的画展，其中的玄机很多。

首先，要关注作品的摆放位置。

作品展出的位置高低、左右都十分重要。为配合大众的视角，每幅画的中心线离地面距离要统一，画与画间隔要统一，组画间隔也要统一。同时作品的排列组合也有学问，讲求横与竖、明与暗的搭配。摆放错落有致，大型作品宜放在展厅中间，增加视觉感；小的作品，宜摆放整齐，便于参观。

其次，如何在画展中更好地展示学生们的作品，让这些作品更具生命力？

学生作品因其多为课堂作业，所以通常画幅较小。怎样才能让这些看起来杂乱无章的作品有序地展示，使观众得到最佳观赏效果呢？你可以尝试把小作品根据题材分类整理、整齐排列，是永远不会出错的经典布展方法。可以用统一色系的卡纸进行衬底，使色彩和谐统一。也可以在统一排列的基础上，中间空出一些小空间，寻求节奏上的变化，也是让展出变得生动有趣的方式。

再次，对作品进行创意性的二次改造。

作品大小区别比较大的时候也可以把画的主要部分剪下来再次拼贴组合，这样的效果生动活泼，展示效果比较有空间感。

把作品布置在特殊材料上也会有意想不到的效果，比如雪纺布、网状物、泡沫板、布条、珠帘……当把小件作品充分组合，你会发现版画作品会变得如此美妙。

最后，画展中还可以设计各种互动环节，与传统单一的画展相比较，各种互动活动不仅可以使观众更好地了解版画艺术，也可以更好地表现版画创作观念的独特与新颖。画展中的互动环节，改变了以往观众被动接受作品的方式，从而为学生的版画作品提供了一种全新的展览模式。

总之，活泼而富有趣味感、简洁而富有节奏感，使观众流连忘返永远是布展的精髓。

对单幅作品进行有创意地拼接组合，进行二次改造后使其更加富有视觉韵律感和艺术生命力。

/ Excursus / 附录

布展现场

无所不印

丰富多彩的展览形式，让展会变得移步异景，有序而不平淡。

/ Excursus / 附录

无所不印

/ Excursus / 附录

无所不印

画展中的互动环节，改变了以往观众被动接受作品的方式，从而为学生的版画作品提供了一种全新的展览模式。

Excursus / 附录

105

附录2　多种多样的版画 ■■■■■■

凸版版画（受墨在板材的凸面部位）　其代表是木版画。其中用油溶性墨色印刷的称为"油印木版画"或"木刻"；用水溶性墨色印刷的称为"水印版画"或"水印木刻"。另外还有取麻胶、石膏、石块、砖块等为板材而仍用木版画制版及印刷方法制成的凸版版画。

凹版版面（受墨在板材的凹面部位）　其代表是铜版画。其中由于制版方法不同可分为"线刻铜版画""干刻铜版画""网线铜版画"和"腐蚀铜版画"等。另外还有取锌或其他金属等为板材而仍用铜版画制版及印刷方法制成的凹版版画。

平版版画（受墨在板材的表面部位）　其代表是石版画。由于制版方法的不同可分为"直接石版画"和"转写石版画"等。另外还有取铝、锌等为板材而仍用石版画制版及印刷方法制成的平版版画。

孔版版画（又称"漏孔版"）　墨色通过有孔眼的板材，漏泄到成品承受面，其代表是丝网漏印。另外还有以丝网漏印制版印刷方法而取尼龙网、卡普龙网、金属网等为板材的孔版版面。

独幅版画　指在不经过制版的光滑版面上绘画或刷色，后再拓印为成品的一种版面形式。

玻璃版画　指在玻璃面上制版后结合摄影技术而为完成的一种版画形式。

拓片　指直接拓墨在覆盖于凸版版面的纸张上的一种版画形式，如石刻拓片、砖刻拓片。

后记
Afterword

　　无论做任何种类的版画创作，仅停留在理论学习上是没有办法体会到版画的全部魅力，只有在实践中刻好每根线，熟悉每个步骤，有条不紊地把握好每一个过程，当印制结束后，揭开纸张的瞬间，才会是激动的。得到的那张版画就不只是一张画，它倾注了人的精神、汗水、时间，记录了所有人在这个过程中表现出的才华、体力和能量。

图书在版编目（CIP）数据

无所不印 / 韩明镜, 单珊主编. — 青岛 : 中国海洋大学出版社, 2019.5
"海洋、科技与学生成长"青岛市精品校本课程系列教材 / 翟召东主编
ISBN 978-7-5670-2092-4

Ⅰ.①无… Ⅱ.①韩… ②单… Ⅲ.①版画技法—高中—教材 Ⅳ.①G634.955.1

中国版本图书馆CIP数据核字(2019)第021726号

出版发行	中国海洋大学出版社	
社　　址	青岛市香港东路23号	邮政编码　266071
出 版 人	杨立敏	
网　　址	http://pub.ouc.edu.cn	
订购电话	0532-82032573（传真）	
责任编辑	董　超	
电子信箱	465407097@qq.com	
装帧设计	祝玉华	
照　　排	光合时代	
电　　话	0532-85902342	
印　　制	青岛环海瑞源印刷科技有限公司	
版　　次	2021年5月第1版	
印　　次	2021年5月第1次印刷	
成品尺寸	185 mm×260 mm	
印　　张	7.5	
印　　数	1~1000	
字　　数	96千	
定　　价	260.00元（全五册）	

如发现印装质量问题，请致电15866814567，由印刷厂负责调换。